广州市科学技术协会
广州市合力科普基金会 扶持出版教材

# 数字广州
# "花城八景"建设
# 与实践

—— 奋力建设更高水平的"数字广州"

刘国栋　苏　勇◎主　编

黄　庆　黄　劲◎副主编

化学工业出版社

·北京·

## 内容简介

近年来，广州市积极落实党和国家关于建设网络强国、数字中国、智慧社会的战略部署，落实广东省委"1310"具体部署和广州市委"1312"思路举措，全面推进经济社会各领域数字化转型发展，加快建设更高水平的数字广州，并在此过程中取得了令人瞩目的成就。《数字广州"花城八景"建设与实践》是一本数字化科普书籍，面向党政机关领导干部、公务员、青少年学生、数字产业化、产业数字化从业人员等群体，旨在揭示广州作为数字之城、智慧之都、未来之城的奥秘，让读者深刻体会到数字广州建设的丰硕成果与宝贵经验。

本书首先介绍国家数字化转型发展背景，数字广州建设现状及问题，解读《数字广州建设总体规划》。其次精选了数字广州建设中的八大标志性应用品牌，这些品牌被誉为数字广州的"花城八景"："穗好办""穗智管""穗网站""穗数据""穗热线""穗智安""广数所"以及"穗智维"。通过这些品牌案例，读者可以直观地感受到数字技术如何赋能城市治理、服务民生、推动数字经济高质量发展。最后介绍数字广州建设发展水平评估体系与数字化转型路径探索。

本书的编写风格力求通俗易懂、简洁明了，使得广大读者能够迅速增进对数字广州的认识和理解。通过普及数字化知识，本书旨在激发公众对数字化技术的兴趣，促进数字化技术在社会各界的广泛应用，提升公民的科学素养，为数字广州建设注入强大的人民智慧和力量。

## 图书在版编目（CIP）数据

数字广州"花城八景"建设与实践 / 刘国栋，苏勇主编；黄庆，黄劲副主编. -- 北京：化学工业出版社，2024.12. --（广州市科学技术协会、广州市合力科普基金会扶持出版教材）. -- ISBN 978-7-122-47027-0

Ⅰ. F299.276.51-39

中国国家版本馆CIP数据核字第2024UF6409号

责任编辑：王　可　蔡洪伟　李　瑾
文字编辑：毛一文　王　可　赵　越
责任校对：张茜越
装帧设计：王晓宇

出版发行：化学工业出版社
　　　　　（北京市东城区青年湖南街 13 号　邮政编码 100011）
印　　装：河北延风印务有限公司
710mm×1000mm　1/16　印张 14½　字数 264 千字
2025 年 3 月北京第 1 版第 1 次印刷

购书咨询：010-64518888　　　　　售后服务：010-64518899
网　　址：http://www.cip.com.cn
凡购买本书，如有缺损质量问题，本社销售中心负责调换。

定　价：45.00元　　　　　　　　　　　版权所有　违者必究

# 编委会名单

**主编单位：** 广州市政务服务和数据管理局

**主　任：** 黄　津

**副主任：** 陈世杰　　陈育良　　谢泽光　　梁文谦　　宫照勇
　　　　　　肖　明

**主　编：** 刘国栋　　苏　勇

**副主编：** 黄　庆　　黄　劲

**编　委：** 李　刚　　张桂东　　王文君　　史文昕　　杨垚鑫
　　　　　　郑　佳　　叶毅超　　屈艺娇　　罗剑涛　　易晓锋
　　　　　　陈　耿　　钟　铭　　蒲　智　　邢诒海　　龙彩霞
　　　　　　吴　鹏　　尹华山　　胡　进　　林润添　　朱铁汉

**参编人员：**（按姓名笔画排序）
　　　　　　于鑫刚　　王素斌　　王海英　　卢高常　　朱　尖
　　　　　　刘北水　　刘俊智　　刘晓洋　　刘紫超　　刘愉滨
　　　　　　衣　杨　　许晶晶　　李湘涛　　李耀华　　吴丽娅
　　　　　　吴国辉　　吴洋洋　　吴培庆　　何育静　　张　伟
　　　　　　张　硕　　张　毅　　张新宇　　陈嘉旺　　林　兵
　　　　　　林伟伟　　胡彬涛　　倪浩华　　翁媛媛　　唐冬明
　　　　　　黄文超　　董耀艺　　曾　蔚　　谢　铭　　路明怀
　　　　　　蔡金鹏　　黎小燕　　潘　静　　魏　东

# 序言

近年来，党中央、国务院高度重视数字中国建设，习近平总书记多次作出重要指示批示。在习近平新时代中国特色社会主义思想指引下，广州认真贯彻落实数字中国战略部署，不断夯实数字化发展基础，坚持统筹发展和安全，全面推动数字广州、数字经济、数字社会、数字政府领域改革创新，数字化发展不断取得新进展、新成效，有力支撑了老城市新活力、"四个出新出彩"。

广州，这座历史悠久又充满活力的花城，正站在数字时代的前沿，锚定"打造更高水平的数字广州"的标高追求，积极探索数字化发展的广州特色之路，并重点打造了"穗好办""穗智管"等"穗系列"改革成果，《数字广州"花城八景"建设与实践》一书，正是在这样的背景下创作而成。书中不仅详细记录了数字广州发展总体规划、数据要素改革、数字基础设施建设、数字广州发展水平评估等方面的突破与进展，还展示了广州以数据要素市场化配置为主线，统筹推进公共数据授权运营工作，推动数据要素与技术、资金、人才等要素的深度融合，构建新质生产力，释放数据要素的乘数效应的创新实践。

本书的出版，旨在为广州乃至全国的城市数字化发展提供参考与借鉴。广州将继续在高质量发展的道路上发挥"领头羊"和"火车头"作用，不断激发城市全域数字化发展动能，助力广州早日建成数字中国标杆城市，为数字中国建设贡献广州智慧和力量。

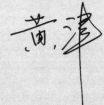

广州市政务服务和数据管理局局长

# 前言

当今时代，新一轮信息革命和产业变革方兴未艾，数字化转型成为世界各国谋求高质量发展不可逆转的趋势和潮流，成为世界各国提升执政能力、带动经济增长、重塑国际核心竞争力的新力量。世界各国纷纷启动数字化转型，推动数字政府、数字社会、数字经济建设，构筑数字产业化和产业数字化的新生态，打造数字化时代核心新高地。

党中央、国务院高度重视数字化转型建设。党的十九届五中全会明确指出，要加强数字社会、数字政府建设，提升公共服务、社会治理等数字化智能化水平。《中华人民共和国国民经济和社会发展第十四个五年规划和2035年远景目标纲要》《"十四五"国家政务信息化规划》《"十四五"国家信息化规划》《国务院关于加强数字政府建设的指导意见》等政策文件的重点任务中均提出要加快数字化转型建设，全面推进数字政府、数字经济、数字社会建设。其中《数字中国建设整体布局规划》重点强调："不断增强领导干部和公务员数字思维、数字认知、数字技能，建立一批数字中国科普基地和科普读物"。近年来，广州深入学习贯彻习近平总书记关于建设数字中国、网络强国、智慧社会的重要思想，全力打造"穗系列"政务品牌，持续推进"数字政府"改革建设，助力公共服务高效化、社会治理精准化、政府决策科学化，"穗康码""穗好办""穗智管"等政务品牌应运而生。与此同时，依托数字政府建设，广州进一步优化营商环境。工程建设、不动产登记、全流程线上通关、获得信贷等领域的政务服务供给能力持续提升，"穗系列"品牌助力广州打造国际一流的营商环境。

扬帆起航怀壮志，中流击水正当时。在此大背景下，《数字广州"花城八景"建设与实践》一书应运而生。本书基于作者10余年数字广州研究的深厚积累，对数字化转型、数字政府、数字经济的理念、应用、数据、技术等方面进行详尽的阐述，以促进广州数字化全域转型建设为目标，为推进数字化转型稳妥有序发展建言献策。本书主要介绍广州市数字化转型过程中，数字政府、数字经济、数字城市、数字生态等领域取得了令人瞩目的成绩，使得广州市数字化、智能化、信息化水平一直走在全国前列，受到党和国家领导高度肯定，企业和人民群众的幸福感、获得感不断增强。为打造更高水平的数字广州，我们选取了数字广州建设最有代表性、典型性且与人民群众生活、工作、学习息息相关的"穗系列"共八个品牌进行逐一介绍，称为数字广州"花城八景"，分别为："穗好办""穗智管""穗热线""穗数据""穗网站""穗智安""广数所""穗智维",为青少年、农民、产业工人、老年人、领导干部和公务员五大重点人群揭开广州这座数字之城、数字之都、未来之城的神秘面纱,让他们深入了解数字广州,为他们科普数字广州的知识和成功经验。本书语言通俗易懂、言简意赅,完全符合这五类人群的实际需求、认知特点和阅读习惯,可快速加深对数字广州和数字科学的认识和理解,促进数字化技术的发展和应用,提高公民的科学素养和科学文化水平,为加快数字广州转型建设添砖加瓦,贡献人民群众的智慧力量。

全书分为14章,各章内容如下。

第一章数字化转型战略发展概论,着重介绍了数字化转型的概念、内涵、研究对象及重要意义等,以及如何理解数字化转型。

第二章描述了新一代数字化技术及应用,重点介绍了数字化转型信息技术及应用,如云计算、5G移动通信、大数据、人工智能、物联网和区块链技术等,并论述信息技术与数字化转型关系。

第三章介绍广州市数字建设与发展现状,描绘了广州市数字化转型的战略意义、取得的成效和未来发展趋势。

第四章解读《数字广州建设总体规划》,该文件是数字广州建设纲领性文件,本章带领读者深入读懂数字广州建设宏伟目标、定位和路径。

第五章介绍数字广州"花城八景"之一"穗好办",描绘了广州市数字化转型"一网通办"建设成果,并重点介绍了广州市政务服务中心。

第六章介绍数字广州"花城八景"之二"穗智管",描绘了广州市数字化转型"一网统管"建设成果,并重点介绍了广州市智慧城市运行中心。

第七章介绍数字广州"花城八景"之三"穗热线",描绘了广州市数字化转型"一号接通"建设成果,并重点介绍了广州市12345政府服务热线中心。

第八章介绍数字广州"花城八景"之四"穗数据",描绘了广州市数字化转型"一网共享"建设成果,并重点介绍了广州市政务大数据中心。

第九章介绍数字广州"花城八景"之五"穗网站",描绘了广州市数字化转型"一网公开"建设成果,并重点介绍了广州市人民政府网站。

第十章介绍数字广州"花城八景"之六"穗智安",描绘了广州市数字化转型"数字政府统一安全运营"建设成果,并重点介绍了广州数字安全运营中心。

第十一章介绍数字广州"花城八景"之七"广数所",描绘了广州市数字化转型"数据交易"建设成果,并重点介绍了广州数据交易所。

第十二章介绍数字广州"花城八景"之八"穗智维",描绘了广州市数字化转型"统一运维"建设成果,并重点介绍了广州市政务云、政务网、基础设施运维等统一运维运营中心。

第十三章介绍数字广州发展水平评估与实践，重点介绍了开展数字广州发展水平评估的必要性、评估理念、评估指标体系总体框架、实施方案和2023年数字广州转型发展水平评估情况。

第十四章介绍打造更高水平的"数字广州"转型路径，一是重点介绍广州数字化转型面临的问题与挑战；二是提出加快数字广州战略转型路径七个方面的建议。

"长风破浪会有时，直挂云帆济沧海"。数字化时代开启新征程，面对数字化发展浪潮，我们要深入贯彻落实数字中国、数字政府、智慧社会建设的战略部署，全面推动数字经济高质量发展。"数创未来，蓄势待发"，让我们日拱一卒，日渐精进，齐心协力地推动数字广州建设，为数字中国发展贡献力量！

由于作者水平有限，书中难免存在疏漏和不足之处，恳请各位读者不吝赐教，提出宝贵的意见和建议，以便作者在未来的工作中不断改进和提高。

编　者

2024年11月

# 目录

## 第三章　数字广州建设与发展现状

## 第四章 解读《数字广州建设总体规划》

## 第五章 数字广州"花城八景"之一"穗好办"

## 第六章 数字广州"花城八景"之二"穗智管"

## 第七章 数字广州"花城八景"之三"穗热线"

## 第八章 数字广州"花城八景"之四"穗数据"

## 第十二章　数字广州"花城八景"之八"穗智维"

## 第十三章　数字广州发展水平评估与实践

## 第十四章　打造更高水平的"数字广州"转型路径

## 参考文献

第一章

# 数字化转型战略发展概论

## 第一节　数字化转型科学内涵

### 一、数字化转型概念

数字化转型就是利用数字化技术来推动企业组织转变业务模式、组织架构、企业文化等的变革措施。数字化转型旨在利用各种新型技术，如移动通信、网络（Web）、社交、大数据、机器学习、人工智能、物联网、云计算、区块链等一系列技术为企业组织构想和交付新的、差异化的价值。采取数字化转型的企业，一般都会去追寻新的收入来源、新的产品和服务、新的商业模式。因此数字化转型是技术与商业模式的深度融合，数字化转型的最终结果是商业模式的变革。

### 二、数字化转型现状

随着数字技术的快速发展，我国数字经济在规模、应用和产业化程度等方面都取得了重要进展。数字技术在各行各业的应用不断拓展，涉及政治、经济、社会、生态等领域及商业、农业、工业、医疗、金融、教育等多个行业，推动了生产力的提高和社会服务的升级。数字产业规模逐步壮大，数字经济发展成果逐步转化为实际产出，数字产业已成为我国产业结构调整和经济增长的重要力量。同时，数字化转型面临着一些困境和挑战，例如数字鸿沟、数字安全、数字人才等问题需要进一步解决。因此，加强数字产业化的顶层设计和政策支持，推进数字化转型，是当前和未来我国数字产业化发展的重要任务。

### 三、数字产业化

按照国家数据局关于向社会公开征求《数据领域名词解释》意见的公告，"数字产业化是指新一代移动通信、人工智能等数字技术向数字产品、数字服务转化，数据向资源、要素转化，形成数字新产业、新业态、新模式的过程"。数字产业化，是产业化与数字化的结合，展现着无限魅力。数字产业化技术、产品及服务包括5G、人工智能、大数据、云计算、区块链、集成电路、软件等。通过数字产业化，关键技术和核心产业能够不断把消费、生产、服务过程中所创造的数据变成生产要素，从而提供新服务、新应用。它是数字经济发展的重要组成部分，是推动经济高质量发展和实现智能化、可持续发展的必然选择。数字产业化是数字经济发展的先导产业，具体包括电子信息制造业、软件和信息技术服务业、互联网业、电信服务及广播电视业等。数字产业化是数字经济发展的根基和动力源泉。数字经济产业是支撑我国经济复苏的重要动力。从历史数据看，每逢我国经济下行承压时，数字经济产业均呈波动上升，显示出较强的产业韧性与辐射带动作用，具有明显的逆周期性。因此，要聚焦数字产业化战略前沿，大力发展数字经济核心产业，培育壮大人工智能、大数据、区块链等新兴数字产业，提升通信设备、核心电子元器件、关键软件等产业水平。同时，也要聚焦关键领域，强化精准攻关，加快技术突破，增强自主可控能力。开展强链补链行动，推进车联网、人工智能等先导区建设，加快构建具有国际竞争力的先进数字产业集群。

## 四、产业数字化

产业数字化，是指传统的农业、工业、服务业等产业通过应用数字技术、采集融合数据、挖掘数据资源价值，提升业务运行效率，降低生产经营成本，进而重构思维认知，整体性重塑组织管理模式，系统性变革生产运营流程，不断提升全要素生产率的过程。产业数字化，是数字经济发展的"主战场"。数字经济与实体经济深度融合，是发挥我国海量数据和丰富应用场景优势、引领全球数字经济发展的必然选择。产业数字化转型发展周期长、复杂程度高，不同行业领域及类型的企业在产业数字化转型过程中面临"不会转、不能转、不敢转、不善转、不愿转"等问题。因此，要立足不同产业特点和差异化需求，把握数字化、网络化、智能化方向，利用数字技术对传统产业进行全方位、全链条改造，推动制造业、服务业、农业等产业数字化，拓展新模式、新业态、新产业。尤其要充分发挥领军企业带动作用，促进大中小企业协作，搭建开放平台，加快数字基础设施建设，切实降低中小企业数字化转型成本。

## 五、数字产业化与产业数字化关系

总的来看，数字产业化和产业数字化是一个相互促进、协同发展的过程。面向未来，协同推进数字产业化和产业数字化，不断拓展实体经济内涵和外延，将为数字经济与先进制造业深度融合创造更加广阔的空间，也将为经济发展注入强劲动能。

## 六、加快城市全域数字化转型重要意义

城市全域数字化转型是指城市以全面深化数据融通和开发利用为主线，综合利用数字技术和制度创新工具，实现技术架构重塑、城市管理流程变革和产城深度融合，促进数字化转型全领域增效、支撑能力全方位增强、转型生态全过程优化的城市高质量发展新模式。全面推进数字化转型是面向未来塑造城市核心竞争力的关键之举。数字化正以不可逆转的趋势改变人类社会，越来越成为推动经济社会发展的核心驱动力，深刻变革全球生产组织和贸易结构，重新定义生产力和生产关系，全面重塑城市治理模式和生活方式。随着数据资源在链接服务国内大循环和国内国际双循环中的引领型、功能型、关键型要素地位不断突出，全面推进数字化转型成为全国各个城市主动服务新发展格局的重要战略。全面推进数字

化转型是超大城市治理体系和治理能力现代化的必然要求。作为超大城市，广州人口多、流量大、功能强，具有复杂巨系统的特征，城市建设、发展、运行、治理各方面情形交织、错综复杂，必须充分运用数字化方式探索超大城市社会治理新路子，回应人民对美好生活的新期待。广州重点推进政务服务"一网通办"、城市运行"一网统管"，加快建设新型数字广州，大力发展在线新经济，打造一流数字基础设施，为城市数字化转型打下了坚实基础。面对新发展阶段的新机遇新挑战，要认清形势、抢抓机遇、乘势而上，牢牢把握城市数字化转型这项事关全局、事关长远的重大战略，进一步增强坚定性和紧迫感，坚持整体性转变、全方位赋能、革命性重塑，全力做好全面推进城市数字化转型这篇大文章，奋力创造新时代广州发展新奇迹。

## 第二节　数字中国建设背景及现状

当今世界，信息化浪潮风起云涌，加快数字化发展、建设数字中国，是顺应发展形势新变化、构筑国家竞争新优势、全面建设社会主义现代化国家的必然要求。

### 一、数字中国建设背景

2015 年 12 月 16 日，中华人民共和国主席习近平在第二届世界互联网大会开幕式讲话中指出，"中国正在实施'互联网＋'行动计划，推进'数字中国'建设，发展分享经济，支持基于互联网的各类创新，提高发展质量和效益。"并首次提出了"数字中国"概念。习近平主席在中国搭建的互联网国际平台提出"数字中国"这一概念，标志着我国正式面向全世界一次重要宣示，数字中国建设进程将全面加速。

2016 年 3 月 17 日，十二届全国人大四次会议表决通过《中华人民共和国国民经济和社会发展第十三个五年（2016—2020 年）规划纲要》，该纲要第六篇拓展网络经济空间中提出，"实施网络强国战略，加快建设数字中国，推动信息技术与经济社会发展深度融合，加快推动信息经济发展壮大"。这充分体现国家以组织实施网络强国战略为牵引，全面加快数字中国建设步伐。

2016 年 7 月 27 日，中共中央办公厅、国务院办公厅印发《国家信息化发展战略纲要》，该纲要指出，着力提升经济社会信息化水平，培育信息经济，促进转型发展，"加快建设数字中国、大力发展信息经济是信息化工作的重中之重"。这标志着数字中国建设已纳入国家信息化战略发展规划。

2016 年 12 月 15 日，国务院印发《"十三五"国家信息化规划》，在发展目标中指出，到 2020 年，"数字中国"建设取得显著成效，信息化发展水平大幅跃升，信息化能力跻身国际前列，具有国际竞争力、安全可控的信息产业生态体系基本建立。统筹实施网络强国战略、大数据战略、"互联网＋"行动。这明确数字中国在政治、经济、文化、社会和生态文明等领域的建设内容和战略发展目标，描绘数字中国宏伟发展蓝图。

2017年10月18日，习近平总书记在中国共产党第十九次全国代表大会上的报告提出贯彻新发展理念，建设现代化经济体系，加快建设创新型国家，要瞄准世界科技前沿，强化基础研究，实现前瞻性基础研究、引领性原创成果重大突破。加强应用基础研究，拓展实施国家重大科技项目，突出关键共性技术、前沿引领技术、现代工程技术、颠覆性技术创新，为建设科技强国、质量强国、航天强国、网络强国、交通强国、数字中国、智慧社会提供有力支撑。这表明数字中国建设作为党的重大项目工程在全面推进落实。

2021年3月11日，十三届全国人大四次会议表决通过《中华人民共和国国民经济和社会发展第十四个五年规划和2035年远景目标纲要》，在纲要第五篇以独立篇章提出，加快数字化发展，建设数字中国，迎接数字时代，激活数据要素潜能，推进网络强国建设，加快建设数字经济、数字社会、数字政府，以数字化转型整体驱动生产方式、生活方式和治理方式变革。这标志着国家将数字中国建设作为国家发展战略规划重中之重，首次以独立篇章论述数字中国建设，全面推动、数字经济、数字政务、数字文化、数字社会、数字生态文明"五位一体"全领域数字化转型。作为党和国家长期坚持的重大发展战略决策，坚定不移建设全面建设数字中国，充分体现党和国家坚强意志和奋斗目标，数字中国建设是国家"十四五"规划纲要重大升华，助力数字中国实现质的飞跃。

2022年10月25日，习近平总书记在中国共产党第二十次全国代表大会上的报告指出，加快构建新发展格局，着力推动高质量发展，建设现代化产业体系。坚持把发展经济的着力点放在实体经济上，推进新型工业化，加快建设制造强国、质量强国、航天强国、交通强国、网络强国、数字中国。加快发展数字经济，促进数字经济和实体经济深度融合，打造具有国际竞争力的数字产业集群。这表明数字中国建设是助力中国实现高质量发展重要动力源泉，推进数字中国建设是非常重要的工作任务。

2023年3月7日，根据国务院关于提请审议国务院机构改革方案的议案，组建国家数据局。3月16日，中共中央、国务院印发《党和国家机构改革方案》，提出组建国家数据局。国家数据局主要负责协调推进数据基础制度建设，统筹数据资源整合共享和开发利用，统筹推进数字中国、数字经济、数字社会规划和建设等，由国家发展和改革委员会管理。将中央网络安全和信息化委员会办公室承担的研究拟订数字中国建设方案、协调推动公共服务和社会治理信息化、协调促进智慧城市建设、协调国家重要信息资源开发利用与共享、推动信息资源跨行业跨部门互联互通等职责，国家发展和改革委员会承担的统筹推进数字经济发展、组织实施国家大数据战略、推进数据要素基础制度建设、推进数字基础设施布局建设等职责划入国家数据局。2023年10月25日，国家数据局正式揭牌，内设机构有综合司、政策规划司、数据资源司、数字经济司、数字科技和基础设施建设司，共五个部门。国家数据局的成立，标志着将从国家层面统筹协调数字中国、数字经济、数字社会的规划和建设，全面赋能经济社会发展，具有深远而重要意义。

2024年5月，国家数据局印发《数字中国建设2024年工作要点清单》，该清单围绕高质量构建数字化发展基础、数字赋能引领经济社会高质量发展、强化数字中国关键能力支撑作用、营造数字化发展良好氛围环境等四个方面部署重点任务。主要内容包括加快推动数字基础设施建设扩容提速，着力打通数据资源大循环堵点，深入推进数字经济创新发展，健全完善数字政府服务体系，促进数字文化丰富多元发展，构建普惠便捷的数字社会，加快推进数字生态文明建设，加强数字技术协同创新运用，稳步增强数字安全保障能力，不断完善数字领域治理生态，持续拓展数字领域国际合作交流空间。

2024年6月，国家数据局编制《数字中国发展报告（2023年）》，报告内容如下。一是数字中国发展基础更加夯实。数据基础制度建设成效显著，初步形成纵向联动、横向协同的全国数据工作体系。数字基础设施不断扩容提速，先进计算、人工智能等关键核心技术不断取得突破。量子计算机、脑机接口等前沿技术的研发进度不断加快。数据要素市场日趋活跃，数字人才队伍不断壮大。二是数字中国赋能效应更加凸显。数字经济保持稳健增长，数字政府在线服务指数继续保持全球领先水平，数字文化建设全面推进，数字社会更加普惠可及，数字生态文明成色更足。三是数字安全和治理体系更加完善。数字安全屏障更加坚实，数字治理效能稳步提升。四是数字领域国际合作更加深入。积极参与和引导规则制定，推进高水平对外开放，高质量共建"数字丝绸之路"，数字贸易增长势头强劲。2024年，数字中国建设着重从以下七个方面展开：进一步优化基础制度，加快数字技术创新，进一步释放数据要素价值，加速数字基础设施建设，增强数字经济发展动能，增强数字社会获得感，拓展数字领域国际合作空间。

## 二、数字中国建设"2522"总体框架 ❶

建设数字中国是数字时代推进中国式现代化的重要引擎，是构筑国家竞争新优势的有力支撑。加快数字中国建设，对全面建设社会主义现代化国家、全面推进中华民族伟大复兴具有重要意义和深远影响。

数字中国建设按照"2522"的总体框架进行部署（图1-1），即夯实数字基础设施和数据资源体系"两大基础"，推进数字技术与经济、政务、文化、社会、生

---

❶ 中共中央，国务院.数字中国建设整体布局规划.[N/OL].新华社，2023-2-27.

态文明建设"五位一体"深度融合，强化数字技术创新体系和数字安全屏障"两大能力"，优化数字化发展国内国际"两个环境"。

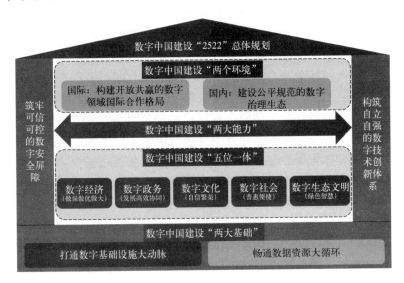

△图 1-1　数字中国建设总体规划框架图

　　建设数字中国的前提是要夯实数字中国建设"两大基础"。一是打通数字基础设施大动脉。加快 5G 网络、千兆光网、IPv6、物联网、北斗等数字基础设施建设，优化算力、数据等数字基础设施布局，推动东数西算协同发展，全面升级改造数字基础设施。二是畅通数据资源大循环。构建国家数据管理机制体制，健全各级数据管理机构，促进公共数据开发利用和建立国家重要领域数据资源库，建立数据产权制度和按数据要素价值贡献分配机制等。

　　建设数字中国的核心是要推进数字技术与经济、政务、文化、社会、生态文明建设"五位一体"深度融合，全面赋能社会经济高质量发展。一是做强做优做大数字经济。培育壮大数字经济核心产业，制定推动数字产业高质量发展的措施，打造具有国际竞争力的数字产业集群。推动数字技术和实体经济深度融合，加快数字技术在农业、工业等重点领域或传统行业的创新应用。支持数字企业发展壮大，健全大中小企业融通创新工作机制，发挥"绿灯"投资案例引导作用，推动平台企业规范健康发展。二是发展高效协同的数字政务。加快制度规则创新，完善与数字政务建设相适应的规章制度。强化数字化能力建设，促进信息系统网络互联互通、数据按需共享、业务高效协同。提升数字化服务水平，加快推进"一件事一次办"，推进线上线下融合，加强和规范政务移动互联网应用程序管理。三是打造自信繁荣的数字文化。大力发展网络文化，加强优质网络文化产品供给，引导各类平台和广大网民创作生产积极健康、向上向善的网络文化产品。推进文化数字化发展，深入实施国家文化数字化战略，建设国家文化大数据体系，形成中华文化数据库。提升数字文化服务能力，打造若干综合性数字文化展示平台，加快发展新型文化企业、文化业态、文化消费模式。四是构建普惠便捷的数字社会。促进数字公共服务普惠化，大力实施国家教育数字化战略行动，完善国家智慧教育平台，发展数字健康，规范互联网诊疗和互联网医院发展。推进数字社会治理精准化，深入实施数字乡村发展行动，以数字化赋能乡村产业发展、乡村建设和乡村治理。普及数字生活智能化，打造智慧便民生活圈、新型数字消费业态、面向未来的智能化沉浸式服务体验。五是建设绿色智慧的数字生态文明。推动生态环境智慧治理，加快构建智慧高效的生态环境信息化体系，运用数字技术推动山水林田湖草沙一体化保护和系统治理，完善自然资源三维立体"一张图"和国土空间基础信息平台，构建以数字孪生流域为核心的智慧水利体系。加快数字化绿色化协同转型。倡导绿色智慧生活方式。

建设数字中国的关键是要夯实数字中国建设"两大能力"。一是构筑自立自强的数字技术创新体系。健全社会主义市场经济条件下关键核心技术攻关新型举国体制，加强企业主导的产学研深度融合。强化企业科技创新主体地位，发挥科技型骨干企业引领支撑作用。加强知识产权保护，健全知识产权转化收益分配机制。二是筑牢可信可控的数字安全屏障。切实维护网络安全，完善网络安全法律法规和政策体系。增强数据安全保障能力，建立数据分类分级保护基础制度，健全网络数据监测预警和应急处置工作体系。

建设数字中国的重点是要优化国际国内数字化发展"两大环境"。一是建设公平规范的数字治理生态。完善法律法规体系，加强立法统筹协调，研究制定数字领域立法规划，及时按程序调整不适应数字化发展的法律制度。构建技术标准体系，编制数字化标准工作指南，加快制定修订各行业数字化转型、产业交叉融合发展等应用标准。提升治理水平，健全网络综合治理体系，提升全方位多维度综合治理能力，构建科学、高效、有序的管网治网格局。净化网络空间，深入开展网络生态治理工作，推进"清朗""净网"系列专项行动，创新推进网络文明建设。二是构建开放共赢的数字领域国际合作格局。统筹谋划数字领域国际合作，建立多层面协同、多平台支撑、多主体参与的数字领域国际交流合作体系，高质量共建"数字丝绸之路"，积极发展"丝路电商"。拓展数字领域国际合作空间，积极参与联合国、世界贸易组织、二十国集团、亚太经合组织、金砖国家、上合组织等多边框架下的数字领域合作平台，高质量搭建数字领域开放合作新平台，积极参与数据跨境流动等相关国际规则构建。

## 三、数字中国建设峰会

数字中国建设峰会（Digital China Summit）是落实党中央、国务院《数字中国建设整体布局规划》的一项重大举措❶，是中国信息化发展政策发布平台、电子政务和数字经济发展成果展示平台、数字中国建设理论经验和实践交流平台❷。数字中国建设峰会经中央批准于 2018 年落户福州，已连续成功举办七届。习近平总书记两度向数字峰会致贺信，为办好峰会、推进数字中国建设提供了根本遵循。自举办以来，数字中国建设峰会全面贯彻落实习近平总书记关于网络强国的重要思想，广泛凝聚起社会各界关于加快建设网络强国、数字中国、数字社会的共识，进一步激发社会各界参与数字中国建设的积极性、主动性和创造性。数字中国建设峰会已经成为我国信息化发展政策发布平台、数字中国建设最新成果展示平台、电子政务和数字经济理论经验和实践交流平台、汇聚全球力量助推数字中国建设的合作平台❸。

## （一）峰会会徽

数字中国建设峰会会徽（图 1-2）以汉字"数"为创意出发点，将汉字文化底蕴与国际化现代风格相融合，呈现新时代数字中国的新梦想。会徽具有绚丽的色彩，不同的色彩代表不同的数字应用领域，整体造型既体现数字中国建设峰会的多样性和共享性，也极具中国特色。"数"字笔触线条极具动感，苍劲有力，寓意数字中国峰会"以信息化驱动现代化，加快建设数字中国"的主题，并将成为信息化发展政

△图 1-2　数字中国建设峰会会徽

策发布平台、电子政务和数字经济发展成果展示平台、数字中国建设理论经验和实践交流平台。会徽"数"字中结合了"中""好""海浪""榕树叶"等设计元素。其中隐含的"中"字，代表数字中国，突出中国属性；隐含的"好"字，代表数字经济的发展给中国及世界未来发展带来的美好前景；隐含的"海浪"，代表数字浪潮带来巨大的冲击和力量；隐含的"榕树叶"代表数字中国建设峰会举办地福州的市树榕树，象征着福州人不屈不挠的精神。

## （二）峰会组织与地点

（1）峰会主办单位：国家发展和改革委员会、国家数据局、国家互联网信息办公室、科学技术部、国务院国有资产监督管理委员会、福建省人民政府。

（2）峰会承办单位：福建省发展和改革委员会（福建省数据管理局）、福建省互联网信息办公室、福州市人民政府。

（3）峰会举办城市：福建省福州市。

---

❶ 刘圆圆. 第七届数字中国建设峰会将在福州举行[N/OL]. 科技日报, 2024-5-11.

❷ 项开来, 刘姝君. 首届数字中国建设峰会成果丰硕[N/OL]. 光明日报, 2018-4-25.

❸ 数字中国建设峰会官方网站.

## （三）历届数字中国建设峰会情况

**第一届数字中国建设峰会（2018年4月22—24日）** 包括开闭幕式、主论坛、分论坛、成果展览会、报告发布、最佳实践推介等环节。主论坛上有9位重量级嘉宾在对数字经济发展发表精彩演讲，举办电子政务、数字经济、智慧社会、新型智慧城市、大数据、数字福建、数字海丝、物联网等9个分论坛。峰会发布了《数字中国建设发展报告（2017）》《全国医院信息化建设标准与规范》《新时代数字福建"151"卫星应用示范工程》等一系列成果，成立数字中国产业研究院和数字中国核心技术产业联盟，凝聚建设数字中国的强大合力。人脸识别、语音识别、无现金支付、无接触安检、无人驾驶等智能会务会展系统，为参会者带来智能化的新体验。峰会有力推动了一批创业创新成果对接落地，涉及数字经济相关项目超过400个，总投资达3600亿元。其中，百亿元以上项目6个、10亿元以上项目14个；现场签约29个项目，总投资423亿元，取得了实实在在的成效。

2018年4月22日，数字中国建设峰会在福建省福州市举行开幕式，中共中央总书记、国家主席、中央军委主席习近平发来贺信，对峰会的召开表示衷心的祝贺，向出席会议的各界人士表示热烈的欢迎。

**第二届数字中国建设峰会（2019年5月6—8日）** 以"以信息化培育新动能，用新动能推动新发展，以新发展创造新辉煌"为主题，定位为中国信息化发展政策发布平台、电子政务和数字经济发展成果展示平台、数字中国建设理论经验和实践交流平台、汇聚全球力量助推数字中国建设的合作平台。本届峰会议程包括开幕式、主论坛、分论坛、成果展览会、政策发布、创新大赛和闭幕式7个环节。其中，分论坛设置了"电子政务""数字经济""智慧社会""大数据""工业互联网""数字福建""数字海丝""物联网""数字生态""数字健康""卫星应用""网络科技"等12个主题，参展企业493家，对接数字经济项目587项，总投资额4569亿元，其中签约项目308项，总投资额2520亿元。

**第三届数字中国建设峰会（2020年10月12—14日）** 以"创新驱动数字化转型，智能引领高质量发展"为主题，包括开幕式、主论坛、分论坛、成果展览会、创新大赛、应用场景发布和闭幕式7个环节，采用线上线下结合方式举办相关活动。主论坛将呈现数字中国发展的最新成就及中国经验。分论坛涵盖数字政府、数字经济、智慧社会与数字城市、数字丝路、大数据、工业互联网、区块链与金融科技、智能制造、数字健康、数字生态、数字福建、物联网等主题。数字中国建设成果展览会将展示数字中国发展最新成果，并特设数字福建20周年成果展区和疫情防控数字技术应用专区。数字中国创新大赛重在促进技术成果转化，推动产学研用协同。百项数字经济应用场景发布演示百项具有行业示范性和可复制性的应用场景。

**第四届数字中国建设峰会（2021 年 4 月 25—26 日）**主题为"激发数据要素新动能，开启数字中国新征程"。峰会主要内容包括开幕式、主论坛、分论坛、成果展览会、创新大赛、政策发布、项目对接签约 7 个环节，以及"有福之州·对话未来""闽江夜话"等一系列交流活动，展望数字中国未来。峰会展示数字政府、数字经济、数字社会、数字文化、数字生态等领域的最新创新成果，举办 5G、区块链、人工智能、大数据等新技术新产品发布仪式、首发仪式。数字中国创新大赛以扩大峰会影响力和社会参与度、促进数字创新技术成果落地应用为导向，设置数字政府、智慧医疗、鲲鹏计算、网络安全、数字党建、大数据、集成电路、青少年 AI 机器人等 8 个赛道。

2021 年 4 月 25 日，第四届数字中国建设峰会在福建省福州市开幕。时任中共中央政治局委员、中央书记处书记、中宣部部长黄坤明出席峰会开幕式并发表主旨讲话。

**第五届数字中国峰会（2022 年 7 月 23—24 日）**以"创新驱动新变革，数字引领新格局"为主题。峰会主要内容包括开幕式、主论坛、政策发布、分论坛、成果展、数字产品博览会、创新大赛、云生态大会 8 个部分。其中，成果展设置"数字中国建设成就巡礼"专题展，展示党的十九大以来数字中国的辉煌发展成就。数字产品博览会聚焦"数字产品交易、数字产业交易"功能，打造"买全球、卖全球"的数字产品和内容交易平台。云生态大会将发布云生态战略和合作计划，助力国家信息基础设施建设升级。

**第六届数字中国建设峰会（2023 年 4 月 27—28 日）**以"加快数字中国建设，推进中国式现代化"为主题，以宣传贯彻落实《数字中国建设整体布局规划》为主线，设置"1+3+N"系列活动。"1"指论坛活动，包括开幕式、主论坛和分论坛。"3"是指"两展一赛"，包括数字中国建设成果展、数字产品博览会以及数字中国创新大赛。"N"是指云生态大会、人工智能生态大会、"闽江夜话""有福之州·对话未来"等系列特色活动，以及数字经济重大项目签约活动。本届峰会分论坛根据《数字中国建设整体布局规划》，按照夯实基础、赋能全局、强化能力、优化环境四个方面，设置数据资源、数字技术创新与安全、数字素养与技能、数字治理、数字文化、数字经济、企业数字化转型、数字丝路、数字生态文明、数字教育、人工智能、数字政务、数字安全、5G 应用与 6G 愿景、智慧能源、数字产业集群、工业互联网、数字福建、数字政法、物联网、数字城市、数字人民币 20 个分论坛及加设的 2 个子论坛。本届新增数字产业集群、数字文化、数字教育、人工智能四个分论坛，结合数字中国建设最新热点、重点，主题更"新潮"、内容更全面、特色更鲜明。

**第七届数字中国建设峰会（2024 年 5 月 24—25 日）**以"释放数据要素价值，发展新质生产力"为主题，纵论数字技术发展的未来趋势，谋划数字世界构建的美好愿景。峰会设置企业数字化转型分论坛、数字政务分论坛、闽港数字经济合作分论坛、数字文化分论坛、数据资源与数字安全分论坛、数字社会分论坛（含数字教育专场、数字体育专场）、数字生态文明分论坛、数字气象分论坛、数据标准化和数据基础设施分论坛（含数据标准化专场、数据基础设施专场）、数字经济分论坛、智慧能源分论坛、数字福建分论坛、数据要素与数据资产化分论坛共 13 个分论坛和数字产业集群专业工作会议、数据要素赋能新型工业化专业工作会议、数字赋能民营经济专业工作会议、数字互动与元宇宙专业工作会议共 4 场专业工作会议。第七届数字中国建设峰会现场体验区设置"数字惠民""数字能力""数字基础""数字生态""数字赋能"共 5 个板块，对接签约数字经济项目 421 个、总投资 2030 亿元，涵盖数字产业、数字化转型、新基建等领域，将有助于打造高水平数字经济产业链，为做大做强做优福建数字经济注入新的动力。

2024 年 5 月 24 日，国家数据局于第七届数字中国建设峰会发布《数字中国发展报告（2023 年）》。

2024 年 5 月 24 日，中国共产党中央委员会政治局常务委员会委员、中华人民共和国国务院副总理丁薛祥出席第七届数字中国建设峰会开幕式并发表主旨讲话。

## 第三节　全国各省、特区数字化转型发展动态

### 一、数字化转型标杆省级行政区发展动态

#### （一）数字北京

北京市在 1999 年就提出了"数字北京"发展规划，2012 年颁布实施《智慧北京行动纲要》。"十一五"期间，推动"信息惠民""信息强政""信息兴业"三大计划和"数字奥运"专项工程，"数字北京"建设成效显著。为全面推动"数字北京"建设，北京市陆续出台《北京市促进数字经济创新发展行动纲要（2020—2022 年）》《北京市"十四五"时期高精尖产业发展规划》《北京市关于加快建设全球数字经济标杆城市的实施方案》《北京市"十四五"时期智慧城市发展行动纲要》《北京市数字经济促进条例》《北京数据基础制度先行区创建方案》《北京市制造业数字化转型实施方案（2024—2026 年）》《北京市教育领域人工智能应用指南》等系列政策文件，护航"数字北京"建设，使得北京数字化水平一直处于全国领先地位。北京数字经济规模位居全国首位，北京智慧城市"七通一平"数字底座建成，打造中国数字经济发展"北京样板"、全球数字经济发展"北京标杆"。北京在数字政府建设方面，于全国排名中名列前茅。数字生活建设方面，北京建设国际一流的和谐宜居之都，在市政、交通、人居环境等重要

领域推进智慧城市建设，成为全国第一个减量发展的超大城市。数字生态文明建设方面，北京的蓝天越来越多，空气质量越来越好，连续两年达到国家空气质量二级标准。数字文化建设方面，北京成为全球首个"双奥之城"，还打造了数字故宫、数字长城、数字圆明园等数字文化建设精品。

## （二）数字上海

为深入贯彻落实党中央关于建设网络强国、数字中国、智慧社会的重要精神，上海市委、市政府作出了全面推进城市数字化转型的重大战略决策，聚焦经济、生活、治理三大领域，推动上海在 2035 年成为具有世界影响力的国际数字之都。作为超大城市，上海近年来重点推进政务服务"一网通办"、城市运行"一网统管"，加快建设新型智慧城市，大力发展在线新经济，打造一流数字基础设施。未来将坚持整体性转变、全方位赋能、革命性重塑，全面推进城市数字化转型。为全面推动上海数字化转型，上海市委、市政府公布《关于全面推进上海城市数字化转型的意见》《上海市全面推进城市数字化转型"十四五"规划》《推进上海经济数字化转型　赋能高质量发展行动方案（2021—2023 年）》《推进上海生活数字化转型　构建高品质数字生活行动方案（2021—2023 年）》《推进治理数字化转型　实现高效能治理行动方案（2021—2023 年）》《立足数字经济新赛道推动数据要素产业创新发展行动方案（2023—2025 年）》等系列文件，激发上海数字化转型巨大动能，使得上海率先建成了"双千兆宽带第一城"，成立了全球首个以 5G 为主题的创新中心，成为国内首个获得"世界智慧城市大奖"的城市，城市化管理与数字化建设水平全国领跑。在经济数字化转型方面，上海坚持数字经济和实体经济深度融合，加快推动数字产业化，大力支持数字新技术研究和产业化，建成了"1000+"标志性场景，突破了"100+"关键技术应用，引育了"100+"新生代互联网企业数字经济龙头企业，形成了"100+"标准化算法产品，打造了"50+"市值超百亿的流量型企业，培育了"100+"智能硬件产品。在生活数字化转型方面，以数字化手段精准触达"基本民生"，建成了"50+"生活场景，新建"5 万＋"电动汽车充电桩，"30+"数字化转型示范医院，"90%+"数字校园，100% 覆盖为老服务一键通，"1000+"数字酒店。在治理数字化转型方面，构建了"一网通办"全方位服务体系，构建"一网统管"观管防有机统一体系，实现"三大治理"重点应用场景基层覆盖率 100%，政务服务"一网通办"平台实际办件网办率 80%，"随申办"月活跃用户数量 1500 万，"高效办成一件事"标杆场景数量（累计）50个，"高效处置一件事"标杆场景数量（累计）35 个，移动协同办公系统在党政机关使用覆盖率 100%，全面提升了城市治理数字化水平，建设标杆智慧城市，为建成具有世界影响力的国际数字之都提供坚实支撑和治理保障。

## （三）数字广东

近年来，广东省深入贯彻习近平总书记关于构建数字中国、网络强国及智慧社会的重要指示精神，历届省委、省政府领导均对"数字广东"建设给予了高度重视，并取得了显著成效。2017年12月，广东在全国率先启动"数字政府"改革建设，省政府先后印发《广东"数字政府"改革建设方案》《广东省"数字政府"建设总体规划（2018—2020年）》《广东省"数字政府"改革建设"十四五"规划》等文件，以政府机构改革、体制机制再造为突破口，"全省一盘棋"推动数字政府改革建设工作，这一举措极大地加速了广东政务信息化体制改革的进程，将数字政府建设确立为广东省创新型、引领型改革的首要任务。在体制机制创新的引领下，这一改革有力推动了政府职能的转变，探索并建立了"12345+N"数字政府工作业务体系，同时引领数据要素市场化配置改革，使得广东一体化政务服务能力连续八年稳居全国首位，广州、深圳也长期在全国重点城市中名列前茅。省内各地级市积极对标先进，纷纷推出多项改革措施，形成了整体联动的数字化治理新局面，显著提升了政府治理能力现代化水平，为统筹经济社会高质量发展发挥了数字政府的重要作用。

"数字广东"建设主要成效如下：一是省域数字化发展水平持续提升，数字政府建设基础不断巩固。随着广东数字政府基础能力均衡化工作的深入推进，以及数字政府对口帮扶协作机制的有效运行，不仅有效促进了粤东西北地区数字政府基础能力和应用水平的快速提升，更好地满足了企业和群众多样化的政务服务需求，还显著缩小了区域间的发展差距，推动了区域协调发展。二是政务服务制度体系日益完善，利企便民服务效率不断提高。通过推进"一网通办2.0"建设，充分发挥省一体化政务服务平台在各级部门业务系统互联互通、业务协同方面的支撑作用，有效解决了基层反映强烈的垂管系统对接难、办件数据利用率不高等问题，标志着全省政务服务"一网通办"正式迈入2.0时代。三是数字赋能推动治理模式创新，省域数字治理格局初步形成。自《广东省数字政府省域治理"一网统管"三年行动计划》发布以来，全省已基本建立起纵横联动、五级协同的"一网统管"工作体系，初步实现了省域治理的"可感、可视、可控、可治"。四是公共数据资源优势加速转化，数据要素乘数效应初步显现。通过建成省市一体化数据资源"一网共享"平台，有效支持了各级部门快速获取所需数据。同时，全省公共数据开放程度不断提升，公共数据的价值得到了进一步释放。这些成果不仅提升了政府服务的透明度和效率，也为数字经济的发展提供了强有力的数据支撑。

## （四）数字福建

2000年，中共福建省委六届十二次全会首次提出"数字福建"概念，时任福建省省长习近平亲自担任省"数字福建"建设领导小组组长。从此，福建开启数字化转型建设新征程。2019 年以来，福建省先后出台《新时代数字福建发展纲要》《福建省新型基础设施建设三年行动计划（2023—2025 年）》《福建省数字政府改革和建设总体方案》等规划文件。2021 年，福建省出台《"十四五"数字福建专项规划》提出加快数字化发展，建设新时代数字福建，把数字福建建设作为推动高质量发展的基础性先导性工程，持续放大数字中国建设峰会平台效应，深化国家数字经济创新发展试验区建设，打造数字中国样板区和数字经济发展新高地。自2009 年以来，福建省每年出台建设"数字福建"工作要点，其中《2024 年数字福建工作要点》提出，进一步优化新型基础设施整体布局，全面推进数据要素市场建设，坚持"五位一体"全面赋能（数字经济、数字政务、数字社会、数字文化、数字生态文明），强化数字化发展两大关键能力和营造良好数字化发展环境。2024年 1 月成立福建省数字福建建设领导小组办公室（福建省数据管理局），负责统筹推进数字福建、数字政务、数字经济、数字社会规划和建设。经中央批准，2018年至今，福建省每年举办"数字中国建设峰会"，至今共 7 届，习近平总书记两次致贺信，成为数字福建一张亮丽的名片。

## （五）数字浙江

2003 年，时任浙江省委书记的习近平同志作出"数字浙江"战略部署，把"数字浙江"建设上升为浙江省"八八战略"内容之一，提出加快建设"数字浙江"，让浙江成为全国数字经济发展的试验田和排头兵。2003 年 9 月，浙江省政府出台《"数字浙江"建设规划纲要（2003—2007 年）》，建成了"数字浙江 1.0"框架体系。2014 年，浙江率先在国内建成"省、市、县、乡、村"五级全覆盖的一体化政务服务网。2016 年浙江省编制《浙江省信息化发展"十三五"规划》，成为"数字浙江 2.0"发展规划，全面启动"最多跑一次"改革，提出"让数据多跑路、群众少跑腿"。2017 年，浙江提出实施数字经济"一号工程"，2018 年，制定并实施了国家数字经济示范省建设方案和五年倍增计划，提出建设"三区三中心"的目标。2020 年，制定《关于深入实施数字经济"一号工程"若干意见》，编制《浙江省国家数字经济创新发展试验区建设工作方案》，出台了全国首部以促进数字经济发展为主题的《浙江省数字经济促进条例》。2021 年 6 月，浙江省印发《浙江省数字经济发展"十四五"规划》，提出到 2035 年，全面形成以数字经济为核心的现代化经济体系，高水平建成网络强省和数字浙江。2021 年浙江省印发《浙江省数字政府建设"十四五"规划》，提出到 2025 年，形成比较成熟完备的数字政府实践体系、理论体系、制度体系，基本建成"整体智治、唯实惟先"的现代政府，省域治理现代化先行示范作用显现；到 2035 年，数字化驱动政府深化改革和生产关系变革成效凸显，数据要素流通机制健全，全面实现用数据决策、用数据服务、用数据治理、用数据创新。2023 年 1 月，浙江省委系统部署三个"一号工程"，数字经济是创新"主战场"。浙江自 2013 年开始举办世界互联网大会乌镇峰会，"数字浙江"已建设 20 多年。

## （六）数字香港

作为全球数字化程度最高的经济体之一，香港特区政府全力打造世界级人工智能和大数据中心，5G 网络建设应用开发进程走在全球前列。为推动数字香港建设，香港特区成立数字政策办公室，制定和实施有效的数字政策，推动数字经济和智慧城市发展，建设全球首座"超算中心"，支持人工智能产业发展。印发《香港促进数据流通及保障数据安全的政策宣言》，加强与内地数据合作。实施《粤港澳大湾区（内地、香港）个人信息跨境流动标准合同》将"智方便"与"广东省统一身份认证平台"对接，在广州市、深圳前海及福田增设"智方便"登记服务柜位。香港特区政府在 2022 年底公布《香港创新科技发展蓝图》，为香港创新科技发展制订清晰的发展路线图和战略规划，推动数字经济发展，建设智慧香港。

## （七）数字澳门

2016 年澳门特区政府发布的《澳门特别行政区五年发展规划（2016—2020年）》及近年的《施政报告》中，把建设智慧澳门作为一项重要任务。澳门特区政府设立"智慧城市发展专责小组"统筹推动智慧澳门建设工作。2017 年与阿里巴巴集团签署《构建智慧城市战略合作框架协议》，推动云计算中心和大数据技术项目建设，加快智慧澳门数字基础设施建设步伐。2018 年 10 月，国家重点实验室"智慧城市物联网"在澳门大学挂牌。2024 年公布《澳门特别行政区经济适度多元发展规划（2024—2028 年）》，明确提出到 2028 年特区高新技术产业发展取得实质进展。

## 二、数字化转型其他省份发展动态（排名不分先后）

### （一）数字龙江

2018 年以来，黑龙江省出台《关于"数字龙江"建设的指导意见》《"数字龙江"发展规划（2019—2025 年）》《推动"数字龙江"建设加快数字经济高质量发展若干政策措施》《黑龙江省"十四五"数字政府建设规划》《黑龙江省"十四五"数字经济发展规划》等顶层设计文件，全面推动"数字龙江"建设，加快数字经济高质量发展。

### （二）数字吉林

中共吉林省委、吉林省人民政府印发了《"数字吉林"建设规划》，规划分三大板块，共 9 章 50 节围绕推进"数字吉林"建设展开，同时正式成立省"数字吉林"建设领导小组办公室统筹推动吉林省各领域数字化建设。近年来，吉林省陆续出台《吉林省数字政府建设"十四五"规划》《吉林省大数据产业发展指导意见》《吉林省制造业智能化改造和数字化转型行动方案（2023—2025年）》《关于进一步加强数字政府建设的若干举措》《加快推进吉林省数字经济高质量发展实施方案（2023—2025年》等规划文件，推动"数字吉林"高质量发展。

## （三）数字辽宁

辽宁省出台《加快数字经济发展的实施意见》，2020年印发《数字辽宁发展规划（1.0版）》。2021修订印发的《数字辽宁发展规划（2.0版）》提出到2025年，要实现数字辽宁整体发展水平实现跨越式提升；全省数字经济核心产业增加值占地区生产总值比重超过全国平均水平，数字经济增加值年均增速10%左右；到2035年，要高水平建成网络强省，跻身创新型省份前列，高质量建成数字辽宁、智造强省。

## （四）数字天津

天津市出台《天津市促进大数据发展应用条例》，实施《天津市加快数字化发展三年行动方案（2021—2023年)》《天津市数据安全管理办法（暂行)》《天津市数据交易管理暂行办法》《天津市智慧城市建设"十四五"规划》等政策法规，加快智慧天津建设，打造全国智慧低碳的新型智慧城市标杆。

## （五）数字内蒙古

内蒙古自治区出台的《内蒙古自治区"十四五"数字经济发展规划》提出，将数字内蒙发展定位为国家算力网络枢纽节点，北方数字经济发展高地，数字丝绸之路战略枢纽。到2025年，基本建成全国数字产业化发展新兴区、产业数字化转型示范区。《内蒙古自治区推动数字经济高质量发展工作方案（2023—2025年)》指出，构建数字内蒙古"61324"总体框架，即深入推进六大数字经济重点工作，优化"一个布局"（产业空间布局），夯实"三大基础"（科技创新、产业生态、主体培育），完善"两大保障"（基础设施、发展要素），打造"四大基地"（全国绿色算力保障基地、北方数字产品制造基地、全国大数据服务输出基地、北方产业数字化转型示范基地）。

## （六）数字河北

河北省出台《数字经济发展规划（2020—2025年)》《支持数字经济加快发展的若干政策》《"十四五"新型基础设施建设规划》《加快河北省战略性新兴产业融合集群发展行动方案（2023—2027年)》《河北省数字经济发展规划（2020—2025年)》《河北省数字经济促进条例》等系列文件，颁布实施《加快建设数字河北行动方案（2023—2027 年）》，明确了推进数字河北建设 6 个方面的重点任务，成立了数字河北建设工作专班，先后制定出台 9 个专项行动方案，组织推动 97 个重大事项，数字河北建设工作取得积极成效。

## （七）数字山东

山东省高度重视"数字山东"建设，出台了一系列政策文件和规划，如《山东省数字政府建设实施方案》《山东省数字基础设施建设行动方案（2024—2025年）》等。其中《数字山东发展规划（2018—2022 年）》提出，山东要打造数字中国示范区、国内数字经济高地和具有国际影响力的智慧城市群。《山东省"十四五"数字强省建设规划》指出，成立由省委书记、省长任组长的数字强省建设领导小组，统筹推进数字强省建设，到 2025 年，数字强省建设实现重大突破，以数字化转型整体驱动生产方式、生活方式和治理方式变革取得显著成效，数字经济与实体经济深度融合发展，数字基础设施、数字政府、数字社会建设成效大幅提升，整体工作始终处在全国"第一方阵"。

## （八）数字山西

近年来，山西省通过制定和实施一系列政策措施，为"数字山西"发展提供了强有力的政策保障。深入实施《山西省数字经济促进条例》《山西省数据工作管理办法》《山西省促进先进算力与人工智能融合发展的若干措施》等一系列政策文件，推进"数字山西"智慧大脑建设，加快山西数字经济发展和推进数据工作的顶层设计持续强化。颁布实施《山西省数据工作管理办法》，围绕"数据要素""数字基础设施""数字山西""数字经济""数字社会""数据安全"等，推出 53 条具体举措，更好推动数字山西、数字社会建设，构建以数据为关键要素的数字经济，培育发展新质生产力，扎实推进山西省数字经济高质量发展。

## （九）数字河南

河南省出台《河南省"十四五"数字经济和信息化发展规划》《实施数字化转型战略工作方案》《河南省数字经济促进条例》《2024 年河南省数字经济发展工作方案》《2024 年河南省数字化转型战略工作方案》，明确要加快实施"数据要素×"行动，全方位推进数字强省建设，加快推动数字产业化、产业数字化，做大做强数字经济，建设数字河南，推动全省经济社会高质量发展取得显著成效。

## （十）数字安徽

安徽省推动"数字安徽"建设起步较早，效果较好。2003 年编制《数字安徽建设五年规划纲要（2003—2007 年）》，2004 年出台《数字安徽建设管理办法》，2022 年颁布《"数字安徽"建设总体方案》《加快发展数字经济行动方案（2022—

2024 年）》，设立"数字安徽"专项资金，2023 年印发《安徽省政务信息化项目建设管理办法实施细则（试行）》，2024 年《加快推进数字经济高质量发展行动方案（2024—2026 年）》提出，到 2026 年，安徽数字经济发展水平将位居全国第一方阵，实施"数字安徽"六大攻坚行动。

## （十一）数字江苏

江苏省自 2010 年以来，陆续出台《省政府关于加快推进信息通信基础设施建设的意见》《智慧江苏建设行动方案（2014—2016 年）》《智慧江苏建设三年行动计划（2018—2020 年）》《关于深入推进数字经济发展的意见》《江苏省"十四五"数字经济发展规划》《江苏省数字经济加速行动实施方案》《江苏省数字经济发展综合评价办法（试行）》《关于全面提升江苏数字经济发展水平的指导意见》《江苏省数字经济促进条例》等政策文件，推动"数字江苏"建设。2024 年印发《关于加快释放数据要素价值壮大大数据产业的意见》，计划在三年内引育 1000 家数据企业，推动 1000 个高质量数据集的形成，打造 2000 个典型数据产品，以及建立 50 个数据产业公共服务示范平台，推动数据产业的全面发展。数据显示，江苏省数字化水平一直位居全国前列。

## （十二）数字宁夏

宁夏回族自治区围绕数字宁夏建设，实施《数字宁夏"1244+N"行动计划实施方案》和"四化"工程，建成了我国西部唯一的算力和互联网交换"双中心"，全力打造"中国算力之都"。2024 年宁夏回族自治区发布《区人民政府关于加强数字政府建设的实施意见》《宁夏回族自治区数字政府"34567"体系框架》《全区数字政府建设重点任务清单（2023—2025 年）》等文件，实施 124 项重点任务，提出 2025 年力争使宁夏回族自治区政府数字化发展整体水平实现西北领先、西部一流建设目标。

## （十三）数字陕西

"十三五"以来，陕西省出台《关于加快网络经济发展的意见》，连续 4 年实施通信基础设施建设行动，深入实施数字陕西战略，以数字化引领中国式现代化陕西实践，高质量推进"数字丝绸之路"建设。印发《陕西省"十四五"数字经济发展规划》《陕西省人民政府办公厅关于印发加快推进数字经济产业发展实施方案（2021—2025 年）》《关于推动数字经济高质量发展的政策措施》等文件，全力建设西部数字经济引领区、国家数字经济创新发展试验区、数字丝绸之路示范区，打造"一核两轴三带多点"的数字经济发展新格局。

## （十四）数字湖北

"十四五"以来，"数字湖北"建设成为湖北省的重要工作，2021 年 4 月，湖北省"十四五"规划纲要中提出"加快建设数字湖北"的战略。同年10月，湖北省人民政府发布《关于全面推进数字湖北建设的意见》，明确要聚焦"兴业、惠民、优政"加快建设数字湖北，到2025年，初步建成"光芯屏端网"世界级产业集群，产值达到1.3万亿元，涌现一批世界级的数字经济企业与数字产品品牌。《湖北数字经济强省三年行动计划（2022—2024年）》，提出实施六大行动、十项工程，建成数字经济"四区一节点"，即全国数字产业化引领区、全国产业数字化先导区、数据要素聚集区、中部地区数据治理样板区和新型基础设施中部枢纽节点。到2025年，数字经济占地区生产总值的比重超过12%，在光电子信息领域打造具有国际竞争力的标志性产业链和数字产业集群。2024年，湖北省在数字经济发展的竞赛中表现卓越，综合实力跃升至全国第七。

## （十五）数字江西

2022年中共江西省委、江西省人民政府印发《关于深入推进数字经济做优做强"一号发展工程"的意见》《江西省"十四五"数字经济发展规划》文件等，力争使江西数字经济整体发展水平进入全国先进行列。印发《江西省数字政府建设三年行动计划（2022—2024年）》，《江西省数字政府建设总体方案》《江西省数字化项目建设管理办法》等文件，推动数字政府改革建设，实施21项重点任务77项清单。

## （十六）数字湖南

2011年，湖南省委、省政府印发《数字湖南建设纲要》《数字湖南规划（2011—2015年）》，"数字湖南"作为"四个湖南"发展战略之一，明确了"数字湖南"五年建设目标，同时启动"数字湖南"五大建设任务。2022年，数字湖南建设领导小组印发实施《数字湖南建设"十四五"规划》，其中提出建设"四区一高地"总体目标，具体包含20项发展指标，重点围绕数字基础设施、数字经济、数字政府、数字社会、数字生态等方面推进"数字湖南"建设。同年印发《湖南省新型数字基础设施建设"十四五"规划》，力争湖南实现通信网络基础设施全国领先、数据与计算设施中部领跑。2023年，湖南省印发《数字湖南建设工作要点》，涵盖数字基础设施建设、数字产业化、推进数字社会建设等7个方面24项工作重点，数字湖南建设有了新的路线图。2024年，湖南省印发《湖南省数据和政务服务管理工作要点》，加强"十五五"数字湖南规划研究。

## （十七）数字贵州

2014年，贵州省委、省政府把发展大数据产业上升为全省战略，印发《关于加快大数据产业发展应用若干政策的意见》和《贵州省大数据产业发展应用规划纲要（2014—2020 年）》文件，初步提出"数字贵州"建设。2018 年 6 月，贵州省政府印发《关于促进大数据云计算人工智能创新发展加快建设数字贵州的意见》，提出把数字贵州建设作为新时代实施大数据战略行动的重要抓手。2021 年，"数字贵州"工作平台正式上线，以加快"数字贵州"建设、推动大数据与实体经济深度融合，探索形成数字中国建设的"贵州模式"。2022 年国务院印发《关于支持贵州在新时代西部大开发上闯新路的意见》，将贵州定位为国家数字经济发展创新区。"数字贵州"建设取得显著成效，贵州作为全国首个大数据综合试验区，2015 年至今连续举办 10 届中国国际大数据产业博览会（简称"数博会"），数字经济增速连续 8 年全国第一，为"东数西算"八大枢纽之一。

## （十八）数字云南

云南省在"十三五"中期提出"数字云南"建设，2019 年云南省颁布《"数字云南"信息通信基础设施建设三年行动计划（2019—2021 年）》。2022 年，云南省政府印发《"十四五"数字云南规划》对"十四五"时期云南数字基础设施、数字政府、数字社会建设，构筑面向南亚东南亚辐射中心数字枢纽，以及营造健康安全数字生态等工作做出了统一部署。2023 年，印发《2023 年数字云南工作要点》，将从夯实新型基础设施、打造协同高效数字政府、大力发展数字经济等 6 个方面，加快数字云南建设。

## （十九）数字广西

2018 年，广西壮族自治区政府开始布局"数字广西"建设，自治区党委、政府召开"数字广西"建设大会，动员全区上下实施大数据战略，建设"数字广西"。印发《关于深入实施大数据战略加快数字广西建设的意见》《关于加快数字广西建设的若干措施》主文件和 13 个配套文件，启动"数字广西"建设六大重点任务，大力推进"数字广西"建设。2019 年印发《数字广西建设标杆引领行动方案》，2021 年印发《数字广西发展"十四五"规划》。2022 年印发《关于加快数字化转型发展深入推进数字广西建设的实施意见》，提出把推动数据要素市场化改革作为推进"数字广西"建设的核心。2024 年印发《2024 年数字广西建设工作要点》，明确在更高水平上推进数字广西建设。

## （二十）数字青海

2023 年，青海省印发《青海省数字经济发展三年行动方案（2023—2025 年）》，明确了数字经济发展目标，计划到 2025 年，数字经济规模达到 1200 亿元以上。实施《关于加快数字政府建设的实施意见》，力争到 2025 年，基本建成数字政府框架体系，到 2035 年，建成具有青海特色的数据驱动、整体协同、敏捷高效、智

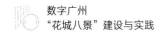

能精准、开放透明的现代化政府。

## （二十一）数字甘肃

甘肃省印发《甘肃省"十四五"数字经济创新发展规划》，努力打造东西部算力资源调度先导区、全域经济数字化转型样板区、社会治理创新应用示范区。颁布《甘肃省数字政府建设总体规划（2021—2025年）》，构建甘肃省数字政府"12345+N"体系，从5个方面部署17项主要任务推动数字政府建设。

## （二十二）数字西藏

2022年，西藏自治区颁布《关于加快推进数字西藏建设的意见》《数字西藏建设行动计划（2022—2025年）》《西藏自治区数字经济发展实施方案（2022—2025年）》及数字西藏建设相关规则和管理办法，部署数字西藏建设，到2025年，力争实现打造"6新"数字屋脊，数字经济规模突破600亿元。

## （二十三）数字新疆

新疆维吾尔自治区印发《自治区数字政府改革建设方案》《自治区数字政府建设三年行动计划（2023—2025年）》，致力构建"数智化"数字政府。

## （二十四）数字海南

纵观海南省数字化发展，1997年提出"信息智能岛"建设，2019年，海南在全国率先实现5G"县县通"。2020年印发《智慧海南总体方案（2020—2025年）》，明确建设智慧海南"三步走"目标，打造"智慧赋能自由港"和"数字孪生第一省"。2021年，出台《海南省高新技术产业"十四五"发展规划》将数字经济列为海南自贸港三大战略性新兴产业。海南至香港首条国际海底光缆建成商用。2022年，三亚获评全国千兆城市，打造"海易办""海政通"两大数字政府平台。

## （二十五）数字台湾

台湾地区重视数字化转型发展工作。2020年，台湾地区推出"数字地区——创新经济发展"政策（2017—2020年）》、《智慧台湾方案（2021—2025年）》等文件，全面推动"数字台湾"建设。

## 第四节　数字化战略转型的发展趋势及广州路径

党的十八大以来，以习近平同志为核心的党中央深刻洞察新一轮科技革命和产业变革趋势，牢牢把握全球信息化发展与数字化转型的重大历史机遇，高度重视、全面布局、统筹推进网络强国、数字中国建设。广州市作为国家中心城市，更应在数字化发展浪潮中展现担当，探索中国式现代化的广州路径。

## 一、数字基础设施筑牢数字化发展基础底座

习近平总书记强调，要加强战略布局，加快建设以 5G 网络、全国一体化数据中心体系、国家产业互联网等为抓手的高速泛在、天地一体、云网融合、智能敏捷、绿色低碳、安全可控的智能化综合性数字信息基础设施，打通经济社会发展的信息"大动脉"。截至 2023 年底，我国建成全球规模最大、技术领先的网络基础设施，5G 基站数超过 231 万个，"东数西算" 8 个国家算力枢纽节点加快推进，数据中心规模增速超过 25%，算力规模达到全球第二，算力核心产业规模达到 1.8 万亿元，数字基础设施已经成为建设制造强国、质量强国、网络强国、数字中国的坚强柱石。广州市在信息基础设施方面具有良好发展基础，是国内三大通信核心枢纽之一、三大国际出入口之一，国家 7 大骨干网均在广州市部署了骨干交换节点，其中，电信、移动、联通骨干网在穗节点为超级骨干节点，网络枢纽核心作用明显，有利于推动构建数字化发展格局，全面推动城市治理、民生服务、产业经济等各领域数字化转型升级。

## 二、数字技术突破创新为数字化发展带来新动能

当前，以数字孪生、AI 大模型、云宇宙等数字技术为代表的新一轮科技革命和产业变革突飞猛进，在政务服务、城市治理、民生服务等领域形成了一批典型示范应用，为转变发展方式、增进人民福祉、丰富精神文化生活、促进绿色化转型、推动交流合作提供了重要契机，也为城市数字化转型提供了强大发展动能。广州市创新资源丰富、工业体系完备、市场空间广阔，为数字技术创新应用提供了良好的土壤。同时，广州市提出了加快推进高水平科技自立自强，打造具有全球影响力的产业科技创新高地，把创新落到人才上、企业上、产业上，形成推进高质量发展倍增效应。应牢牢把握当前以数字化、智能化、绿色化为代表的新技术与城市数字化深度融合的机遇，以核心技术突破解决好"卡脖子"问题，推动发展动能转换和城市能级提升。

## 三、数据要素市场化改革赋能城市数字化转型

加快培育壮大数据要素市场，充分发挥数据要素的放大、叠加、倍增作用，是立足新发展阶段、贯彻新发展理念、构建新发展格局、推动我国国民经济动力转型和效率转型的战略选择。2022 年 12 月，党中央、国务院印发《关于构建数据基础制度更好发挥数据要素作用的意见》，为最大化释放数据要素价值、推动数据要素市场化配置提出了最新指引。广东省从打造数据要素市场新型基础设施、畅通数据要素大循环、赋能经济社会高质量发展三大方面持续推进数

据要素市场化配置改革。广州市从编制职能数据清单、探索搭建数据价值流通新路径、构建全市数据资源一体化体系、探索数据要素创新试点等方面，打出了数据要素市场化配置改革"组合拳"。在海量数据和丰富应用场景优势的驱动下，更多的数据技术和应用创新将全面落地，数据采集、数据治理、数据流通、数据开发利用、数据安全保护等各方面将协同推进，数据要素规模化产业集群和规范化产业生态将逐步形成，数据要素的价值将得到充分挖掘和释放，从而进一步促进城市数字化转型。

## 四、数实融合成为数字经济高质量发展新引擎

习近平总书记指出，要促进数字技术与实体经济深度融合，赋能传统产业转型升级，催生新产业、新业态、新模式，不断做强做优做大我国数字经济。近年来，我国在顶层设计中不断强化数实融合的重要地位，2022 年 1 月，国家发布《"十四五"数字经济发展规划》，明确把"数字技术与实体经济深度融合"作为我国数字经济发展的重要主线，并提出"数字经济对实体经济提质增效带动作用显著增强"的发展目标。在政策红利驱动下，"数实融合"在全国加速铺开，广东省提出"始终坚持实体经济为本、制造业当家，在建设更具国际竞争力的现代化产业体系上取得新突破"。2023 年，广东省将支持 9000 家工业企业开展设备更新和技术改造，推动 5000 家规模以上工业企业数字化转型，带动 10 万家中小企业"上云用云"，全面推进制造业数字化转型，促进全省战略性支柱产业集群和战略性新兴产业集群高质量发展。

数字化转型是大势所趋。习近平总书记多次指出，要加快数字化转型发展，2020 年 4 月在浙江考察时再次强调，要善于化危为机，抓住产业数字化、数字产业化赋予的机遇，抓紧布局数字经济。数字经济是新兴技术和先进生产力的代表，已成为重组全球要素资源、重塑全球经济结构、改变全球竞争格局的关键力量。促进数字经济和实体经济深度融合，既是新一轮科技革命和产业变革大势所趋，也是推动我国经济高质量发展的重要抓手。我国具有超大规模市场、海量数据资源、丰富应用场景等优势，数字经济发展取得显著成就，规模连续多年位居全球第二。自 2012 年以来，我国数字经济增速连续多年显著高于同期 GDP 增速，是我国经济增长的主要引擎之一。

第二章

# 新一代数字化技术及应用

# 第一节 云计算技术

云计算（Cloud Computing）是分布式计算的一种，指的是通过网络"云"将巨大的数据计算处理程序分解成无数个小程序，然后，通过多部服务器组成的系统处理和分析这些小程序得到结果并返还给用户 ❶。云计算又称为网格计算，在很短时间内可以处理海量的数据，提供强大的网络计算服务（图 2-1）。云计算是分布式计算、效用计算、负载均衡、并行计算、网络存储、热备份冗杂和虚拟化等计算机技术的综合应用。

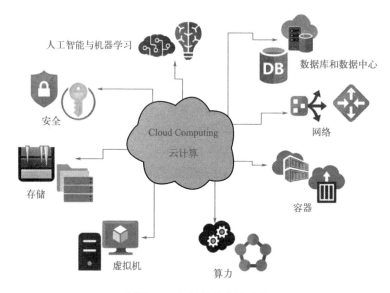

∧图 2-1　云计算技术及应用

## 一、云计算发展史

从云计算资源管理和技术演进角度来看，云资源管理最初是从资源共享往规模效应、专业化服务等方向发展，云资源技术路线是向资源池化、解耦、分层和利用率最大化方向演进。简单来说，云计算发展分为四个阶段：

第一阶段：虚拟化时代（1960—2005）

虚拟化时代主要特征是将物理机虚拟化，有基于 X86 架构的全虚拟化、半虚拟化或基于硬件辅助的全虚拟化。虚拟化时代主要侧重于云资源池化、集中管理、共享共用。

---

❶ 许子明，田杨锋.云计算的发展历史及其应用[J].信息记录材料，2018，19（8）:66-67.

第二阶段：启云时代（2006—2014）

启云时代主要标志性事件是谷歌公司首席执行官埃里克·施密特（Eric Schmidt）在搜索引擎大会（SES San Jose 2006）首次提出"云计算"的概念。Amazon 公司推出了 AWS 首批云产品 Simple Storage Service（S3）和 Elastic Compute Cloud（EC2）服务，为用户提供弹性计算能力，这被认为是云计算的里程碑事件，奠定了 Amazon AWS 在云计算领域的领先地位。阿里巴巴公司在 2009 年 9 月宣布成立阿里云，2012 年 7 月 U Cloud 云平台正式上线。腾讯公司 2014 年正式成立腾讯云。

第三阶段：上云时代（2015—2020）

2016 年 3 月 15 日，人机围棋大战迎来最终局，谷歌公司的人工智能机器"阿尔法狗"（Alpha - go）以总比分 4∶1 战胜围棋世界冠军李世石。2017 年，华为成立 Cloud BU，致力于为企业提供稳定可靠、安全可信、可持续发展的云服务，连接企业现在与未来。2017 年 7 月 26 日，Image-net 大规模视觉识别能力不低于人类。AWS 去年 11 月底推出的 Outposts 是混合云，2020 年国内云计算公司科创板正式上市。

第四阶段：云化时代（2021 至今）

数字革命时代正式拉开序幕，云计算已成为数字化基座，云计算已获得广泛应用，云服务已深入到人类活动方方面面，容器、微服务、DevOps 等云原生技术已经得到了广泛应用。

## 二、云计算特点

从云计算技术应用来看，云计算具有虚拟化、按需部署、高可靠性、弹性扩展、高性价比五个主要特点。

（1）虚拟化技术。虚拟化是云计算最重要、最核心的技术，云计算资源虚拟化突破了时间、空间的界限，实现了每一个应用部署的环境与物理平台无关，通过虚拟平台对相应终端操作完成应用部署、数据备份、迁移和扩展等，包括硬件资源虚拟化和应用虚拟化两种类型。通过虚拟化技术，用户不受时空限制，使用各种终端获取计算服务，用户所请求的资源来自"云"，而不是固定的有形的实体。

（2）按需部署。云计算平台是一个丰富的计算资源池，各种各样计算资源服务应有尽有，可满足用户各种类型的计算能力和资源需求。只要用户申请应用或计算资源，云计算平台可以按照用户的需求快速部署所需的资源和计算能力。

（3）高可靠性。若发生服务器单点故障也不会影响计算和应用正常运行，虚拟化技术应用使得用户的应用和计算不是固定分布在某一台服务器上，它可通过动态扩展功能部署新的服务器作为资源和计算能力添加进来，保证应用和计算的正常运转。

（4）弹性扩展。云计算平台通过虚拟化实现计算资源动态扩展，支撑应用实现扩展。即可以实时将服务器加入到现有的服务器机群中，增加"云"的计算能力。若云计算平台中出现某一设备故障，对于用户来说，无论是在计算机层面还是在具体应用层面均不会受到影响，可以利用云计算平台动态扩展功能来对其他服务器完成有效扩展。

（5）高性价比。通过虚拟化技术对云计算资源进行集约化统一管理，较大程度上优化了软硬件资源效能，用户共享资源，即用户不需要购买任何服务器、主机、存储设备等资源，不仅节约了大量成本，还获得高性能且安全稳定的服务。

## 三、云计算服务模式

云计算有基础设施即服务（Infrastructure as a Service，IaaS）、平台即服务（Platform as a Service，PaaS）、软件即服务（Software as a Service，SaaS）三种服务模式，模式之间并不相互排斥，用户可根据实际需求选择任何一种或多种组合服务。IaaS、PaaS、SaaS 可以帮助客户实现成本控制并满足实现 IT 所需的功能性能要求，不必购买也不必维护计算资源，从而节省成本。

① 基础设施即服务指把 IT 基础设施作为一种服务通过网络对外提供，并根据用户对资源的实际使用量或占用量进行计费的一种服务模式❶。IaaS 是云计算提供服务主要类型之一，是云资源提供服务商向客户提供的虚拟化计算资源服务，如虚拟机、存储、网络、操作系统等。

② 平台即服务指把服务器平台作为一种服务提供的商业模式，云计算时代相应的服务器平台或者开发环境作为服务进行提供就成为了 PaaS。PaaS 支持按需访问全面的即用型云托管平台，用于开发、运行、维护和管理应用。

③ 软件即服务即用户能够通过网络连接使用基于云计算平台的应用程序，用户按需访问即用型云托管应用软件。如电子邮件、OA 协同办公等系统，用户不需要安装在自己电脑上可直接使用软件服务。

## 四、云计算服务类型

按照云计算服务对象和应用类型，可以分为公有云、私有云、混合云和行业云等。

① 公有云（Public Cloud）指第三方云服务提供商为用户提供云计算服务的云，一般通过网络使用，成本低廉甚至是免费的，公有云的核心属性是共享资源服务。如 Amazon Web Services（亚马逊网络服务）、Microsoft（微软）Azure 和阿里云等都属于公有云，面向全球用户提供服务。

② 私有云（Private Cloud）指为一个客户单独使用而建设的云计算中心，提供对数据、安全性和服务质量的最有效控制，所以云计算资源均由客户独享。该客户完全拥有 IT 基础设施并能控制部署全部应用程序。私有云可部署在客户数据中

---

❶ 刘黎明，杨晶. 云计算应用基础 [M]. 成都：西南交通大学出版社，2015: 84.

心的防火墙内，也可以将它们部署在一个安全的主机托管场所，私有云的核心属性是专有资源。如政务云、信创云等，它仅局限于某一个行业或组织提供服务。

③ 混合云（Hybrid Cloud）指融合了公有云和私有云特点和优势的云，是近年来云计算的主要模式和发展方向，兼顾安全与成本。

④ 行业云（Industry Cloud）指面向某个行业提供云计算服务的云，解决某个行业的云计算服务共性需求，共享共用复用资源。如健康云、金融云、教育云、电力云等。

## 第二节　大数据

大数据（Big Data）指的是所涉及的资料量规模巨大到无法透过主流软件工具，在合理时间内达到撷取、管理、处理、并整理成为帮助企业经营决策更积极目的的资讯。大数据起源于 1980 年，美国著名未来学家阿尔文·托夫勒（Alvin Toffler）最早在《第三次浪潮》一书中提出，他称赞大数据是第三次浪潮中最华彩的乐章。大数据定义在 2008 年由维克托·迈尔 - 舍恩伯格及肯尼斯·库克耶编写的《大数据时代》中提出。大数据指不用随机分析法（抽样调查）这样的捷径，而采用所有数据进行分析处理。研究机构 Gartner（高德纳）将"大数据"定义为需要新处理模式才能具有更强的决策力、洞察发现力和流程优化能力来适应海量、高增长率和多样化的信息资产。《自然》杂志于 2008 年 9 月推出了名为大数据的封面专栏。2015 年国务院印发《促进大数据发展行动纲要》将大数据定义为以容量大、类型多、存取速度快、应用价值高为主要特征的数据集合，正快速发展为对数量巨大、来源分散、格式多样的数据进行采集、存储和关联分析，从中发现新知识、创造新价值、提升新能力的新一代信息技术和服务业态。麦肯锡公司是最早应用大数据技术的公司。

### 一、大数据特点

IBM 公司提出，大数据具有 Volume（大量）、Velocity（高速）、Variety（多样）、Value（低价值密度）、Veracity（真实性）五个特点，简称 5V。

（1）Volume（大量）。一般来说，Volume 是计算机一个可辨认的数据存储（Storage）单元，计算单位是 PB（1024TB）、EB（1024PB）、ZB（1024EB）或以上，这是大数据最明显的特点。大数据容量的大小将决定数据价值大小，如现在每时每刻都在产生海量聊天、消费、行程、浏览、业务等数据，全球每天产生的数据量达到 2.3 万亿 KB，数据容量越大，数据价值潜在的价值越大。

（2）Velocity（高速）。大数据处理速度要求非常快，一般要在秒级时间内给出分析结果，超出这个时间数据就可能失去价值。大数据产生速度与大数据处理

（采集、汇聚、更新、存储）速度要对应起来，实现高速处理。

（3）Variety（多样）。大数据的多样性体现在其来源、格式和类型上。大数据格式是多种多样的，包括结构化、半结构化和非结构化的数据。大数据类型繁多，包括结构化数据，文字、音频、视频、图片、地理位置等。

（4）Value（低价值密度）。大数据的价值密度较低，单条或者少量数据没有什么意义，无法得出有效信息。但当数据量级达到后，整个数据集蕴含的信息价值就大，可以从中获得许多有用的信息。

（5）Veracity（真实性）。数据的真实性是确保大数据分析正确的前提条件，数据质量可能受到来源众多、多源异构、标准不统一等因素的影响，真实性和可靠性往往受到质疑。因此，保障数据高质量是至关重要的。

## 二、大数据作用

（1）实时分析和决策支持：大数据技术可以处理实时数据流，实现对数据的快速分析和决策支持。通过对大数据实时分析，可以及时捕捉到政策、市场、用户、竞争对手等变化，并基于此做出相应的决策。

（2）挖掘潜在价值：大数据技术可以对庞大的数据集进行挖掘和分析，从中发现隐藏在数据背后的潜在价值。如对用户行为数据的分析，可以挖掘用户的偏好、需求等，提供更精准服务。

（3）优化业务流程和资源配置：通过对大数据的分析和挖掘，可以发现业务流程中的瓶颈和问题，并对其进行优化和改进。同时，通过对资源的合理配置，可以提高资源利用率和效率，降低成本。

（4）个性化服务和体验：大数据技术可以分析用户的行为特征和偏好，实现个性化推荐和定制化服务。通过精准的个性化服务，可以提高用户的满意度和忠诚度。

（5）预测和风险管理：通过对大数据的分析和建模，可以预测未来的趋势和风险。例如，通过对数据的分析，可以预测发展形势，从而提前采取相应的措施。

（6）促进创新和发展：大数据技术可以帮助我们从传统的经验驱动型转变为数据驱动型，在决策和运营中更加科学和精准。大数据还可以帮助我们发现新的机会，推动产业升级和创新发展。

## 第三节　物联网技术

物联网技术（Internet of Things，IoT）起源于传媒领域，是信息科技产业的第三次革命。物联网是指通过信息传感设备，按约定的协议，将任何物体与网络相连接，物体通过信息传播媒介进行信息交换和通信，以实现智能化识别、定位、跟踪、监管等功能❶。

## 一、物联网发展史

1991 年美国麻省理工学院（ＭＩＴ）的 Kevin Ashton 教授首次提出物联网的概念（图 2-2）。1995 年比尔·盖茨（Bill Gates）在《未来之路》一书中也曾提及物联网但未引起广泛重视。1999 年美国麻省理工学院建立了"自动识别中心（Auto-ID）"提出"万物皆可通过网络互联"，阐明了物联网的基本含义。它的定义为把所有物品通过射频识别等信息传感设备与互联网连接起来，实现智能化识别和管理。也就是说，物联网是指各类传感器和现有的互联网相互衔接的一个新技术。中科院早在 1999 年，就启动了传感网的研究，并已建立了一些实用的传感网。与其他国家相比，我国技术研发水平处于世界前列，具有同发优势和重大的影响力。在世界传感网领域，中国、德国、美国、韩国等国成为国际标准制定的主导国之一。2005 年国际电信联盟（ＩＴＵ）发布的物联网报告中提出，通过一些关键技术用互联网将世界上的物体都连接在一起使世界万物都可以上网。2009 年 2 月 IBM 大中华区首席执行官钱大群在 2009IBM 论坛上发布了"智慧地球"发展策略，中国移动总裁王建宙多次表示物联网将会是中国移动未来的发展重点。2009 年 8 月原总理温家宝"感知中国"的讲话把我国物联网领域的研究和应用开发推向了高潮，无锡市率先建立了"感知中国"研究中心，中国科学院、运营商、多所大学在无锡建立了物联网研究院。随后，物联网技术在我国各行各业得到广泛推广应用❷。

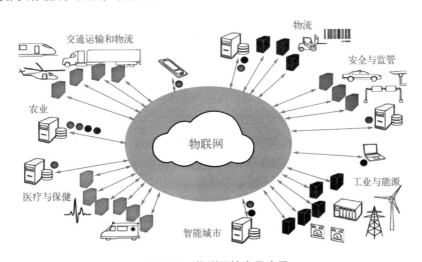

∧图 2-2　物联网技术及应用

❶ 黄长清. 智慧武汉[M]. 武汉: 长江出版社, 2012: 158.

❷ 朱洪波，杨龙祥，朱琦. 物联网技术进展与应用[J]. 南京邮电大学学报（自然科学版），2011, 31（01）:1-9.

## 二、物联网关键技术

物联网是物与物、人与物之间的信息传递与控制。在物联网应用中主要有以下关键技术。

（1）传感器技术。传感器是指能感受被测量并按照一定的规律转换成可用输出信号的器件或装置。传感器工作原理是利用物理效应、化学效应、生物效应，把被测的物理量、化学量、生物量等转换成符合需要的电量，传感器作为信息获取的重要手段，与通信技术和计算机技术共同构成信息技术的三大支柱。

（2）射频识别（Radio Frequency Identification，RFID）技术。RFID 也是一种传感器技术，它是融合无线射频技术和嵌入式技术为一体的综合技术，RFID 在自动识别、物品物流管理有着广阔的应用前景。

（3）嵌入式系统技术。综合计算机软硬件、传感器技术、集成电路技术、电子应用技术为一体的复杂技术。嵌入式系统由硬件和软件组成，是能够独立进行运作的器件，软件内容只包括软件运行环境及其操作系统，硬件内容包括信号处理器、存储器、通信模块等。

（4）智能技术。指能产生人类智能行为的计算机系统，为了有效地达到某种预期的目的，利用知识所采用的各种方法和手段。通过在物体中植入智能系统，可以使得物体具备一定的智能性，能够主动或被动地实现与用户的沟通。这也是物联网的关键技术之一。

（5）纳米技术。指用单个原子、分子制造物质的科学技术，研究结构尺寸在 1 至 100 纳米范围内材料的性质和应用。例如，纳米物理学、纳米生物学、纳米化学、纳米电子学、纳米加工技术和纳米计量学等。

## 三、物联网体系架构

典型的物联网体系架构一般分为感知层、网络层和应用层（见图 2-3）。

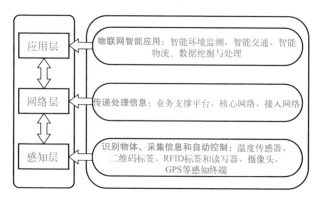

︽ 图 2-3　物联网体系架构

（1）感知层。利用 RFID、传感器、二维码等随时随地获取物体的信息。感知层的主要功能是识别物体、采集信息和自动控制，它由数据采集子层、短距离通信技术和协同信息处理子层组成。数据采集子层通过各种类型的传感器获取物理世界中发生的物理事件和数据信息，例如各种物理量、标识、音视频多媒体数据。短距离通信技术和协同信息处理子层将采集到的数据在局部范围内进行协同处理，以提高信息的精度，降低信息冗余度，并通过具有自组织能力的短距离传感网接入广域承载网络。

（2）网络层。通过电信网络与互联网的融合，将物体的信息实时准确地传递出去。网络层由互联网、电信网等组成，负责信息传递、路由和控制。网络层将来自感知层的各类信息通过基础承载网络传输到应用层，包括移动通信网、互联网、卫星网、广电网、行业专网，及形成的融合网络等。网络层主要关注来自于感知层的、经过初步处理的数据经由各类网络的传输问题。

（3）应用层。把感知层得到的信息进行处理，实现智能化识别、定位、跟踪、监控和管理等实际应用。应用层主要包括服务支撑层和应用子集层。物联网的核心功能是对信息资源进行采集、开发和利用，因此这部分内容十分重要。服务支撑层的主要功能是根据底层采集的数据，形成与业务需求相适应、实时更新的动态数据资源库。应用子集层对业务类型进行细分，包括绿色农业、工业监控、公共安全、城市管理、远程医疗、智能家居、智能交通和环境监测等各类不同的业务服务。

# 第四节　人工智能

人工智能（Artificial Intelligence, AI）是研究、开发用于模拟、延伸和扩展人的智能的理论、方法、技术及应用系统的一门新的技术科学。人工智能是智能学科重要的组成部分，它企图了解智能的实质，并生产出一种新的能以与人类智能相似的方式做出反应的智能机器，使计算机系统具备执行"通常需要人类智能才能完成的任务"的能力。人工智能是一门科学，是一个技术领域，它涉及到计算机科学、数学、统计学、哲学、心理学等多种学科的知识，但总体上，归类于计算机学科之下。人工智能研究对象是让一个"系统"具备智能，这个"系统"，可以是一套软件程序，也可以是台计算机，甚至是一个机器人。人工智能发展近期目标是部分替代人工，研究如何使计算机去做那些靠人的智力才能做的工作。人工智能发展最终目标是与"人"一样，探讨智能形成的基本机理，研究利用自动机模拟人的思维过程。

## 一、人工智能发展史

人工智能发展分为三个阶段，第一阶段（1956—1980）：人工智能起步，主要特征是规则与推理。第二阶段（1980—2000）：专家系统推广，主要特征是机器学习与神经网络。第三阶段（2000—至今）：深度学习，主要特征是知识图谱和人工智能生成内容（AIGC）。

第一阶段（1956—1980）：人工智能起步

1955年9月，约翰·麦卡锡（J.McCarthy）、马文·明斯基（M.L. Minsky）、克劳德·香农（C.E.Shannon）、纳撒尼尔·罗切斯特（N.Rochester）共同提出了一个关于机器智能的研究项目，首次引入了"Artificial Intelligence"这个词，也就是人工智能。1956年6月，在他们的召集下，十余位来自不同领域的专家，聚集在美国新罕布什尔州汉诺威镇的达特茅斯学院，召开了一场近两个月的人工智能学术研讨会，这就是著名的达特茅斯会议（Dartmouth Workshop）。

麦卡锡召集哈佛大学、麻省理工学院、IBM公司、贝尔实验室的研究人员，召开达特茅斯会议正式提出"人工智能"。达特茅斯会议，标志着人工智能作为一个研究领域正式诞生，也被后人视为现代人工智能的起点。1955年，赫伯特·西蒙（Herbert A.Simon）和艾伦·纽维尔（Alen Newel）开发的一个名为"逻辑理论家（Logic Theorist）"的程序。1957年，赫伯特·西蒙等人在"逻辑理论家"的基础上，又推出了通用问题解决器（General Problem Solver, GPS）。1973年，数学家莱特希尔（Lighithi）向英国政府提交了一份关于人工智能的研究报告，即著名的《莱特希尔报告》。报告对当时的机器人技术、语言处理技术和图像识别技术进行了严厉且猛烈的批评，指出人工智能那些看上去宏伟的目标根本无法实现，研究已经彻底失败，随后，人工智能进入了第一个发展低谷，也被称为AI之冬"（AI Winter）"。

第二阶段（1980—2000）：专家系统推广

1968年，美国科学家爱德华·费根鲍姆（Edward Feigenbaum）提出了第一个专家系统——DENDRAL，并对知识库给出了初步的定义，这标志着专家系统的诞生。1972年，美国医生兼科学家爱德华H·肖特利夫（Edward H.Shortife）创建了可以帮助进行医学诊断的专家系统——MYCIN。1980年，卡耐基梅隆大学研发的专家系统ON（eXperCONfgurer）正式商用，为当时的计算机巨头公司DEC每年省下数千万美金。1981年，日本经济产业省拨款8.5亿美元，支持第五代计算机项目。1983年，美国国防部高级研究计划局（DARPA）通过"战略计算促进会（Strategic Computing-initiative）"，重启对人工智能研究的资助。1984年，由美国微电子与计算机技术公司发起的Cyc项目（"超级百科全书"项目）正式启动。1987年，苹果和IBM公司生产的台式机，在性能上已经超过了Symbolic s的AI计算机，导致AI硬件市场需求土崩瓦解。到了20世纪80年代晚期，战略计算促进会大幅削减对AI的资助，DARPA的新任领导也认为AI并非"下一个浪潮"，削减了对其的投资。AI进入了第二个低谷阶段。

第三阶段（2000 至今）：深度学习

2006 年，多伦多大学的杰弗里·辛顿发表了重要的论文 *Reducing the Dimensionalty of Data wih Neuralnetworks*（《用神经网络降低数据维数》），提出深度信念网络（Deep Belief Network），深度学习（Deeping Learning）正式诞生。2009 年，在斯坦福任教的华裔科学家李飞飞，正式发布了大型图像数据集——ImageNet。2012 年，杰弗里·辛顿和他的学生伊利亚·苏茨克沃（Lya Sutskever）、亚历克斯·克里切夫斯基（Alex Kizhevsky）参加了 ImageNet 的大规模视觉识别挑战赛，以压倒性优势获得第一名。2014 年，蒙特利尔大学博士生伊恩·古德费洛（Ian Goodfelow），提出了生成对抗网络（Generative Adversarial Networks，GANs）。2016 年 3 月，Deep Mind 开发的人工智能围棋程序 Alpha Go（阿尔法狗），对战世界围棋冠军、职业九段选手李世石，并以 4:1 的总比分获胜，震惊了全世界。2017 年 12 月，Google 机器翻译团队发表了论文 *Attentions you need*（《你所需要的，就是注意力》），提出只使用"自我注意力"（Sef Atention）机制来训练自然语言模型，并将这种架构命名为 transformer。2018 年 6 月，Open AI 发布了第一版的 GPT 系列模型—— GPT-1。2022 年 11 月，Open AI 发布了基于 GPT 模型的人工智能对话应用服务—— ChatGPT。

## 二、人工智能研究内容

机器人：研究和开发各种类型的机器人，包括工业机器人、服务机器人、特种机器人等。

语言识别：研究如何使计算机能够理解和生成人类语言。

图像识别：研究如何使计算机能够识别和处理图像信息。

自然语言处理：研究如何使计算机能够理解和生成自然语言文本。

专家系统：研究和开发基于知识的智能系统，用于解决特定领域的问题。

人工智能伦理：研究如何确保人工智能技术的发展和应用符合伦理和道德标准。

可解释人工智能：研究如何使人工智能模型具有可解释性，以便用户理解模型的决策过程，提高模型的可靠性和信任度。

人工智能与脑科学：通过研究大脑的结构和功能，借鉴生物智能机制，发展新型人工智能算法和模型。

人工智能与物联网：研究如何将人工智能技术应用于物联网设备，实现智能感知、决策和控制。

人工智能与艺术：研究如何利用人工智能技术创作和表现艺术作品，如音乐、绘画、舞蹈等。

## 三、人工智能应用领域

搜索技术：涉及如何在信息海洋中高效地找到所需信息。

知识表示：研究如何将知识以计算机能理解的方式表示。

规划方法：研究如何制定有效的行动计划。

机器学习：使机器能够从数据中学习并做出预测和决策。

认知科学：研究人类认知过程的原理，以改进 AI 系统。

自然语言理解与机器翻译：使机器能够理解人类语言并进行翻译。

专家系统与知识工程：构建包含专业知识的大型数据库和推理机制。

定理证明：研究如何使用逻辑推理来验证命题的正确性。

博弈：研究决策过程中的竞争和合作策略。

机器人：开发能够执行复杂任务的机器人系统。

数据挖掘与知识发现：从大量数据中提取有用的信息和模式。

多智能体系统：研究多个智能体之间的交互和协作。

复杂系统：研究高复杂性系统的行为和优化。

足球机器人：开发能够参与足球比赛的机器人系统。

人机交互技术：研究人与机器之间的有效交互方式。

## 四、人工智能核心要素

人工智能的核心要素包括数据（Data）、算法（Algorithm）、算力（Computility）。数据可以比作人工智能的燃料，算法可以比作人工智能的发动机，算力可以比作人工智能的发动机、高速运转的加速器。数据、算法、算力三者相辅相成，数据量的上涨、运算力的提升和深度学习算法的出现才能极大地促进人工智能行业的发展。如果用人体来比喻，网络是人体的神经网络，数据是流动的血液，算力计算是心脏，人工智能则是我们的中枢大脑，负责决策和指挥。

人工智能是计算机科学的一个分支，它企图了解智能的实质，并生产出一种新的能与人类智能相似的方式做出反应的智能机器。人工智能是十分广泛的科学，概括来说，就是研究如何使机器具备以下能力，包括能听（语音识别、机器翻译等）、会说（语音合成、人机对话等）、能看（图像识别、文字识别）、能思考（人机对弈、定理证明等）、会学习（机器学习、知识表示等）、会行动（机器人、自动驾驶汽车等）、能应变（认知智能、自主行动）等。

## 第五节　区块链

区块链（Block Chain）是一种块链式存储、不可篡改、安全可信的去中心化分布式账本，它结合分布式存储、点对点传输、共识机制、密码学等技术，通过不断增长的数据块链（Blocks）记录交易和信息，确保数据的安全性和透明性❶。区块链起源于比特币（Bitcoin），最初在 2008 年由中本聪（Satoshi Nakamoto）提出，作为比特币的底层技术。近年来，典型区块链系统有比特币（Bitcoin）、以太坊（Ethereum）、Libra/Diem、Litecoin、Monero、Dogecoin 等，区块链技术在金融、供应链、医疗、政务等领域得到广泛应用。

## 一、区块链技术特点

区块链特点包括去中心化、不可篡改性、透明性、多方共识性、可追溯性、匿名性、安全和可编程性等。

（1）去中心化。区块链网络通常由数量众多的节点组成，根据需求不同会由一部分节点或者全部节点承担账本数据维护工作，少量节点的离线或者功能丧失并不会影响整体系统的运行❷。

（2）不可篡改性。区块链每次交易都会记录在分布式账本上，它与中心机构主宰的交易模式（可以自行修改任意用户的交易信息）完全不同，即每个交易节点都无法篡改和否认交易记录，否则会出现数据不一致性。

（3）透明性。区块链每次交易都会在区块链中，账本分发到整个网络所有参与者，账本的校对、历史信息等对于账本的持有者而言，都是透明的、公开的。

（4）多方共识性。区块链作为一个多方参与维护的分布式账本系统，参与方需要约定数据校验、写入和冲突解决的规则，这被称为共识算法。

（5）可追溯性。区块链采用带时间戳的块链式存储结构，有利于追溯交易从源头状态到最近状态的整个过程。时间戳作为区块数据存在的证明，对时间敏感行业或领域具有存证作用。

（6）匿名性。在区块链中，数据交换的双方可以是匿名的，系统中的各个节点无须知道彼此的身份和个人信息即可进行数据交换。

## 二、区块链类型

根据参与者、共识机制、激励机制、去中心化程度、数据一致性、网络规模、处理交易能力、典型应用等，区块链系统可以分为公有链、联盟链和私有链三类❸。

（1）公有链。任何参与者可自由进出，建立工作量证明（PoW）、权益证明（PoS）、股份授权证明（DPoS）等共识机制，需要激励，去中心化，数据弱一致性，

❶ 孙溢. 区块链安全技术 [M]. 北京：北京邮电大学出版社，2021.

❷ 沈鑫，裴庆祺，刘雪峰. 区块链技术综述 [J]. 网络与信息安全学报，2016，2（11）：11-20.

❸ 田君. 区块链进化史：26 个故事讲透区块链前世今生 [M]. 北京：企业管理出版社，2020.

网络规模大，处理交易能力强，缺点是达成共识难度较高，吞吐量较低，效率较低。主要应用于加密货币、存证等。典型公有链有比特币、以太坊。

（2）联盟链。由企业或联盟成员组成，建立分布式一致性共识算法，激励可选，多中心化，数据强一致性，网络规模较大，处理交易能力较强，主要应用于支付、清算等，性能更高、安全性更高。典型的联盟链有 Hyperledger Fabric、Corda 平台和企业以太坊联盟等。联盟链与公有链相比吞吐量更高，能实现毫秒级确认，链上数据仅在联盟机构内部共享，能更好地保护安全隐私。

（3）私有链。由个体或公司内部组成，建立分布式一致性共识算法，不需要激励机制，多中心化，数据强一致性，网络规模较小，处理交易能力较弱，主要应用于审计等。私有链共识节点均来自机构内部，比联盟链效率更高，甚至可以与中心化数据库的性能相当。

## 三、区块链技术架构

区块链"六层架构"（图 2-4）从底层到上层分别是数据层、网络层、共识层、激励层、合约层和应用层，由袁勇和王飞跃于 2016 年提出 ❶。

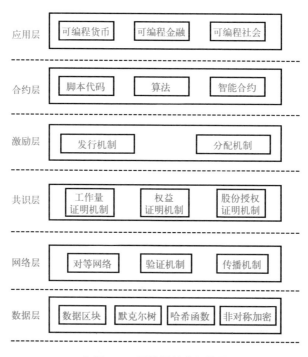

∧ 图 2-4　区块链技术架构图

❶ 袁勇，王飞跃.区块链技术发展现状与展望[J].自动化学报，2016, 42（4）：481-494.

（1）数据层。包括区块结构和数据加密等技术。数据层负责区块链数据结构和物理存储，区块链的数据结构表示为交易被排序的区块链表。

（2）网络层。包括对等网络、验证机制和传播机制等。网络层实现了区块链网络中节点之间的信息交流，属于分布式存储技术。区块链的点对点机制、数据传播机制、数据验证机制、分布式算法和加密签名等都是在网络层实现的。

（3）共识层。包括 PoW（工作量证明）、PoS（权益证明）、DPoS（股份授权证明）等多个网络节点之间的共识机制。共识层负责让高度分散的节点在去中心化的区块链网络中高效地针对区块数据的有效性达成共识，封装了区块链系统中使用的各类共识算法。

（4）激励层。主要包括发行机制和分配机制，通过奖励部分数字资产来鼓励节点参与区块链的安全验证工作，从而维护挖矿活动以及账本更新持续进行。

（5）合约层。负责封装区块链系统的脚本代码、算法和智能合约，是实现区块链系统编程和操作数据的基础。

（6）应用层。包括数字货币等应用场景。


# 第六节　5G移动通信技术

5G 移动通信技术（5th Generation Mobile Communication Technology，5G）是一种具有高速率、低时延和大连接特点的新一代宽带移动通信技术，5G 通信设施是实现人机物互联的网络基础设施。5G 作为一种新型移动通信网络，不仅要解决人与人通信，为用户提供增强现实、虚拟现实、超高清（3D）视频等更加身临其境的极致业务体验，更要解决人与物、物与物通信问题，满足移动医疗、车联网、智能家居、工业控制、环境监测等物联网应用需求。当前 5G 技术将渗透到社会经济发展的各行业各领域，成为支撑经济社会数字化、网络化、智能化转型的关键新型基础设施。截至 2024 年 8 月末，中国 5G 基站总数达 404.2 万个，占移动基站总数的 32.1%，5G 移动电话用户达 9.66 亿户，占移动电话用户的 54.3%[1]。

## 一、5G 关键技术

（1）5G 无线关键技术。5G 国际技术标准重点满足灵活多样的物联网需要。在OFDMA（正交频分多址）和 MIMO（多进多出）基础技术上，5G 为支持三大应用场景，采用了灵活的全新系统设计。在频段方面，与 4G 支持中低频不同，考虑到中低频资源有限，5G 同时支持中低频和高频频段，其中中低频满足覆盖和容量需求，高频满足在热点区域提升容量的需求，5G 针对中低频和高频设计了统一的

---

[1] 张辛欣, 张晓洁. 我国5G基站突破400万个 [N]. 新华社, 2024-9-25.

技术方案，并支持 100MHz 的基础带宽。为了支持高速率传输和更优覆盖，5G 采用 LDPC（低密度奇偶校验码）、POLAR（极化）码新型信道编码方案、性能更强的大规模天线技术等。为了支持低时延、高可靠，5G 采用短帧、快速反馈、多层 / 多站数据重传等技术。

（2）5G 网络关键技术。5G 采用全新的服务化架构，支持灵活部署和差异化业务场景。5G 采用全服务化设计，模块化网络功能，支持按需调用，实现功能重构；采用服务化描述，易于实现能力开放，有利于引入 IT 开发实力，发挥网络潜力。5G 支持灵活部署，基于 NFV/SDN，实现硬件和软件解耦，实现控制和转发分离；采用通用数据中心的云化组网，网络功能部署灵活，资源调度高效；支持边缘计算，云计算平台下沉到网络边缘，支持基于应用的网关灵活选择和边缘分流。网络切片满足 5G 差异化需求，网络切片是指从一个网络中选取特定的特性和功能，定制出的一个逻辑上独立的网络，它使得运营商可以部署功能、特性服务各不相同的多个逻辑网络，分别为各自的目标用户服务。3 种网络切片类型有增强移动宽带、低时延高可靠、大连接物联网。

## 二、5G 性能指标

（1）峰值速率高。5G 峰值速率可达到 10～20Gbit/s，可满足高清视频、虚拟现实等大数据量传输。

（2）空中接口时延低。5G 空中接口时延低至 1ms，满足自动驾驶、远程医疗等实时应用。

（3）大连接。5G 具备百万连接 / 平方公里的设备连接能力，满足物联网通信。

（4）效率高。5G 频谱效率要比 LTE 提升 3 倍以上。

（5）终端接入速度高。5G 连续广域覆盖和高移动性下，用户终端体验速率达到 100Mbit/s。

（6）支持高流量密度。5G 流量密度达到 10Mbps/m² 以上。

（7）支持高速移动。移动性支持 500km/h 的高速移动。

## 三、5G 技术典型应用

5G 技术应用已渗透到社会经济发展各行各业，深刻影响人们的生活和生产方式，这里主要选取 5G+ 工业、交通、能源、教育、医疗领域的应用。

（1）工业领域。5G 在工业领域的应用涵盖研发设计、生产制造、运营管理及产品服务四个环节，主要包括 AR（增强现实）/VR（虚拟现实）研发实验协同、AR/VR 远程协同设计、远程控制、AR 辅助装配、机器视觉、AGV（自动导向车）物流、自动驾驶、超高清视频、设备感知、物料信息采集、环境信息采集、AR 产品需求导入、远程售后、产品状态监测、设备预测性维护、AR/VR 远程培训共 16

类应用场景。

（2）交通领域。5G车联网助力汽车、交通应用服务智能升级。5G网络的大带宽、低时延等特性，支持实现车载VR视频通话、实景导航、自动驾驶等实时业务。

（3）能源领域。在电力领域，5G在电力领域的应用主要面向输电、变电、配电、用电四个环节开展，应用场景主要涵盖采集监控类业务及实时控制类业务，包括输电线无人机巡检、变电站机器人巡检、电能质量监测、配电自动化、配网差动保护、分布式能源控制、高级计量、精准负荷控制、电力充电桩等。在煤矿领域，5G应用涉及井下生产与安全保障两大部分，应用场景主要包括作业场所视频监控、环境信息采集、设备数据传输、移动巡检、作业设备远程控制等。

（4）教育领域。5G在教育领域的应用主要围绕智慧课堂及智慧校园两方面开展。5G+智慧课堂，凭借5G低时延、高速率特性，结合VR/AR/全息影像等技术，可实现实时传输影像信息，为两地提供全息、互动的教学服务，提升教学体验。5G+智慧校园，基于超高清视频的安防监控可为校园提供远程巡考、校园人员管理、学生作息管理、门禁管理等应用，提升校园管理效率和水平。

（5）医疗领域。5G通过赋能智慧医疗服务体系，提升远程医疗、应急救护等服务能力和管理效率，并催生5G+远程超声检查、重症监护等新型应用场景。5G+超高清远程会诊、远程影像诊断、移动医护等应用，提升远程会诊、医学影像、电子病历等数据传输速度和服务保障能力。

第三章

# 数字广州建设与发展现状

## 第一节　数字广州基础设施建设稳中有进

广州市在信息基础设施方面具有良好发展基础，是我国三大通信核心枢纽之一，国家 7 大骨干网均在广州部署了骨干交换节点。近年来，广州市积极贯彻落实网络强国战略，加快推进 5G、千兆光纤、国家超级计算广州中心、人工智能公共算力中心、工业互联网、车联网等新型信息基础设施布局，为各种数字化场景的实现，打下了坚实的基础。

### 一、网络基础设施建设有序推进

广州市深入贯彻习总书记关于数字中国的重要讲话精神，积极落实中央网络强国部署，全力发挥国内三大通信枢纽核心优势。一是 5G 网络基础不断夯实。截至 2024 年 7 月，全市已累计建成 5G 基站超 10 万座，5G 基站建设持续排名全省第一，全市 5G 用户超 1900 万户，率先建成全国领先的"千兆城市"；积极探索 5G-A、5G 轻量化等技术研发和应用，以广州移动为代表的运营商与中兴、华为等通信设备龙头企业紧密协同，在全国率先完成 5G RedCap 网络部署，实现全城全网覆盖。二是推动光网提质增效。截至 2024 年上半年，全市具备千兆网络服务能力的 10G PON 端口数达 40.9 万个，固定宽带用户数达 841.6 万户，多个宽带建设指标多年蝉联全省第一。三是积极谋划粤港澳大湾区量子通信骨干网络核心枢纽建设。2021 年 9 月，粤港澳量子通信骨干网广州主控中心落户黄埔区；2021 年 11 月，中国（华南）量子科技创新体验中心在广州市揭牌；2022 年 1 月，量子信息技术领军企业启科量子与珠江在线公司签署了战略合作协议；2024 年，广州市政府加快推进量子科学技术推广应用。

### 二、存算基础设施赋能各行各业

一是超算中心赋能"大湾区"产业升级。国家超级计算广州中心已成为粤港澳大湾区前沿科技创新和产业升级的不可或缺的高端计算工具和基础设施，目前已陆续在粤港澳大湾区内布局了 9 个分中心，连通了中心到各大城市的高速网络专线，实现了广州市超算服务对湾区的密集覆盖，直接赋能新能源材料、工业制造、生物医药、人工智能等领域超过 5000 家用户单位，全国范围内的间接用户超过 30 万家。二是人工智能公共算力中心建设初步完成。由政府指导、国企出资，按照"一中心多节点、分期建设"模式，采用自主可控根技术，建成人工智能公共算力中心，入选科技部首批国家新一代人工智能公共算力开放创新平台，截至 2024 年 10 月 31 日，已完成约 100 个企业解决方案在算力使用前的适配认证，覆盖 8 个产业链；累计 80 家单位提交算力使用申请，7 家单位正在进行适配测试；累计组织技术创新研讨会 12 场，企业供需对接会两场，峰会及论坛等生态活动 4 场。

### 三、积极探索应用基础设施建设

一是持续推进工业互联网标识解析体系建设。华南唯一工业互联网标识解析国家顶级节点完成扩能增容，2023 年，国家顶级节点（广州）累计接入二级节点 54 个，涵盖 25 个重点行业，接入企业数过万家，标识注册量 549.44 亿个。二是车联网创新试点有序推进。通过对道路交通信号灯、交通电子标识等既有设施进行智能化升级改造，广州市推动建设智慧灯杆作为智能化设备载体，实现对交通信号控制、交通监控、电子警察、交通数据采集设备的共杆整合，构建起集感知、通信、计算能力为一体的道路智能基础设施，实现对运行数据的全面感知、自动采集和多源信息融合互通。截至 2024 年 10 月 31 日，广州市已在黄埔、花都、番禺、琶洲四个区域将完成超过 400 公里的道路上开展车联网落地应用，加快"智慧的路"与"聪明的车"协同发展。

## 第二节　数字广州基础应用支撑平台有序升级

广州市打造了电子政务云平台、"穗智管"城市运行管理中枢、"信任广州"数字化平台、广州市城市信息模型（CIM）平台等一系列共性支撑平台，为"数字政府"改革和数字广州建设提供了工具支撑。

### 一、电子政务云平台支撑能力不断夯实

广州市政务云被誉为"全国最大的政务云"，截至 2024 年 10 月 31 日，政务云平台拥有超过 12400 台虚拟服务器、2200 多台物理服务器、17000 多 TB 存储、1500 多套中标麒麟国产操作系统、190 多套达梦国产数据库、超过 1200 套开源软件及中间件等主要云服务资源，3 家云服务供应商已为 470 多家单位、1680 多个业务系统提供累计 58 项云资源服务。

### 二、"穗智管"城市运行管理中枢顺利推进

成功建设集"运行监测、预测预警、协同联动、决策支持、指挥调度"五大功能于一体的"穗智管"城市运行管理中枢，针对不同层级、不同岗位工作人员，同步开发系统的大屏、中屏（PC 端）、小屏（手机端）端，基本实现"一网统管、全城统管"。截至 2024 年 10 月 31 日，"穗智管"平台汇聚全市 35 个市直

部门、共 115 个业务系统，接入全市一、二类视频终端 11.5 万个，接入各类物联感知、感应与传感设备终端 8.4 万个，在全国率先建成"人、企、地、物、政"五张城市基础要素全景图，围绕城市运行管理各业务领域，建成了智慧党建、经济运行、一网通办、民生服务、医疗卫生、营商环境等 24 个应用主题，超过 100 个服务场景，构建了"横向到边、纵向到底、不留死角"的管理体系。依托"穗智管"市级平台建成了 11 个区级平台标准屏，基本实现市区两级城市管理事件数据互联互通。"穗智管"管理中枢荣获中国计算机用户协会政务信息化分会、中国电子政务年鉴编辑部"2021 年度电子政务典型案例"以及第十五届中国数字广州大会"2022 年数字广州先锋榜优秀案例二等奖"。

### 三、"信任广州"数字化平台可信认证范围持续扩大

全国首个基于区块链的可信认证服务平台——"信任广州"数字化平台自 2020 年建成以来，不断升级优化，不限区域引入各地可信认证服务机构，为广州市及港澳地区用户提供全程一体化、网络化的身份认证、电子印章、电子签名服务，推动实现市区 95% 以上的事项"零跑动"。

### 四、广州城市信息模型平台有序建设

广州市作为住建部推进 CIM 平台建设的试点城市，建立了"广州市 CIM 平台建设试点工作联席会议制度"，积极开展 CIM 基础平台试点建设。构建了全市域 7400 多平方公里三维地形地貌和城市建筑白模，重点区域 1300 平方公里建成区三维现状模型和 1900 余个 BIM 单体，并接入全市 9 万多公里的二维地下管线脱敏数据，建立起定期数据更新机制并提供数据共享服务，在国内率先建成了 CIM 基础平台并开展规划审查、建筑设计方案审查、施工图审查、竣工验收备案等示范应用。

## 第三节　数据要素价值加速释放

广州市一直是数据要素改革的先行区，近年来，广州市持续深化数据要素市场化配置改革，完善数据基础制度建设，加强数据资源共享开放，促进数据要素有序流通和创新利用，赋能经济社会高质量发展。

### 一、数据基础制度不断健全

一是数据要素法律规范不断健全。发布《广州市公共数据开放管理办法》《广州市政务数据安全管理办法》《广州市数据条例（公开征求意见稿）》等政策文件，

推进数据开放共享、流通应用、安全保护等工作。二是探索创新数据管理机制。全国首张公共数据资产凭证在广州市发布，全国首批"数据经纪人"在广州市诞生，首席数据官试点任务 100% 完成，首席数据官队伍规模居省内首位，探索推动数据要素纳入 GDP 核算，全市数据资源管理制度和机制建设扎实推进。

## 二、数据资源共享开放水平持续提升

一是政务数据整合汇聚能力显著增强。依托市政务信息共享平台，强化政务数据资源整合，提升数据共享利用效率。截至 2024 年 10 月 31 日，平台已接入单位 155 个，汇聚数据量超 300 亿条。二是公共数据开放能力持续提升。截至 2024 年底，广州市政府数据统一开放平台已向社会公众开放数据量超 2.3 亿条，涉及经济发展、信用服务、城市建设等 16 个领域，接口调用总量超 6.5 万次，平台访问量超 54 万次。《全球重要城市开放数据指数》显示，2022 年广州市开放数据综合指数排名全球第 8（图 3-1），分指标开放质量则排名全球第 7。

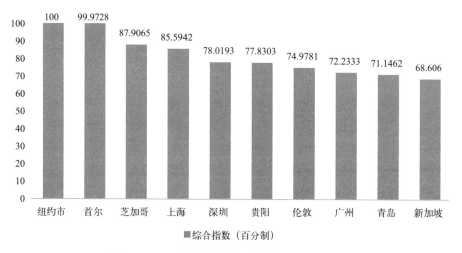

△图 3-1　2022 年全球城市开放数据综合指数排名
数据来源：《全球重要城市开放数据指数》

## 三、数据资源流通利用持续探索

一是数据流通交易成绩亮眼。2023 年 9 月 30 日，广州市数据交易所揭牌成立，截至 2024 年 10 月 31 日，累计交易金额超过 500 亿元，在 2022 全球数商大会上荣获 2022 数据交易节"年度数据交易机构（平台）奖"。二是公共数据授权运营，"广州模式"初步形成。2023 年 5 月，广州市首个公共数据运营产品"企业经营健康指数"完成交易，探索出公共数据入市流通的有效模式，为下一步公共数据与社会数据深度融合和开发利用探索出可行的路径。三是积极推动数据跨境安全有序流动。2023 年 3 月，"数据保护与数据跨境服务平台"正式发布，平台将建设并开放个人信息保护影响评估、数据出境自评估、APP 合规自查等服务，提升企业数据安全合规能力，支撑跨境数据流动管理。2023 年 6 月，华南地区首条点对点跨境数据专线"粤新通"在广州市开通，通过专属网络平台确保跨境数据安全有序流动，助力中外企业在科技研发、文化教育及协同创新等方面开展深度合作与交流。

## 第四节　数字政务建设统筹推进

广州市作为广东省数字政府改革建设的排头兵，积极探索完善数字政务统筹管理机制，推动党政机关数字化服务能力、一体化政务服务能力不断升级，以政务公开助推民生实事落实落地，为全国数字政府建设输出"广州经验""广州样本"。

### 一、数字政务统筹管理机制不断健全

一是形成"全市一盘棋"工作机制。在市"数字政府"改革建设工作领导小组的统筹指导下，建立了统一领导、上下贯通、协同推进、执行有力的"全市一盘棋"工作机制，各职能部门数字政府建设分工和责任边界进一步细化明确，数字政府业务协同和市区联动水平不断提升。二是完善数字政府评估体系、考核督查机制。创新推出广州市政务服务效能指数，将纳入监测评估范围的 49 个市级政务服务机构划分为两类，分市、区两级，实施分级分类、差异化监管。三是建立定期通报机制。按双月通报广州市政务服务效能情况，推动评选结果与年度评优有机结合，将评选结果、评估数据作为年度政务服务标兵评选、法治广州等考核工作的重要依据，引导各区、各部门通过指数找准"扣分点"，针对性提升改进。四是评估工作与政务服务"三化"建设工作深度融合、有机衔接。适时优化调整效能指数评估指标和算法，确保评估机制科学、合理、有效。

### 二、党政机关数字化服务能力不断增强

一是上线广州机关智慧党建系统，满足了市直机关党员生活、活动、风采、组织、学习、管理等方面的需求，有效提高了党员管理水平，为提升党的执政能力提供有力支撑。二是以广州市"智慧人大"系统信创改造工作为抓手，大力优化各类人大业务信息系统，为市人大常委会机关和市人大代表依法行权履职提供重要的智能化支撑，极大提高了各项业务工作的效率和质量。三是自广东省政法跨部门大数据办案平台广州分中心于 2023 年 1 月启动试运行至今，刑事案件全流

程网上协同办理效果初显，有效助推政法工作高质量发展。四是智慧法院建设持续深化，互联网法院办案质效居全国前列，创新推出了 5G 智能虚拟法庭、5G 庭审本等，实现了高效便利的"指尖诉讼"。五是智慧检务建设扎实推进，依托"检爱同行"智慧未检平台，实现未成年人检察"捕、诉、监、防、教""五位一体"。六是在民主党派及群团数字化建设方面，全力推进书香政协系统和"委员之家"线上平台建设有序推进，政协委员履职水平不断提高。

## 三、一体化政务服务能力全方位提升

一是业务流程持续优化。电子证照应用水平显著提升，"一件事一次办"覆盖范围不断拓展。截至 2024 年 10 月 31 日，全市电子证照应用率从 2022 年年初的 43% 提升至 70% 以上，"一件事一次办"上线了 1442 个主题联办和导办服务。二是线上线下服务一体化程度日益加深。在原有市政务服务中心综合窗口线下受理的基础上，将网上业务由部门直接受理调整为市政务服务中心综合窗口受理，推动线下"一窗综办"和线上"一网通办"有机融合。三是创新政策兑现"主动服务"模式。"穗好办"APP 推出"政策兑现"专区，采用"免申即享"主动服务模式，精准推送惠企利企政策，实现了"零见面""零申报"。四是"跨域通办"范围不断拓展。截至 2024 年 10 月 31 日，广州市已与 20 个省内城市、24 个省外城市达成"跨域通办"合作，广州市已有 2000 余项可实现"跨域通办"的事项。五是特色政务服务"云窗口"进一步普及。截至 2024 年 10 月 31 日，全市已布设 153 个"云窗口"实体服务终端，市、区、镇（街）三级布设"云座席"1061 个，"云窗口"可通办全国 9 省（市）2854 个事项，广州市可办事项 18579 个，累计服务群众和企业 26974 人次。《2022 省级政府和重点城市一体化政务服务能力调查评估报告》显示，广州市一体化政务服务能力水平为"非常高"（表 3-1）。

表 3-1　重点城市一体化政务服务能力水平分布

| 能力水平 | 重点城市 |
|---|---|
| 非常高（≥90 分） | 广州、武汉、哈尔滨、成都、南京、杭州、青岛、深圳、宁波、合肥、贵阳、昆明 |
| 高（80～90 分） | 沈阳、西安、长春、济南、大连、厦门、太原、呼和浩特、福州、南昌、郑州、长沙、南宁、海口、拉萨、兰州、银川 |
| 中（65～80 分） | 石家庄、西宁、乌鲁木齐 |
| 低（≤65 分） | — |

数据来源：《2022 省级政府和重点城市一体化政务服务能力调查评估报告》。

## 四、政务公开质效进一步优化

一是政府信息公开平台建设稳步推进。整合广州市行政规范性文件统一发布平台、法规公文、政策解读、12345政务服务便民热线、政务大厅等，建设政策咨询综合服务平台和智能化政策问答平台，优化政策咨询服务。二是以政策解读促进互动交流。2023年，持续开展"市区联动、暖企便民"系列政策宣讲服务，共组织22个单位举办了15场政策宣讲及政企互动直播活动，接近94万人次参加观看。三是政务新媒体影响力持续扩大。2023年，"穗好办"微信公众号全年发布政务服务便民利企政策、动态信息220条，总浏览量超190万，粉丝量突破两百万大关；"广州12345"微信公众号全年发布推文233篇，阅读量317.94万次，累计粉丝数达397.91万；"广州公安"微博等5个账号获评中央政法委第四届"四个一百"优秀政法新媒体账号。《2022年中国政府网站绩效评估报告》显示，广州市政府网站综合得分位列省会城市第一名（图3-2）。

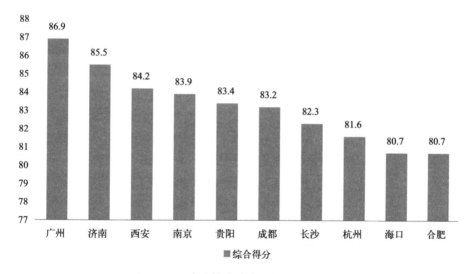

⌃图 3-2　省会城市政府门户网站前 10 名
数据来源：《2022年中国政府网站绩效评估报告》

## 第五节　数字化治理手段日渐丰富

广州市聚焦国家重要中心城市、综合性门户城市和粤港澳大湾区区域发展核心引擎定位，紧抓数字化发展机遇，谋篇布局，全面深化数字政府改革，各领域各部门积极推进城市治理体系和治理能力现代化建设，不断提高城市治理科学化、精细化、智能化水平，持续探索超大型城市治理新路子。

## 一、智慧城管建设稳步推进

燃气设施（地下管线）规划建设综合管理平台、燃气行业综合管理平台初步建成，对接 CIM 平台、燃气企业等数据，初步实现燃气运行和安全管理精细化。推出垃圾分类"穗时尚"小程序，上线智慧环卫管理系统，升级改造垃圾终处理智能监管平台，实现生活垃圾分类、收集、运输、处理的全流程监管。优化建筑垃圾智慧综合管理平台，对接住建部门工地视频和公安部门卡口视频，上线排放工地电子围栏设置功能，实现全市建筑垃圾处置全流程联单闭环管理。精心打造 54 种视频 AI 算法，开展视频智能分析深度应用，基本实现城市管理问题自动发现和快速转办。不断完善市区两级智慧城管共建共享机制，指导白云区扎实推进党建引领城中村治理智慧服务建设并在 19 条城中村推广应用智慧城管系统；推动黄埔、番禺等区智慧城管建设。打造集智慧灯杆、视频监控、垃圾分类、环卫管理、社会治安于一体的白云区鹤边村全域服务治理科技示范点，助力街镇全域服务治理。

## 二、智慧交通管理持续深化

完善优化"交通慧眼"平台建设，创新开发"瓮中捉鳖"智能化稽查应用场景，辅助提升非法营运车辆打击力度。组织推进数据共享和模型分析平台建设，优化完善全息图谱、关联分析、数据对碰等功能，实现"集中建模、多处赋能"的集约型交通数字化模式。顺利开展海珠示范区联创试点及全息路口试点，孵化"限时停车""一键护航"等联合创新场景应用，并推进"城市交通大脑及重点工程建设项目"立项建设。通过搭建城市交通大脑试点平台，初步建成"精准计算路网、全面测量人车"的交通数字孪生环境，共完成华景路天府路口、中山大道天府路口等 8 个全息路口试点建设。同时，黄埔区在建设智能交通新型基础设施与现有信息化系统对接的基础上，研发智慧交通 AI 引擎、智慧交通车路协同云控应用、智能路口应用、车联网应用和商用车管理应用，提供无人车智慧出行服务，建立"车路智行的生态系统"，打造具有全球影响力的人工智能与数字经济示范高地。

## 三、公安智能应用持续推进

全市统一公安大数据平台建设稳步推进，对接了 70 多个警用业务系统，日均调用约 200 万次，为公安各业务系统提供基础服务支持，技术中台、业务中台以及警种分局上云改造工作顺利开展。"穗智管"公共安全主题建设稳步推进，赋能公共安全主题更全面地实战化应用，服务城市运行智慧化管理。同时，升级完善基于公安视频传输网和公安网的视频联网管理平台，已将在公共区域建设的一类点视频资源 7 万余路全量提供给市城市管理云平台，协助市政务服务数据管理局为各政府部门提供视频资源共享服务。

## 四、智慧应急能力不断提升

一是建设指挥信息网，主要包括 12 个区级节点路由器和节点交换机、5 台广州市应急管理局下属机构和广州市消防救援支队市级节点路由器和节点交换机、1 台广州市应急管理局核心的市级节点路由器和节点交换机。二是建设卫星通信网，主要包括 1 套 Ku 卫星固定站、2 套 Ka 便携站及天通卫星终端。三是建设无线通信网，主要包括 10 台 LTE 单兵终端、20 台 370M 对讲终端和 58 台 800M 对讲终端。四是建设应急处置现场感知网络，主要包括 2 台布控球和 2 台小鱼易连终端，最终实现向上接入应急管理省级网络，向下汇接应急管理各区局网络，为应急救援提供统一高效的通信保障，做到"全面融合、全程贯通、随域接入、按需服务"。

## 五、自然资源管理效能持续释放

依托数字广州时空云平台为"穗智管"的城建、交通、水务、应急、营商环境等 22 个主题共享基础地理底图。截至 2024 年 10 月 31 日，累计发布和注册包括基础地理、调查评估、业务管理、社会经济等专题共 149 项空间数据服务和 12 项地理信息功能服务，支撑"穗智管"城市运行管理中枢、广州 CIM 平台、广州水务等 61 个委办局单位的 70 个应用，提供超过 5.5 亿次访问支撑，日均访问超 111 万次，总访问流量 10.13TB，日均访问流量超 20GB，充分发挥了"数字广州"地理信息"底座"作用。建立健全"穗智管"规划和自然资源数据汇聚更新制度，制定印发工作指引，保障"穗智管"城市运行管理中枢规划和自然资源数据的时效性。

## 六、环保水务治理信息化水平不断提升

广州市大气环境预警防控网络已完成全部 13 个站点（含 10 个新建）的站房建设，以及 81 台（套）仪器设备的安装、调试、联网、性能测试和技术验收等工作。"穗智管"城市运行管理中枢生态环境主题稳步推进，广州市生态环境局环境信息资源共享平台通过线下提供和以互联互通平台为中转接口等方式向"穗智管"生态环境主题推送 163 个数据项，超 4 千万条数据。建立河长制管理河涌问题风险预警模型，截至 2024 年 10 月 31 日，基于模型启动差异化巡河预警共计 5137 条（次），输出河涌风险预警等级为"6 级"的河涌 2633 条（次）。探索遥感技术在河长制管理中的应用，完成基于遥感影像的水体识别算

法，为强化水域岸线的管控提供技术支撑。面向排涝、治污、水旱灾害防御等专题，建设排水智慧化管控系统和水旱灾害防御系统，为全市相关水管理单位提供应用平台、数据、会商、物联监测数据等信息化支撑。

## 七、财政智能化管理能力进一步提升

全市政府采购项目已全部应用广东政府采购智慧云平台项目采购电子交易系统，实现政府采购全流程电子化。截至 2024 年 10 月 31 日，全市通过采购电子交易系统共完成项目采购 9252 个，其中成交项目 8605 个，采购预算总金额 366.81 亿元，成交金额 358.81 亿元。深化推进"数字财政"平台应用运营，提高系统易用性，保障市区财政业务的正常开展。完成财政数据在线联网系统与数字财政系统的数据抽取对接工作，完成动态预警监控三公经费等规则的数据匹配以及 3 张联网监控功能报表匹配更新工作。通过数据共享平台获取相关数据进行本地化应用，实现了综合治税 9 个主题数据智能化展现应用，辅助财政业务决策。

## 八、金融智慧监管方式不断创新

金鹰系统进展情况良好，已建成 18 个子系统，获得 17 项软件著作权、4 项发明专利，5 个子系统获得信息系统安全登记保护备案证明（等保三级）。金鹰系统已将广州市约 23 万家目标企业纳入实时监测，包括"7+4"类地方金融组织和其他类型企业，对风险预警企业和建议关注企业进行密切监测，今年以来向各区累计提供风险线索 17 条和风险提示函 38 份，并推动线索信息 100% 核查反馈。在辅助监管方面，覆盖范围提升，质量提高，金鹰系统与 11 个区对接，创新性建立天河区常态化管理系统。金鹰系统与 17 家地方交易场所、24 家私募机构、397 家商业保理公司、1036 家融资租赁公司对接，辅助地方金融行业监管。地方金融风险监测防控的广州模式不断升级，广东省地方金融信息统计系统已经上线，已组织 7 类地方金融组织开展数据报送工作。

## 九、智慧税务建设破局升级

深入推进数字化电子发票改革，完成全国首个行政区、首个副省级城市用票全量扩围，开票试点户数 46.6 万户，受票范围扩展到全国；成功开出全国首张航空电子客票行程单，推动唯品会、广电等五户大企业将"乐企"引擎嵌入到企业 ERP 软件中，实现"交易即开票""退货即红冲"；金蝶等七家公司接入财税衔接平台，共 19.56 万户纳税人完成"一键申报""业财税"一体化管理和服务模式在广州市落地生根。创新打造"智税+"应用空间品牌，"智税链"基于市政务区块链平台不断拓宽不动产契税、政府医保资助、失业保险、破产清算和来穗入户纳税核验等应用场景，实现区块链技术与税收业务的深度融合，提升政府部门间信息交互效率 70% 以上，为广州市 183 万企业提供了便捷，并获"粤有数"优秀案例；"智税 Call"建立全国首个自主可控的税务智能外呼体系，智能、高效、个性化触达纳税人，自动化开展数据分析、辅助后续管理，已发起外呼 2034 通，通话 2663 分钟；"智税图"采取"一图统揽"理念创新高绩效工作系统模型（AOM），通过自定义划区找户，支持商圈、楼宇、工农业园区的数据分析和个性化管理，看全面、管到位、防在前，更好地服务市场主体发展；"智税管"实现超 90% 涉税任务智能分配，实行任务"市 - 区 - 所 - 岗"四级"穿透式"监管，日常频发量大的涉税事项自动化办理率维持在 80% 以上，支撑涉税任务"数据 + 规则"驱动机制智能管理。

## 第六节　数字民生服务建设逐渐深化

广州市以提升市民幸福感为着力点，聚焦智慧教育、数字健康、数字人社、智慧养老、数字文旅等重点领域，构建高效的数字化服务体系，推动提升各类民生服务均等化、便捷化、个性化水平，增进民生福祉，创造高品质生活。

### 一、"互联网＋教育"服务不断普及

一是优质教育资源辐射范围持续扩大。"广州共享课堂"将优质教育资源输送到广州市农村和教育薄弱地区的同时，还辐射到市外、省外。2022 年，平台访问量达 5.2 亿人次，省外用户数 412 万，约占全国用户数的 3.6%；市外用户数 1555.4 万，约占广东省用户数的 14%，有效实现优质教育资源"服务广东，面向全国"。二是"智慧阅读"应用规模进一步扩大。试点期间，全市累计 50 万名学生参与试点工作，智慧阅读平台发布 1588 个主题阅读活动，学生在平台提交笔记 3343.9 万份，参与学生平均每天阅读时长 35 分钟，该项目获评"广东省基础教育教学成果奖特等奖"。2022 年 9 月起，"智慧阅读"进入全市普及阶段。

### 二、数字化向医疗健康全领域加速渗透

一是智慧医疗更加便民惠民。截至 2024 年 10 月 31 日，全民健康信息平台共接入 297 家机构，市检验检查结果互认平台接入 266 家医疗卫生机构，调阅后平均互认率达 96%，为群众节省了检验检查费用。二是基于大数据的医保支付方式改革不断深化。广州市按病种分值付费（DIP）方式已基本实现在医疗机构、医保基金、病种分组的全覆盖，2022 年 9 月，广州市成为国家 DRG/DIP 模块监测点首批 6 个城市之一，DIP 改革入选广州市首批"最具获得感"改革案例。三

是面向重点人群的数字健康服务创新升级。"互联网＋护理服务"模式不断完善，移动家校学堂、家庭科学育儿直播课、家长课堂等新形式不断涌现。《全国卫生健康信息化发展指数（2023）》显示，广州市卫生健康信息化发展总指数在全国直辖市、副省级城市及省会城市中位列第三（表3-2）。

表3-2　卫生健康信息化发展总指数结果 Top10

（直辖市、副省级城市及省会城市）

| 排名 | 城市 |
| --- | --- |
| 1 | 深圳 |
| 2 | 上海 |
| 3 | 广州 |
| 4 | 北京 |
| 5 | 南京 |
| 6 | 厦门 |
| 7 | 杭州 |
| 8 | 宁波 |
| 9 | 武汉 |
| 10 | 济南 |

数据来源：《全国卫生健康信息化发展指数（2023）》。

## 三、数字人社服务持续拓展

社保卡"一卡通"应用范围持续延伸。截至2024年10月31日，全市电子社保卡签发总卡数超过1200万，已实现就业、医疗、政务服务、惠民惠农、交通出行、文旅体验等200余项应用。推进粤港澳大湾区（广州）人才大数据平台建设，构建各类人才数据库群，汇聚数据33.05亿条，基础成果数据1.34亿条，汇聚入库人才836万人，初步形成"一体化人才数据标准、一体化数据可视化服务、一体化人才大数据门户"的全市一体化人才大数据体系。

## 四、智慧养老建设取得有力进展

一是居家养老服务水平不断提升。依托广州市居家养老服务平台暨"平安通"拓展家庭养老床位、居家适老化改造、长期护理保险，为老年人提供康复理疗、上门护理等服务。截至2024年10月31日，累计提供呼援服务11.8万人次，累计开展定期关怀、心理慰藉、提示服务等服务5364.1万人次。二是打造医养结合的健康养老新模式。2022年8月，全国首个智慧家庭病房落地广州市，该项目融入适老化设计，提供医疗物联网、智能化健康管理、互联网医疗、护理、康复等服务，打通了家庭、医院两端的医疗数据，实现患者在家也能享受到与医院同质的医疗服务。

## 五、数字文旅服务体验创新升级

一是文旅数据"一张网"初步形成，广州市文旅总数据存储体量 3.7 亿条，总数据存储容量 331GB，实现公共文化场馆数字资源与平台互联互通、数据共享。二是持续推进广州市公共文化共同体建设，建立全市公共文化服务产品"开放式中央厨房"，将产品通过文化云平台送到基层群众身边；打造"繁星行动"文旅志愿服务品牌引导社会力量共享公共文化服务体系资源，让文化赋能社会治理，有效整合和配置多方资源，构建了政府、社会、公众多元共治的新局面。三是智慧文旅创新应用场景不断涌现，开展岭南优秀传统文化公益慕课、AR 体验红色革命场馆活动，打造元宇宙非遗街区（北京路）、"中国水陆画精品展" VR 虚拟展等，有效扩大优质文旅数字产品和服务供给。

# 第七节　数字经济持续创新发展

广州市稳居我国数字经济一线城市方阵，数字经济市场活力强劲，制定出台了全国首部城市数字经济地方性法规，数字经济发展环境进一步优化，数字产业化、产业数字化发展迅猛，推动广州市打造成为全球数产融合标杆城市。

## 一、科技创新综合水平居全国前列

近年来，广州市坚持科技创新强市，推动科技创新"变量"转化为高质量发展"增量"，驱动引领产业加快转型升级，城市创新能力不断提升（图 3-3）。科技创新平台建设加速推进，构建了以 2 个国家重大科技基础设施为骨干，以国家新型显示技术创新中心、4 家省级实验室、十余家高水平创新研究院等重大平台为基础的"2+2+N"科技创新平台体系。市场主体创新活力不断加强，截至 2024 年 10 月 31 日，全市高新技术企业、科技型中小企业数量分别突破 1.23 万家、1.67 万家，双创历史新高；19 家企业入选胡润全球独角兽榜，增量（9 家）居全国第一。关键核心技术攻坚取得新成效，突破了高质量量子点耐高温加工、金属结构材料增材制造等世界性难题；车规和通信半导体、燃料电池膜电极等领域已逐步实现国产替代和规模化应用。

## 二、软件和信息技术服务业不断发展壮大

广州市是中国软件名城，先后被授牌国家软件产业基地、国家网络游戏动漫

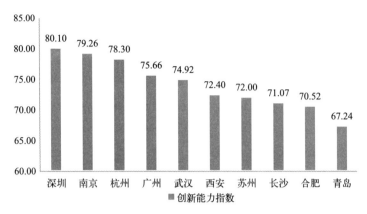

↑图 3-3 国家创新型城市创新能力指数排名前十城市
数据来源：《国家创新型城市创新能力评价报告2022》

产业发展基地、国家软件出口创新基地、国家 863 软件专业孵化基地、国家数字服务出口基地等，挂牌运营通用软硬件（广州）适配测试中心和设计仿真工业软件适配验证中心，软件和信息技术服务业已成为全市支柱产业，2023 年，广州软件和信息技术服务业实现收入 7117.6 亿元，同比增长 10% 左右，在全国 15 个副省级中心城市位列第四；2024 年上半年，全市软件和信息技术服务业收入达到 5137.72 亿元。

## 三、电子信息制造业发展迅猛

广州市是国家首批信息产业高技术产业基地，已经形成超千亿电子信息制造集群。2023 年，电子产品制造业产值为 3342.19 亿元，营业收入为 3394.9 亿元。2024 年，面对全球消费电子产业下行的局面，广州电子产品制造业努力扭转不利局面，实现逆势发展和恢复性增长。2024 年上半年，全市电子产品制造业产值达 2485.51 亿元，营业收入达 2464.23 亿元，两者均远超 2023 年同期水平。在产值规模不断上升的同时，电子产品制造业"强链""补链"成效显著，"显示之都"建设效应明显，显示面板在建产能全国第一，乐金 OLED、超视界项目顺利达产，粤芯半导体项目二期、广州华星第 8.6 代氧化物半导体新型显示器件生产线项目等顺利推进。

## 四、工业数字化水平显著提升

近年来，广州市大力实施先进制造业强市战略，工业综合实力、数字化能力位居全国前列。企业"上云用数赋智"水平不断提升，截至 2024 年 10 月 31 日，广州市上云企业超过 10 万家，全市规上企业上云上平台率超过 40%，上云企业数量居全国第一梯队。新一代信息技术与制造业融合发展，广州医疗股份有限公司、广州中浩控制技术有限公司、广州广日电梯工业有限公司、广州佳帆计算机有限公司、广州达意隆包装机械股份有限公司、广州机智云物联网科技有限公司及广东蘑菇物联科技有限公司成功入选工业和信息化部 2022 年、2023 年新一代信息技术与制造业融合发展示范名单。工业互联网实现"由点到链"示范应用，建成华南唯一的工业互联网标识解析国家顶级节点，累计标识解析量 123.39 亿次，规模居全国前列。通过实施"四化"赋能专项行动，以专项资金支持平台技术革新、能力提升，加快推动制造业数字化转型、网络化协同、智能化改造、绿色化提升。

## 五、服务业数字化水平不断提高

电子商务持续高速增长，有力促进了国际国内商品市场双循环，助力广州市国际消费中心城市建设。2022 年，广州市实物商品线上销售额达到 2517.62 亿元，占全市社会消费品零售总额比例达 24.40%（图 3-4）。广州市已建成 2 个国家级电商示范基地、12 个省级电商示范基地，琶洲人工智能与数字经济试验区获批国家电子商务示范基地。数字金融不断发展，获批开展国家级金融科技创新监管试点和数字人民币使用试点，粤港澳大湾区科技金融路演中心、粤港澳大湾区金融科技联合实验中心、粤港澳大湾区绿色金融联盟、全国首家版权金融服务中心、全国首个广州市数字金融协会等一系列金融数字化赋能平台和机构顺利落地。文创产业数字化发展亮点纷呈，动漫游戏、数字音乐、数字视频、数字内容等发展水平位居全国前列，涌现酷狗音乐、荔枝网络公司等一批数字音乐音频龙头企业，以及奥飞、漫友、天闻角川等一批数字动漫龙头企业。

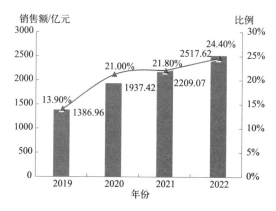

图 3-4　2019～2022 年广州市商品网上销售额情况

数据来源：广州市统计局

## 六、农业数字化转型全面升级

农业数字化服务水平不断提升，打造了广州市"三农"数据智库服务平台、粤港澳大湾区"菜篮子"平台、"广州农博士"服务平台等农业数字化服务平台，助力全市农业数字化转型升级。农业生产数字化持续升级，例如，广州市艾米农场研发的 5G 数字农田系统，为水稻智能化生产管理提供了解决方案；广州市从化华隆果菜保鲜有限公司开发的从化荔枝产业大数据平台，实现了对农作物生产环境的精准监测、智能灌溉、质量溯源。农村电子商务发展迅速，2022 年建成农村电商服务站点（平台）171 家，其中返乡创业基地两家，农村电商产业园 1 家。

## 第八节　数字开放合作不断推进

广州市作为改革开放的排头兵，近年来，不断发挥国家中心城市、国际商贸中心作用，全面提高对外开放合作水平，国际合作和竞争新优势显著增强。

### 一、粤港澳大湾区数字协作成果丰硕

大湾区数字经济合作加速推进，广州市与深圳市联合共建了人工智能与数字经济广东省实验室，签署了智能网联汽车、智能装备、生物医药产业合作协议，两地各层级交流越来越机制化、常态化，广深在深化互利共赢、联动发展上的态势更趋明显。广州牵头联合深圳、佛山、东莞，协同打造了广深佛莞智能装备产业集群，是全国规模最大、品类最多、产业链最完整的智能装备产业集聚区，涵盖智能机器人、精密仪器设备、激光与增材制造等领域。大湾区民生服务互联互通水平持续提升，广州市、深圳市、珠海市、惠州市四地同步启用"湾区通办"服务示范区，打通粤港澳大湾区涉税事项跨城协同服务的"最后一公里"。2022 年，南沙穗港协作医疗联合体正式启动，探索建设"药械互通零距离"模式，建立商业医疗保险支付渠道、跨境保险结算等服务生态，促进香港医疗模式的落地与衔接，便利港澳居民就医。

### 二、国际数字经济开放合作不断推进

面向世界打造高水平科技开放门户，主动融入全球创新体系，推动博世、采埃孚等世界 500 强企业在穗设立研发机构，中乌巴顿焊接研究院在燃气轮机关键零部件表面处理领域取得重大突破。企业不断拓展国际市场布局，在金融服务、数字音乐、广告营销、生物医药、游戏动漫等领域涌现出了一批具有国际化视野和资源整合能力的"单打冠军"和"隐形冠军"。数字贸易加快发展，2022 年，广州市数字贸易实现进出口 411.23 亿美元，同比增长 20%，近三年平均增长 27.8%。跨境电商跃升发展，全市跨境电商进出口规模从 2014 年的 14.6 亿元增长到 2022 年的 1373 亿元（图 3-5），跨境电商企业主体超过 20 万家，培育了唯品会、洋葱、

棒谷科技、爆米科技、拉拉米、卓志等一大批跨境电商龙头企业。

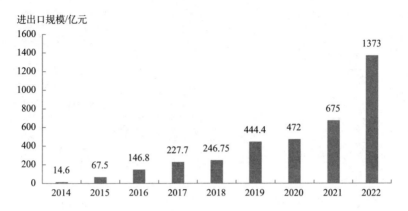

⚡图 3-5　2014～2022 年广州市跨境电商进出口规模
数据来源：《广州数字贸易发展报告（2021—2022）》《广州蓝皮书：广州国际商贸中心发展报告（2023）》

第四章

# 解读《数字广州建设总体规划》

2024 年 10 月 31 日，广州市人民政府印发《数字广州建设总体规划》（穗府函〔2024〕268 号）给各区人民政府，市政府各部门、各直属机构贯彻落实，推动建设未来 10 年（2025～2035 年）数字广州的宏伟蓝图，引领广州建成数字中国标杆城市和全球数字科技及产业创新高地。

## 第一节　为什么要建设数字广州

近年来，广州市深入贯彻习近平总书记关于网络强国、数字中国、智慧社会的重要思想，践行"人民城市人民建、人民城市为人民"重要理念，落实省委"1310"具体部署和市委"1312"思路举措，全面加快数字化发展、建设更高水平的数字广州，巩固提升"千年商都"广州城市能级及核心竞争力，构筑广州未来新的战略优势。2023 年 12 月 30 日，广州市第十二届委员会第七次全体会议首次正式提出，"打造更高水平的数字广州"。2024 年广州市政府工作报告把"打造更高水平的数字广州"作为重点工作任务，内容包括网络强市，5G 基站、人工智能算力等数字基础设施、地下空间及管网设施、工业互联网科研机构、智能制造数字化工厂、数字科技城、网络和数据安全产业园、数据要素集聚区和数据交易所等建设，全面推行首席数据官制度，深化城市大数据平台、公共数据开发利用平台、数字广州创新实验室建设，探索数据资产入表交易和保值增值新路径，培育完善数据要素产业生态❶。为建设更高水平的数字广州，一是做好数字广州顶层设计，健全数字广州制度，推动数据条例立法，编制高水平的"数字广州"总体规划，推动数字政府、数字经济、数字社会、数字生态高质量发展；二是持续深化数据要素市场化改革，以数字广州创新实验室为载体，以公共数据授权运营为突破点，以场景应用驱动公共数据产品和服务开发利用；三是发挥"数据要素×"乘数效应作用，推动数据要素与技术、资金、人才等要素深度融合，构建新质生产力，以数字城市建设赋能广州高质量发展❷。2024 年 10 月，为加快打造更高水平数字广州，广州市政府常务会议审议通过了《数字广州建设总体规划》，制定数字广州"13535"总体架构和数字广州"施工路线图"，重点突出"数实"和"数碳"深度融合，围绕全流程构建数据要素赋能体系、全方位增强数字广州基础设施、全领域推动"五位一体"数字化转型、全要素激活数字广州创新发展动能、全过程保障数字广州高质量发展，按 2030 年、2035 年两个阶段分别设置工作目标。计划到 2030 年，力争将广州建成数字中国标杆城市；到 2035 年，广州数字活力将全面激

---

❶ 2024 年广州市政府工作报告 [R]. 2024-01-30.

❷ 刘春林，程依伦，何瑞琪. 打造更高水平的数字广州 [N]. 广州日报，2024-01-18.

发，数字基础设施达到世界先进水平，力争成为全球数字科技及产业创新高地❶。

由此可见，广州市委、市政府作出加快数字化转型与发展的战略部署，以数字化助力广州在高质量发展方面继续发挥"排头兵、领头羊、火车头"作用，是充分认识到做好数字广州建设的重要性和紧迫性，是因势而谋、应势而动、顺势而为，顺应时代发展形势新变化、构筑广州竞争新优势的必然要求。

## 第二节　建设什么样的数字广州

### 一、建设数字广州实现"两步走"目标

《数字广州建设总体规划》提出，建设数字广州具体分两步走：

第一步到 2030 年，广州将建成数字中国标杆城市。数据要素供给数量和质量实现跃升，数据要素市场化配置改革成效显著。数字基础设施建设保持全国领先，城市数智中枢深度赋能城市治理。数字技术创新生态日臻完善，形成一批适数化制度改革成果。数字产业加速迈向产业链价值链高端，形成一批具有世界影响力的数字产业集群。"五位一体"全域数字化转型协同推进，涌现一批引领性应用、理论、制度成果。

第二步到 2035 年，广州将打造成全球数字科技及产业创新高地。数字活力全面激发，数字基础设施达到世界先进水准，力争成为全球数字科技及产业创新高地。新型产城融合服务能级实现跃升，走出一条超大城市全域数字化转型新路径。经济、政务、文化、社会、生态文明各领域数字化发展更加协调充分，人民群众享有更加美好的数字生活，率先实现社会主义现代化。

### 二、《数字广州建设总体规划》总体框架

《数字广州建设总体规划》（以下简称"《规划》"）提出了"13535"总体框架（图 4-1）：

"1"是指"一条主线"，即围绕全流程构建数据要素赋能体系。包括构建数据优质供给资源池，创建数据可信流通大市场，激发数据开发利用新活力。

"3"是指"三大基础"，即夯实全方位增强数字广州建设基础支撑。包括打通数字基础设施大动脉、打造城市数智赋能总枢纽、筑牢数字广州安全基座。

"5"是指"五位一体"，即全领域推动"五位一体"数字化转型。包括构筑实数融合的数字经济新优势，树立高效协同的数字政务新标杆，开启自信繁荣的数字文化新篇章，建设普惠便捷的数字社会新典范，打造双化协同的生态文明新范例。

---

❶ 黄慧.《数字广州建设总体规划》通过，推动养老、医疗便捷跨境服务[N]. 南方新闻网，2024-10-18.

"3"是指"三大动能",即全要素激活数字广州创新发展动能。包括打造自立自强的数字技术策源地,建设适数化制度改革先行试验田,构建互利共赢的协同开放新格局。

"5"是指"五大保障",即全过程保障数字广州高质量发展。包括优化组织协调,保障资金投入,强化人才培引,优化资源供给和营造良好氛围。

△图 4-1　数字广州建设"13535"总体规划

# 第三节　如何建设数字广州

## 一、建设目标:奋力建设更高水平的数字广州

广州市全面贯彻党中央、国务院关于网络强国、数字中国、智慧社会建设的战略决策部署,认真落实省委"1310"具体部署和市委"1312"思路举措,加快建设更高水平的数字广州,加快激活数据要素价值,为发展新质生产力注入强大动力,全面推动广州数字经济、数字政务、数字文化、数字社会、数字生态"五位一体"全域数字化转型,赋能广州高质量发展、高水平服务、高效能治理、高品质生活,探索中国式现代化的广州实践,助力"再造一个新广州",将广州打造成数字中国标杆城市和全球数字科技及产业创新高地。

## 二、核心任务：围绕数据要素价值释放主线

### （一）构建数据优质供给资源池

一是提升数据供给质与量。推动城市数字化战略转型，深化数据要素供给侧改革，提升数据质量与规模。推动公共数据"一数一源"依法全量汇聚、编目，形成全市"一本账"；鼓励社会数据按需汇聚、统采共用、众采众包；健全个人数据确权授权机制，确保个人安全合规和隐私保护，打造多源汇聚、深度融合、深度共享的数据资源体系。二是完善数据治理体系。健全数据治理制度和强化标准体系建设，提升政府首席数据官履职能力，推行企业首席数据官制度，构建政企协同数据治理新格局；鼓励企业参与国家数据治理标准贯标和数据治理技术及应用推广。

### （二）创建数据可信流通大市场

一是加快数据要素一级市场发展创新。依托全国一体化政务大数据体系建设，积极融入国家一体化数据要素市场，培育壮大数据产业，促进数据跨部门、跨层级、跨区域、跨主体的高效可信流通利用。深化公共数据开放共享及激励机制建设，开放高价值公共数据赋能社会与企业发展。深化公共数据授权运营和产品创新，探索公共数据资产登记、入表、交易和收益分配制度建设。二是引导数据要素二级市场健康、规范发展。完善广州数据交易所"一所多基地多平台"体系，探索建立产业数据资源目录和产业集群可信数据空间，加快培育数据经纪、数据信托、数据审计等新业态，建立健全的数据要素市场监管体系和数据要素信用体系。三是建设数据要素跨境流通国际枢纽。建设粤港澳大湾区"数据特区"，制定数据要素跨境流动重要数据目录及负面清单，建设跨境流通交易板块，探索建设离岸数据中心。

### （三）激发数据开发利用新活力

一是推动数据应用场景建设。以业务需求为驱动，打造一批数据要素典型应用场景，赋能百业千行万户。二是打造"花城"数据品牌。鼓励党政、企事业单位定制广州特色的数据产品和服务，开展数据产品品牌认定，支持多方共建数据开发协作平台，鼓励龙头企业建立"数据工厂"，支持中小企业联合研发广州特色的数据产品和服务。三是加快数据要素资产化进程。加快完善数据资产评估、入表、会计核算、融资担保、信托、保险等制度建设，探索完善数据要素价格与收益分配机制。

## 三、前提条件：夯实数字广州建设基础

### （一）打通数字基础设施大动脉

一是构建"空天地海"全连接体系。加快 5G-A 网络、布局 6G 网络、万兆宽带、卫星通信、量子通信、国际互联网根服务器镜像节点等数字基础设施建设，

增强网络基础设施承载和服务能力。二是打造"智能融合"算力高地。优化算力基础设施布局，推进存量数据中心绿色升级，提升普适普惠算力服务能力。推进边缘计算节点建设和升级国家超级计算广州中心，探索"算力飞地"发展模式，建设"源网荷储"一体化算力集群。二是建设"万物智联"感知体系。统筹建设城市智能感知终端，建设全市人工智能物联网（AIoT）平台，加快智能车联网协同（V2G）创新应用，布局数字低空基础设施和传统数字基础设施改造升级。

## （二）打造城市数智赋能总枢纽

一是完善城市运行和治理智能中枢。深化"穗智管"城市运行管理中枢建设，打造"城市仪表盘"、"城市驾驶舱"、平战结合"指挥调度台"和"中枢能力超市"，聚焦"高效处置一件事"，提升城市运行事件处置能力。二是优化城市共性支撑平台。构建一体化数字资源管理调度机制，推进智慧广州时空信息云平台、城市信息模型（CIM）功能整合，提升数字广州创新实验室服务能力，布局数据综合业务网，推进区块链、人工智能、隐私计算等基础平台建设。

## （三）筑牢数字广州安全基座

一是完善网络安全防护体系。深化广州数字安全运营中心建设，加强关键信息基础设施的安全防护和网络安全等级保护，推动网络安全实战攻防演练常态化，提升"云网数边端用"安全防护能力。二是提升数据安全防护能力。落实数据分类分级保护制度，加强数据采集、存储、加工处理、使用等生命周期安全防护，建设政务数据安全和商用密码应用资源池，引导企业安全合规用数，强化个人信息保护。

## 四、理念要求：推动"五位一体"数字化转型

## （一）构筑实数融合的数字经济新优势

一是不断增强传统产业竞争力。推动"人工智能+"制造，推动建筑产业数字化转型，加快发展智慧住宅，推动农业全产业链数字化转型，推动平台经济健康发展，大力发展数字贸易，推动数字金融高质量发展，推动智慧物流规模化发展。二是发展壮大战略性新兴产业。支持基础软件、工业软件、开源软件等首版次软件研发和试点示范，争创中国软件名园。壮大超高清视频和新型显示产业，提升"世界显示之都"影响力。建设综合性集成电路集聚区，加快人工智能赋能千行百业。深化智能网联汽车"车路云一体化"应用试点，打造世界级智能与新能源汽车产业集群。三是加速开辟数字产业未来赛道。实施类脑智能、量子信息等未来产业孵化与加速计划，推进低空制造和飞行运营双链协同发展。打造智能感知产业体系，实施人形机器人创新工程，布局建设数据产业培育示范区，四是完善数字经济发展生态。建立健全数字产业"链长制"和数字企业梯度培育机制，高标准建设一批行业级、

园区级、企业级数字化转型促进中心。完善数字经济投融资服务体系建设，构建具有广州特色的数字经济监测指标体系，常态化开展数字经济运行监测。

## （二）树立高效协同的数字政务新标杆

一是深化政务服务数字化改革。深化政务服务标准化、规范化、便利化建设，构建线上线下一体化的智慧政务服务体系，推进政务服务增值化改革，提高"一件事""政策兑现""免申即享""跨域办""云上办"等特色服务深度与广度。加强政务服务码推广应用，形成"多码合一、一码互联"的服务治理体系。推动广州 12345 政务服务便民热线数智化转型，依托市区政务服务大厅，因地制宜探索数字产业赋能专区建设。二是提升政府数字化治理能力。打造"经济大脑"，推进"互联网＋监管"，打造建筑信息模型与城市信息模型（BIM/CIM）技术应用示范，推进"数字化市场监管""智慧警务""数字边海防"，城市安全风险综合监测预警等平台建设，完善基层一体化数字治理体系，推进基层减负增效。三是强化数字机关建设。推进机关事务集成化、数字化改革，建设数字政府运行智能分析系统（GI），统筹推进党委、人大、政府、政协、监察委员会、法院、检察院等数字化建设。

## （三）开启自信繁荣的数字文化新篇章

一是提升公共文化服务数字化水平。加快红色文化、岭南文化、海丝文化、创新文化数字资源建设，推进数字图书馆、数字博物馆、数字美术馆、数字文化馆等设施建设，发展线上线下一体化数字文化场景，持续优化基层公共数字文化服务网络，打造有岭南地方特色的数字化乡村文化空间。二是拓展数字文创产业空间。打造数字文化装备产业集群，大力发展动漫游戏、网络音乐、创意设计、直播等数字文创产业，加快国家级文化产业示范园区、国家文化与科技融合示范基地等建设，加强数字文化知识产权保护，加快数字文创产业国际交流合作。

## （四）建设普惠便捷的数字社会新典范

一是加强高标准数字公共服务供给。加快医疗数据互通共享，发展远程医疗，建立粤港澳远程医疗协作网。持续创新教育教学模式，发展社区居家"虚拟养老院"，深化"数字人社"建设，加快推进智慧机场、智慧港口、智慧公路建设，完善数字全民健身服务体系，推进"数字无障碍"工程。二是提升高品质数字生活服务体验。大力推动城市数字更新，推广数字商圈 AR 导览、智慧导购、无人零售、智慧停车等应用场景，推进智能安防、智能末端配送、智慧康养、智能充电桩等社区智能感知设施建设，大力发展数字家庭，加大智能家居产品应用推广力度，丰富市民数字生活体验。推出多样化涉外数字服务产品，为境外来穗人士提供一站式数字化服务。

## （五）打造双化协同的生态文明新范例

一是推动生态环境数字化治理。健全生态环境全要素数字化监测体系，完善智慧广州时空信息云平台，大力推进数字孪生流域建设，建设数字孪生广州水网等。二是加快数字化绿色化协同发展。重点推进电力、工业、交通运输、建筑等领域数字化转型，强化水电、风电或太阳能等新型清洁能源使用，推进市区一体化碳达峰、碳中和数智化管理，打造一批低碳智慧企业和低碳智慧园区。三是塑造绿色智慧生活风尚。大力丰富"碳普惠"应用场景，积极发展共享出行、推动低碳智慧出行，推进广州市低碳生活连片示范项目建设等。

## 五、创新要求：激活数字广州建设动能

### （一）打造自立自强的数字技术策源地

一是强化关键核心技术攻坚。持续加大集成电路、半导体、生成式人工智能、Web3.0等重点领域核心技术创新力度。推动全耗尽绝缘体上硅（FDSOI）重点专项落地实施，实施"核心软件攻关工程""璀璨行动""强芯工程"。完善数字科创"揭榜挂帅""赛马"机制，引进国际新技术、新应用。二是提升数字技术创新平台效能。推进广州实验室、国家新型显示技术创新中心、国家纳米智造产业创新中心、人工智能与数字经济省实验室等重大创新平台建设，鼓励企业承担国家级、省级科技攻关项目，支持企业主导或参与制订、修订国际标准，参与国际创新合作。三是优化创新成果转化孵化生态。布局一批高水平孵化器和众创空间，建设琶洲智数创新区、环港科大（广州）创新区、环大学城等一批科技成果转化基地，加速企业数字创新成果转化流通，推进数字金融服务市场创新。

### （二）建设适数化制度改革先行试验田

一是创新数字广州运营工作机制。建立健全数字广州场景建设"揭榜挂帅"工作机制，深化数据要素政企合作、联合开发应用，健全公共资源开放与授权运营机制，组建数字广州运营联盟生态。健全数字广州集约运维机制，探索创新适数化改革容错机制。二是创新数字广州建设制度体系。推动数据、人工智能、低空经济等领域立法，推动数字广州标准建设。推动数字广州一体化改革，建立数字广州建设成效第三方评价制度，强化数字广州"建、运、评、改"闭环管理。

### （三）构建互利共赢的协同开放新格局

一是赋能"百千万工程"。实施"一区一策"数字化转型战略，加强镇街数字公共服务设施配套建设，深化乡村数字普惠服务，建设智慧绿色乡村，促进农村共同富裕。二是推进湾区数字化协同发展。推动穗港澳三地数字技术联合创新和产业化，

加大广佛、广莞等区域产业分工协作，推动穗港澳居民统一身份认证等无感跨境流动，建设大湾区内城际间的货运无人机航线。三是积极开展对外交流合作。扩大数字产品等市场准入，建立与《区域全面经济伙伴关系协定》（RCEP）、《全面与进步跨太平洋伙伴关系协定》（CPTPP）、《数字经济伙伴关系协定》（DEPA）等高标准经贸规则衔接的数字贸易制度和监管模式。推进智慧口岸建设，开展"跨境电商＋产业带"活动，建立"数字丝绸之路"经济合作试验区，鼓励数字经济企业出海。

## 六、治理要求：坚持统筹安全与发展

《规划》指出，坚持发展和安全并重，加强城市数字空间安全管理，推进数字安全前沿技术应用，健全完善网络和数据安全监测预警和应急处置机制，构建可信可控、安全韧性的数字安全体系。数字广州建设，要坚持统筹安全与发展，齐头并进，以安全保发展、以发展促安全。数字广州建设强调安全保障是不矛盾的，数字广州建设与安全是一体两翼、双轮驱动，要统一规划、部署、推进、实施。安全是建设数字广州的前提，数字广州建设会促进数字安全保障能力的提升。从全球范围看，城市数字基础设施面临的安全威胁和风险日益突出，已渗透传导到政治、经济、文化、社会、生态等领域，对于数字和网络安全防控能力薄弱城市，将难以有效应对有组织、高强度攻击，城市运行安全风险剧增。因此，面对复杂严峻的数字安全形势，我们要保持头脑清醒，切实维护城市数字化发展与安全。

## 七、宣传要求：营造数字广州建设良好环境

建设数字广州是一个复杂的系统工程，涉及经济、政务、社会、民生等方方面面，需要营造风清气正、积极向上、敢作敢为、甘于奉献的良好氛围。《规划》指出，要营造良好氛围，利用数字中国峰会等平台，策划宣贯数字广州建设成效，充分借助主媒体、多渠道宣传数字广州最新进展及成效，树典型、示范，积极推广数字广州的经验做法。建设数字广州，离不开千家万户、百行千业万企的支持，要听民意、惠民生、解民忧，传播数字广州的正能量，要提升传播力和引导力，凝聚社会各方共识，齐抓共管，形成共同建设数字广州合力、共同构筑同心圆的良好局面。

## 八、人才要求：大力培引城市数字化建设人才

奋力建设更高水平的数字广州，首先需要解决人才问题。《规划》指出，要对接国家、省重大人才工程，大力推进"广聚英才"人才工程，加快引进海外高层次数字人才及团队。建设数字广州要有一支能力强、业务精、作风好的强大数字化人才队伍。大力引进和培养一批一流水平的科学家、数字科技领军人才、卓越工程师、高水平创新团队为数字广州建设服务。

在建设数字广州思路上，《规划》指出，将数字领军人才、高端人才、急需紧缺人才纳入政府人才支持政策体系，在入户、住房、医疗、子女教育等方面提供支持。城市数字化发展与转型的竞争，归根结底是人才竞争。广州要建成广州打造成数字中国标杆城市和全球数字科技及产业创新高地，没有一支世界一流、全国领先的优秀数字化人才队伍，没有数字化人才创造力迸发和活力涌流，是难以实现预期目标的。只有重视数字化人才、发挥数字化人才这个关键作用，才能事半功倍，早日实现数字化转型目标。我们要重视人才，要进一步加大引进数字化人才力度，制定吸引人才、培养人才、留住人才的办法和措施，才能更好服务数字广州建设大局。

在建设数字广州范围上，《规划》指出，举办数字职业技术技能竞赛，选拔培养数字人才。推动数字素养教育纳入社区和老年教育教学活动。数字广州要实现成功转型与发展，必须充分调动广州市民、企业家、专家、学者、科技工作者等人员的积极性、主动性和创造性。广州市民、企业家、专家、学者、科技工作者要有主动担当、无私奉献的精神，为促进数字广州建设贡献智慧和力量。《规划》指出，支持建设一批数字经济创业载体、创业学院，开展数字人才赋能产业发展行动。这体现了广州市党政机关树立尊重人才、爱惜人才的意识，努力为人才发挥聪明才智创造良好条件和氛围，营造宽松的干事创业环境，提供广阔平台和机会，为凝聚社会各方力量共同建设数字广州保驾护航。

在数字广州建设方法上，城市数字化转型和发展与年轻人的事业发展息息相关，要不拘一格降人才。出生在数字化时代的年轻人，对数字化有特殊的情感和归属，年轻人中有很多精通数字化的奇才天才。《规划》指出，要加强高等院校数字领域学科专业建设，培养复合型数字人才。广州要建设一流的数字化相关软件工程、网络安全、计算机应用技术等示范性学院，大力培养数字化人才，为广州数字化转型提供储备人才资源。要慧眼识才，爱才惜才，对待特殊人才要有特殊政策，因人施策、因材施教。

在建设数字广州站位上，《规划》指出，广州要加快引进海外高层次数字人才及团队。这体现广州市委、市政府在人才选拔上有全球视野，下大气力引进高端人才。广州作为"千年商都"，拥有全球一流营商环境，有很多国家或地区的人才也希望来广州发展。广州顺势而为，构建具有全球竞争力的数字化人才制度体系。只要是优秀人才，不管是哪个国家、哪个地区的，都可以参与数字广州建设。

## 九、保障要求：加强资源供给和资金投入

建设数字广州，实现城市数字化全域转型，需要做好各项保障工作。《规划》指出，加强数字广州建设项目用地支持，积极协调解决数字基础设施涉及的用地问题，优先保障数字化初创企业用地用房需求，健全先租后让、租让结合、弹性年期出让等土地供应体系。在用地、用电等资源方面保障数字广州建设，必将全

面推动数字广州建设开花结果、落地见效。建设数字广州，政府要统筹做好财政资金保障工作，要统一纳入广州市各级党政机关专项经费预算，确保数字广州建设各项工作顺利开展。要创新数字广州建设扶持体系，撬动市场资金加入数字广州建设，带动数字经济高质量发展。《规划》指出，市、区财政部门统筹安排数字广州建设资金，加大对顶层设计、标准研究、科研课题、工程项目、人才培训等保障力度。由此可见，数字广州建设是市委、市政府重点保障项目，纳入全市各级党政机关经费预算予以保障。

## 十、管理要求：加强组织领导

数字广州建设，需要一个强有力的组织，要建立完善的领导组织体制机制，发挥集中统一领导作用，统筹协调数字广州建设各个领域的重大问题，组织实施建设数字广州重大发展战略目标的攻关，不断增强组织领导和协调保障能力。《规划》指出，建立数字广州建设工作协调机制，各级政府及各职能部门将数字广州建设工作作为"一把手工程"，以高规格、高要求、高标准全面推动数字广州建设。数字广州建设要各司其职，分工明确、权责清晰，全市党政机关要主动承担数字广州建设带头引领的责任，企业要勇于承担数字广州建设的责任，市民群众要积极主动支持和配合数字广州建设，哪一边都不能放弃自己的责任。要深刻认识数字广州建设在经济发展、城市管理和社会治理中发挥的巨大作用，以促进数字经济、数字政务、数字社会、数字治理、数字生态建设发展等为抓手，推进技术融合、业务融合、数据融合，实现跨层级、跨地域、跨系统、跨部门、跨业务的协同管理和服务。《规划》指出，组建数字广州专家委员会，建立常态化研究探讨交流机制，为数字广州建设建言献策。数字广州建设是个系统工程，涉及社会经济发展方方面面，牵一发动全身，需要听取各方意见和建议、集思广益，发挥数字广州专家智库的作用，鼓励社会各界、专家智库为数字广州建设出谋划策。

# 第五章

# 数字广州"花城八景"之一"穗好办"

# 第一节 "穗好办"政务服务移动终端总门户

"穗好办"是一款政府面向全市群众和企业的移动政务服务 APP（图 5-1）。广州市政务服务数据管理局大力提升"互联网＋政务服务"水平，推动政务服务事项从"现场办"向"网上办、掌上办、刷脸办、随时办、随地办"拓展，联合相关业务职能部门，倾心打造的移动办事 APP。2020 年 3 月 27 日"穗好办"APP 正式上线，并推出首批超 500 项个人和企业服务事项。

△图 5-1 "穗好办"APP

## 一、"穗好办"发展历程

2020 年 3 月，"穗好办"APP 正式上线，并推出首批超 500 项个人和企业服务事项。

2022 年 3 月，"穗好办"APP 上线了生育津贴支付申办服务、门诊定点医院更改功能和"特殊人员自主申报"功能。

2022 年 8 月，广州市政务服务数据管理局发布了《广州市级 2022 年度"穗好办"政务服务事项清单》，涉及 58 个部门 3334 个事项，包含"一次办""指尖办""全城办""跨城办""自助办""邮政接办"及"容缺容错办"等 16 类办事清单，实现了政务服务事项分级、分类全覆盖，为百姓企业办事提供精准指引。

2022 年 11 月，"穗好办"APP3.0 版本全新上线。

2023 年 3 月，"穗好办"APP 迎来上线三周年纪念日。据广州市政务服务数据管理局相关负责人介绍，"穗好办"APP 已上线超 7000 项便民利企服务，注册用户超 1900 万，提供查询、办理、预约等服务超 1.8 亿次。

2023 年 7 月，"穗好办"APP 正式上线"签证服务""穗好办 @ 企""志愿时"专区。

2023 年 10 月，"穗好办"APP 关爱版正式上线。

2024 年 6 月，广州政务服务"云窗口"同步在"穗好办"APP、广东政务服务网上线。

## 二、"穗好办"建设理念

"穗好办"APP 依托省一体化网上政务服务平台，充分运用移动互联网泛在、连接、智能、普惠的优势，坚持系统全集成、数据全互通，服务全聚合，以用户为中心，围绕市民生活、企业经营全生命周期服务需求，汇聚全市政务服务、公共服务，打造流程最优、操作最简、体验最佳的移动办事服务，真正实现政务服务最好办、公共服务最好找、政民互动最便捷、服务体验最优。

## 三、"穗好办"的"一端六微"服务矩阵

近年来，"穗好办"作为广州市政务服务移动端总门户，建设了"一端六微"服务矩阵（图5-2），即以"穗好办"APP端为核心，打造集"穗好办"公众号、"穗@i企"、"穗好办"红棉码、"穗好办"微信小程序、"穗好办"支付宝小程序、"穗好办"快应用小程序六大服务渠道，紧紧围绕广州市民生活、企业经营服务需求，汇聚提供全市政务服务、公共服务，推动服务向"指尖办"延伸拓展，为市民提供普惠便捷的掌上服务渠道。

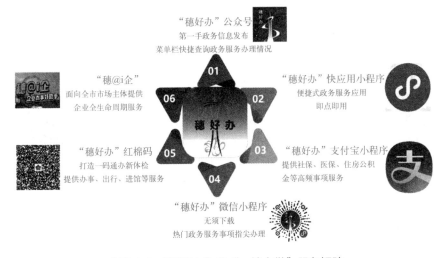

"穗好办"公众号
第一手政务信息发布
菜单栏快捷查询政务服务办理情况

"穗好办"快应用小程序
便捷式政务服务应用
即点即用

"穗@i企"
面向全市市场主体提供
企业全生命周期服务

"穗好办"支付宝小程序
提供社保、医保、住房公积
金等高频事项服务

"穗好办"红棉码
打造一码通办新体检
提供办事、出行、进馆等服务

"穗好办"微信小程序
无须下载
热门政务服务事项指尖办理

︽图5-2 "穗好办"的"一端六微"服务矩阵

## （一）"穗好办"APP

"穗好办"APP汇聚全市海量便民服务点及公共服务资源（图5-3），已上线政务服务事项超过11500项，累计用户数超过2060万人，全渠道用户日活跃数超过20万人，累计办理业务量超过7500万件，提供"指尖服务"超2.1亿次，办理周期缩短0～3天。"穗好办"APP打造政务服务、生活服务、党建三大应用场景。

（1）政务服务场景。一是面向个人提供"社保""医保""公积金""户政服务""不动产"等21个服务专题；二是面向企业提供"企业开办""司法公正""融资信贷""准营准办""政策兑现""企业年报""企业注销"等26个服务主题事项；三是面向全市街镇、村居提供61个高频服务事项，95%政务服务事项实现"零跑动"。

（2）生活服务场景。面向社会生活提供 8 个高频生活服务栏目，近 300 个事项。

（3）党建场景。面向个人党员和单位党组织提供"双报到"和"双微"专项应用，汇聚全市党员、单位党组织，强化党史学习，助力党史学习教育深入群众、深入基层、深入人心。

## （二）"穗好办"微信小程序

"穗好办"微信小程序无须下载，支持热门服务事项快速指尖办理（图 5-4、图 5-5）。

## （三）"穗好办"微信公众号

"穗好办"微信公众号（图 5-6）主要负责发布广州市第一手政务信息，提供菜单栏快速查询政务服务事项办理情况。"穗好办"微信公众号（微信号：gz_zwwx）设置的固定菜单为"办事服务"（账号认证、预约取号、12345 诉求、办事指南）、"查询服务"（进度查询、服务大厅查询、事项清单一览、常见问题查询）、"个人中心"（热点专题、国务院督查、我的服务、"穗好办"小程序、"穗好办"APP）。"穗好办"微信公众号每周推送广州最新政务资讯、办事指南、服务大厅指引等内容，用户可通过该公众号查询业务办理进度、预约大厅事项办理，还可以直接下载业务办理表单。

## （四）穗 @i 企

穗 @i 企平台（图 5-7）面向全市市场主体提供企业全生命周期服务，以"爱企、暖企、惠企、助企"为宗旨，平台于 2023 年 7 月正式上线，为全市企业提供政务办事、金融服务、政策服务、企业诉求、人力资源、招商引资、活动聚焦、区级服务、企业数字空间等 10 大类服务。截至 2024 年 12 月，穗 @i 企平台实名企业注册用户 320 多万，实名活跃企业 3.9 万家，累计浏览量超 448.8 万次，累计推送政务服务事项超两万次，推送政

☆图 5-3 "穗好办"APP 首页

☆图 5-4 "穗好办"微信小程序码

☆图 5-5 "穗好办"微信小程序
首页

∧图 5-6 "穗好办"微信公众号　　∧图 5-7 "穗 @i 企"首页

策兑现事项超 15.8 万次，推送政策文件超 104 万次。2023 年 9 月组建运营团队，为企业提供咨询服务数量超过 2113 家，收集企业诉求 2155 个，办结率 100%。通过数字化赋能激发市场主体活力，助力广州打造更优的营商环境。

## （五）"穗好办"红棉码

"穗好办"红棉码（图 5-8）打造了"一码通办"新体验，它是基于"穗好办"平台推出的"政务 + 生活"一码通产品，市民可通过扫红棉码实现乘坐广州公交地铁、旅游景区通行、政务大厅办事、医院通行、图书馆通行等一系列便民服务场景。为贯彻落实《关于依托全国一体化政务服务平台开展政务服务码利企便民应用试点工作的通知》，广州市政府要求生成全市通用的红棉码，实现各类卡、码、证承载的数据互通和服务融合推进红棉码在政务服务、交通出行、文化旅游、就医健康等领域的应用。"穗好办"红棉码目前在广州市政务中心及 11 个区政务中心实现预约取号、亮码办事、亮码取件、亮码获取电子证照等能力，在广州市文化馆以及下属 188 个分馆实现线上预约、亮码进馆等功能，在越

∧图 5-8 "穗好办"红棉码

秀区、天河区公安户政大厅实现亮"红棉码"取号功能，市民使用红棉码乘坐广佛全线地铁、广州公交乘车、水巴、村巴等交通工具可实现刷码乘车。以广州市第十二人民医院为试点，患者在预约挂号、诊疗、检查、取药、查看报告等环节支持使用红棉码。

### （六）"穗好办"支付宝小程序

"穗好办"支付宝小程序（图 5-9）已涵盖社保、医保、住房公积金、出入境等几大领域的业务，可为市民群众提供近 60 项政务服务。市民上支付宝搜索"穗好办"，或点击首页"市民中心"即可进入"穗好办"官方专区。

### （七）"穗好办"快应用小程序

"穗好办"快应用小程序（图 5-10）定位便捷式政务服务应用，即点即用。"穗好办"快应用小程序是一种基于行业标准开发的新型免安装应用，其标准由主流手机厂商组成的快应用联盟联合制定。开发者开发一次即可将应用分发到所有支持行业标准的手机运行。快应用是九大手机厂商基于硬件平台共同推出的新型应用生态。用户无须下载安装，即点即用，享受原生应用的性能体验。

## 四、"穗好办"服务优势

### （一）政务服务最好办

围绕民生热点事，市民使用"穗好办"APP，通过简单的刷脸实名认证，完成一次注册，即可随时随地办理社保、医保、公积金、婚姻、教育、就业、不动产、出入境、法律援助等高频民生热点服务事项。市民还可以通过"穗好办"随时调用身份证、户口本、驾驶证等常用电子证照，扫码亮证办事更便利。

︽ 图 5-9 "穗好办"支付宝小程序

︽ 图 5-10 "穗好办"快应用小程序

## （二）公共服务最好找

为方便市民生活出行，"穗好办"汇聚全市丰富的公共服务资源，将全市政务服务大厅、自助服务机、街道办事处、社保网点、公厕、母婴室、充电桩、停车场等便民服务点在一张地图汇聚展示，方便市民一图查找、一键导航，随时随地查找身边服务。此外，市民不仅可在线办理生活缴费、预约体育场馆、获取家政服务、获取图书馆全量电子读物和全国中小学图书推荐阅读资源等，还可查找实时公交、路况、附近停车场，市民在广州生活会越来越方便。

## （三）政民互动最便捷

群众有呼、政府必应。"穗好办"聚焦政民、政企互动，着力在政府与市民和企业之间搭建便捷、高效的互动交流纽带。融合广州 12345 政府服务热线，市民可在线咨询、投诉举报，参与社会治理，随时随地抓拍城市管理问题，形成 12345 热线工单转派办理，第一时间将反馈推送至"穗好办"APP 个人用户中心。

## （四）服务体验最优

市民使用"穗好办"APP，只需一次身份认证和一个账号，即可"一站式"办理所有相关事项，并关联办事指南、网上预约、进度查询、办结通知、好差评等全流程闭环办事服务。同时"穗好办"APP 秉持着"千人千面"的服务理念，通过人脸识别、实名核验，运用大数据分析，形成"我"的关系链，结合区块链应用技术，围绕着市民个人及家庭成员、单位所涉及的主要生活场景和事项进行归类关联，打造个人专属数据中心，真正实现服务个性化、精准化和一站式办理，让"穗好办"APP 成为老百姓真正的智慧生活管家。

## 五、"穗好办"特色服务

## （一）市民特色服务

（1）"一键"查询、办理社保业务更省心。"穗好办"APP 把社保卡相关业务进行聚合优化，市民打开"穗好办"进行简单的刷脸实名认证后，在首页点击"社保"即可按照相应提示流程随时随地查询社保卡缴费明细，办理社保卡申领、补换卡、挂失等相关业务。

（2）"一图"查找全市便民服务点。"穗好办"APP 将全市政务服务大厅、自助服务机、街道办事处、社保网点、公厕、母婴室、充电桩、停车场等便民服务点在一张地图汇聚展示，实现一图查找、一键导航，市民可随时随地查找身边服务。

（3）"一端"获取全国中小学生阅读优秀图书。"穗好办"APP 联合教育部人文社科重点研究基地华南师范大学心理应用研究中心，研创了适合学生认知发展特点与成长需求的"中小学生阅读优秀图书索引"，按照思想性、权威性、目标性、科学性、趣味性、经典性、均衡性7个选书原则，从全国已经出版的近200多万种图书中选出适合中小学生阅读的优秀图书近20万种。市民只要进入"穗好办"APP，点击"生活"栏里的"图书"专区，即可快速查找想要的图书。同时"穗好办"APP还汇聚了广州市图书馆的电子图书和数字资源，市民可在线检索、线上阅读观看。

（4）"立拍"下单咨询、投诉。"穗好办"APP融合广州12345政府服务热线，打造高效的政民互动交流平台。市民打开"穗好办"APP，在首页进入"12345"专题服务，点击"立拍"，即可随时随地抓拍城市管理问题，参与社会治理；也可点击"我要投诉"，在线投诉举报消费维权等诸多方面的问题，政府部门会及时跟踪处理，也会第一时间将办理结果推送至市民的"穗好办"用户中心。

## （二）企业特色服务

（1）"企业开办一网通"服务。"穗好办"APP通过系统互通、数据互联，将企业开办过程中涉及的企业登记、刻制印章、申领发票、银行开户、就业和参保登记、公积金缴存登记等6个环节整合为一个流程。申请人打开"穗好办"APP，在"办事"栏里的"企业办"页面，点击"企业开办服务"即可按照操作流程办理与企业开办相关的以上6个事项。

（2）企业复工复产精准帮扶服务。"穗好办"融合企业诉求响应平台，为企业搭建诉求平台。企业人员打开"穗好办"APP，点击"办事"栏里的"企业办"页面即可随时向政府部门反映复工复产过程中遇到的用工、融资、税务、出口等诸多方面的问题，获得政府精准帮扶服务，护航企业自身发展，助力优化营商环境。

## （三）智能小助手

"穗好办"智能小助手（见图5-11）是为进一步优化"穗好办"APP用户体验，运用人工智能和大数据技术打造的综合智能服务模块。智能小助手已围绕公积金、医保、社保等高频业务，对2115项常用事项的办事指南进行知识抽取，将2242项常见问答进行整合优化，能为企业市民提供"秒回、智回"的个性化服务。

︽图5-11 "穗好办"智能小助手

## （四）老干部专区

2022 年，中共广州市委老干部局联合"穗好办"APP，推出手机移动端"老干部专区"，为广州市离退休干部提供获取最新资讯、健康服务、活动报名、建言献策、展示风采的思想交流平台和"一站式"服务专区。"穗好办"APP"老干部专区"汇聚了 7 项老干部常用的精品政务服务，包括微心愿征集、公办养老机构入住评估轮候、暖心民政、老年人优待卡申领、老年人优待卡申领进度查询、社会化管理退休人员信息查询和社会化管理退休人员相关证明。

## （五）广州政务服务"云窗口"

广州政务服务"云窗口"立足提供管家式"云服务"。企业和群众只需登录"穗好办"APP 或广东政务服务网，即可联系工作人员进行多对一实时视频通话、在线文字交流，并有网页展示及信息精准推送等功能，实现跨层级、跨地域业务办理，足不出户便可享受专业窗口提供业务咨询、辅导、办理的"面对面"服务。在使用渠道方面，广州政务服务"云窗口"已实现线下服务终端、线上网页端、移动端多渠道覆盖。市、区、镇（街）三级布设"云坐席"3880 个，集成全国 14 省 25 市 38000 多个事项，为企业和群众搭建便捷高效贴心的服务商城。广州政务服务"云窗口"上线两年来，已提供服务 64631 人次。

# 第二节　"穗好办"之广州市政务服务中心

## 一、广州市政务服务中心简介

广州市政务服务中心（图 5-12）是广州市政府为方便企业和市民办事而设立的集中服务场所，在"集中办理、统一管理、公开透明、信息共享、便民高效"的原则下提供"一站式"和"一条龙"服务。目前市政务服务中心集中了 39 个市一级管理部门和部分中央驻穗机构，570 多名工作人员进驻广州市政务服务中心，设置服务窗口 203 个，提供 987 类行政

∧ 图 5-12　广州市政务服务中心

审批备案类别和相关配套服务事项。广州市政务服务中心隶属广州市政务服务和数据管理局正处级事业单位，承担市政务服务大厅综合受理和统一出件工作，以

及相关配套服务区域的日常管理，负责将受理的审批业务分类移交审批部门并跟踪落实相关工作；组织各审批职能部门提供业务咨询和资料预审服务；承担全市政务服务改革创新服务在市级大厅落地实施工作，协助推进全市政务服务体系建设；承担市级工程建设类项目和跨区域间相关项目代办服务、审批流程跟踪和协调工作，为区代办机构提供业务指导和协办服务。

联系地址：广东省广州市珠江新城华利路 61 号

邮编号码：510635

服务电话：020-38920000

办公时间：周一至周五（9：00—12：00，13：00—17：00，法定节假日除外）；自助服务区（24 小时对外开放，含节假日）

服务网址：http://zsj.gz.gov.cn

服务邮箱：sever@gzonline.gov.cn

级　　别：市级

楼　　层：财政大厦 2～5 层

## 二、广州市政务服务中心进驻单位情况

广州市政务服务中心是一个综合性的政府服务平台，由广州市政务服务数据管理局管理，提供一站式和一条龙服务。广州市政务服务中心以打造"穗好办"政务服务品牌为目标，提供"一窗"集成服务、跨域通办服务、全程免费代办、24 小时自助服务和政策宣讲服务。此外，还设有企业代办服务室，配备专业代办服务队伍，为市级工程建设项目提供"全程免费代办"服务，并建立全市统一的"广州政务讲堂"政策宣讲平台。广州市政务服务中心的进驻部门情况如下：

① 二楼政务服务展示区：包括接待室、广州政务服务和数字政府展示区、互联网＋政务服务体验区、出件窗、政务中心、党建中心等。

② 三楼进驻部门：广州市应急局、广州市城管局、广州市农业农村局、广州市协作办、广州市地税局、广州市标准化院、广州市市场局、广州交通局、广州市食药监局、广州市工信局、广州市文广新局、广州市商务局、广州市事业单位管理局、广州市教育局、广州更新局、广州旅游局、广州知识产权局、广州金融局、广州科技局、广州市民政局、广州市人社局、广州市卫健局、广州港务局、广州质监局等部门。

③ 四楼进驻部门：中国海关、广州海事局、广州检验检疫局、政务服务监督管理处等。

④ 五楼进驻部门：广州市住建局、广州市规资局、广州市水务局、广州市林业和园林局、广州市公安局、广州市气象局、广州市发改委等。

⑤ 六楼：用于政务服务事项审批部门进驻部办公。

## 三、广州市政务服务中心环境

广州市政务服务中心基础设施建设完善，数字化、智能化的政务服务大大提高了服务质量和办事效率，受到广大企业和市民好评。

（1）设施便捷，服务周到。广州市政务服务中心自建成以来，软硬件设施不断得到优化，现代化程度令人印象深刻。明亮宽敞的大厅、整洁的环境和充足的休息区座椅，为前来办事的人员提供了舒适便捷的环境（图5-13）。

（2）引入现代科技，助力政务服务效率提升。广州市政务服务中心大厅引入了LED智能屏（图5-14），取号叫号流程方便快捷，加之多种自助办理机的设置，一系列设施大大提高了政务服务的效率，为办事主体节省了大量时间，服务体验不断优化。

︿图5-13 广州市政务服务中心办事大厅 ︿图5-14 广州市政务服务中心大厅的
LED智能屏

（3）以便商惠民为准则，细节提升服务效率。广州市政务服务中心大厅设置了"智慧政务晓屋"（图5-15），将多项涉企服务事项整合，经营主体通过小程序预约即可就近办理相关业务。针对高频业务和办事诉求，政府服务人员通过后台大数据分析和满意度梳理，可及时调整、优化办理流程。通过细节改进的不断积累，持续提升经营主体办事的便利度。

（4）以满意度为导向，不断提升服务质量。广州市政务服务大厅专门设置了政务服务公开区，实时显示大厅业务办理情况、满意度和公开受理办件处理进度，通过公众的监督和反馈，促成政务服务质量不断提升。在越秀区政务服务大厅（图5-16），办事材料模板公示墙将各项材料清晰分类、整齐陈列，每一份资料都被放在透明的保护套中，便于前来办事的经营主体取阅参考。每个模板旁边都有清晰的标签，注明了办理各项事务所需的具体材料，极大地减少了办事主体因资料错误、缺漏导致来回奔波的麻烦。

（5）以服务体验为目标，软硬件同步提升。除了现代化硬件设备，大厅内配

↑图 5-15　广州市政务服务中心
大厅"智慧政务晓屋"

↑图 5-16　越秀区政务服务大厅的政务公开专区

备了专业的导办人员（图 5-17），随时为前来办事的经营主体提供帮助。经营主体在办事过程中遇到问题时，现场工作人员通常能够在短时间内帮助其解决，为经营主体提供了十分便捷高效的服务。

（6）一网通办、跨域通办，加速政务服务效率提升。广州市很多经营主体都使用过线上政务系统，能够大大提高办事效率、节省办理时间。有经营主体表示："现在都是在网上提交资料，工作人员审批通过后就来线下取证。十分方便，比以前好很多，不用跑好几趟。"网上办理的业务大部分只需要经营主体在走完流程后前往大厅领证即可，有些业务办理的证件甚至可以直接邮寄到家，真正实现了"一网通办"（图 5-18）。在广州市政务服务中心大厅，智慧显示屏实时显示了能够与广州实现跨域通办的省内外城市，为在多个城市开展经营活动的办事群众办理跨区业务提供了极大便利（图 5-19、图 5-20）。

↑图 5-17　广州市政务服务中心
大厅的导办服务区

↑图 5-18　广州市政务服务中心
大厅的一网通办指南专区

↖图 5-19　办理跨域通办业务的窗口

↖图 5-20　广州市政务服务中心大厅的
24 小时自助服务区

# 第三节　"穗好办"之一体化在线政务服务平台

## 一、一体化在线政务服务平台简介

广州市一体化在线政务服务平台（图 5-21）是一个利用互联网、大数据、云计算、人工智能等技术手段构建的服务平台，由广州市政务服务和数据管理局组织建设，全市行政机关使用，通过网上大厅、移动客户端、自助终端等多种形式，结合第三方网络平台，为公民、法人和其他组织提

↖图 5-21　一体化在线政务服务平台

供政务服务。该平台旨在实现政务服务事项标准统一、整体联动、业务协同，推动政务服务事项全国标准统一、全流程网上办理，促进政务服务跨地区、跨部门、跨层级数据共享和业务协同。平台的基本功能框架包括服务门户、业务应用和公共支撑三个主要部分。服务门户为用户提供政务服务互联网入口和出口；业务应用进行政务服务事项管理、事项办理、用户访问监测等；公共支撑支持实现政务服务事项一体化办理。此外，平台还强调线上线下服务的深度融合，推动政务服务整体联动、全流程在线，实现线上线下一套服务标准、一个办理平台。全国一体化在线政务服务平台由国家政务服务平台、国务院有关部门政务服务平台和各地区政务服务平台组成，国家政务服务平台作为总枢纽，联通各省（自治区、直辖市）和国务院有关部门政务服务平台，实现政务服务数据汇聚共享和业务协同。平台的建设还包括规范政务服务事项、推广移动政务服务、统一网络支撑、统一身份认证、优化政务服务流程、融合线上线下服务、推广移动政务服务、推进公共支撑一体化等方面的工作。通过这些措施，平台致力于提升政务服务效能，为企业

和个人提供服务到位、精简优化、高效便捷的政务服务，不断提升人民群众的幸福感与获得感。

广州市一体化在线政务服务平台集成了广州市政策兑现服务信息管理平台、广州市高效办成一件事系统、广州市建设工程联合审批平台、广州市跨（省）城通办专区、广州市公安局互联网＋户政综合服务平台、广州市公安局交通警察网上车管所、广州市出入境平台、广州市智慧教育公共服务平台等（图5-22）。

△图5-22　一体化在线政务服务平台集成服务

## 二、平台功能

个人服务：为个人提供行政权力、公共服务事项在线办理服务。将个人服务按照办理热度、主题、部门、最多跑一次等分类进行导航，引导办事人快速获取所需服务。

法人服务：为法人提供行政权力、公共服务事项在线办理服务。将法人服务按照办理热度、主题、部门、最多跑一次等分类进行导航，引导办事人快速获取所需服务。

政务公开：向社会公开各类政务信息、政务清单（行政权力清单、公共服务事项清单、行政审批中介服务事项清单、政府专项资金管理清单等）及办事指南。

政民互动：围绕政务向办事人提供直播访谈、网上咨询、评议、建议等互动服务。

效能监督：定期发布各地各部门办事监督结果，跟踪各级进驻部门网上服务效能，接受社会监督和评议，提升政务服务质量。

好差评：建立政务服务"好差评"制度，服务绩效由企业和群众来评判，通过公开公示的好差评平台，促进政府部门做好服务工作。

## 三、平台建设成效

为深入贯彻党的十九大精神，落实党中央和国务院"互联网＋政务服务"重大战略以及我省"数字政府"改革建设部署，按照国务院推进全国一体化在线政务服务平台建设总体要求，将原"广州市网上办事大厅"升级改造为"广州市政务服务网"。"广州市政务服务网"以便利民生服务、营造高水平营商环境为目标，全面集成市、区、街（镇）、村（居）四级政务服务事项，同时还提供各类高频便民利企主题服务，有力支撑全市网上政务服务"一网通办"。广州市一体化在线政务服务平台实现市、区、街及社区46000多个事项的线上、线下办理，并且通过一体化平台与各区、部门共72家单位实现系统互联互通、数据实时共享，汇集市区1000多万条排队叫号、预约数据，3200多个大厅660多万条评估数据，归集763个部门服务接口，政务服务专题数据1.7亿条。截至2024年12月，广州市级部门依申请事项100%可网上办理，100%实现"最多跑一次"，98%实现"零跑动"。全市11区依申请事项95.77%可网上办理，99.94%实现"最多跑一次"，89.93%实现"零跑动"。网上政务服务能力大幅提升。全市172个街（镇）、2857个村（居）进驻省政务服务网，发布事项超10万项，实现4级服务全覆盖。市、区依申请行政权力事项100%可网上办理，99.98%最多跑一次，一次不用跑率达96%。

## 第四节　"穗好办"之工程建设项目联合审批平台

为贯彻落实党中央、国务院关于深化"放管服"和优化营商 环境的部署要求，进一步推进广州市工程建设项目审批制度改革试点工作，提高工程建设项目审批效率，根据《自然资源部关于以"多规合一"为基础推进规划用地"多审合一、多证合一"改革的通知》（自然资规〔2019〕2号）、《广州市人民政府关于印发广州市进一步深化工程建设项目审批制度改革实施方案的通知》（穗府函〔2019〕194号，以下简称"《实施方案》")相关要求，制定《广州市工程建设项目立项用地规划许可阶段并联审批实施细则》。

广州市工程建设项目联合审批平台是一个旨在提升工程建设审批效率的在线服务平台。该平台通过技术审查和行政审批相对分离的运行模式，对可同步办理的事项进行联合审批办理，对跨层级实施事项实行市区协同办理。平台支持政府投资类和社会投资类工程建设项目，遵循"集成服务"原则，实现统一受理、并联审批、实时流转、跟踪督办、信息共享。广州市工程建设项目联合审批平台的网址为 http://lhsp.gzonline.gov.cn/，通过该平台，用户可以进行社会投资项目申报、政府投资项目申报、代办咨询指导服务等。

## 一、平台功能

（1）业务联办。在同一系统实现工程建设项目部门协同审批和项目全流程审批数据跟踪记录。

（2）一表制申报。简化申报流程，提高审批效率。

（3）材料复用。减少重复提交材料，提高审批流程的便捷性。

（4）审批结果共享。各部门可以共享审批结果，避免重复工作。

（5）电子证照互用。通过电子证照的互用，减少纸质文件的使用，提高审批流程的效率。

审批流程一般划分为立项用地规划许可、工程建设许可、施工许可、竣工验收等阶段。平台还提供了一些优化措施，如多评合一、区域评估、联合现场踏勘、三证合办等，以进一步简化审批流程，提升审批效率。

## 二、办理流程

第一步：登录广东政务服务网（图5-23）。

△图5-23　登录广东政务服务网

第二步：切换到"广东政务服务网广州市"。（图 5-24）

︿图 5-24　切换到"广东政务服务网广州市"

第三步：进入到广州市主页面，查看"特色创新"下的模块（图 5-25）。

︿图 5-25　查看"特色创新"下的模块

第四步：点击">"箭头，找到"工程建设联合审批"模块，点击进入平台（图 5-26）。

⌃图 5-26　进入"工程建设联合审批"平台

第五步：扫码登录。

第六步：登录后，首先选择"社会投资项目申报"或"政府投资项目申报"，然后选择"项目类型"（图 5-27），最后选择"申办环节"（温馨提示："项目类型"一经选择，就不能更改，请提前确认工程"项目代码"的项目类型）。

⌃图 5-27　选择"项目类型"

第七步：首先选择"事项层级"，在方框中打"√"（图 5-28）。然后，选择需要办理的事项，在对应办理事项前的方框中打"√"。

广州市工程建设项目联合审批平台
广州市工程建设项目联合审批
政府
项目类型：园林绿化工程类
立项用地规划
工程建设许可
施工许可
竣工验收
事项层级
广州市
区级事项
（市级审批勾选市，区级审批勾选区（同时选择项目所在区））
可联合办理以下事项：
房屋建筑工程分“三阶段”办理施工许可证（含建设工程质量安全、人防监督登记）
广州市住房和城乡建设局
广州市
房屋建筑工程分“两阶段”办理施工许可证（含建设工程质量安全、人防监督登记）
广州市住房和城乡建设局
广州市
房屋建筑工程办理整体的施工许可证（含建设工程质量安全、人防监督登记）
广州市住房和城乡建设
广州市

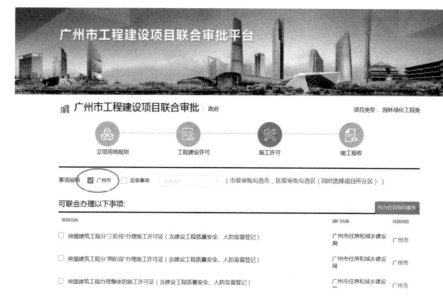

△图 5-28　选择“事项层级”

第八步：选择好办理的事项后，拉到页面最下方点击“已选择，联合申办”（图 5-29）。

占用城市绿地审批
广州市林业和园林局
广州市
砍伐、迁移城市树木
广州市林业和园林局
广州市
防雷装置设计审核
广州市气象局
广州市
生产建设项目水土保持方案审批（政府投资、非盈利组织投资和个人投资类）
广州市水务局
广州市
河道管理范围内有关活动（含临时占用）审批
广州市水务局
广州市
新增取水许可
广州市水务局
广州市
建设工程项目使用袋装水泥和现场搅拌混凝土许可
广州市住房和城乡建设局
广州市
大口径水表用水
广州市自来水有限公司
广州市
特殊建设工程消防设计审查
广州市住房和城乡建设局
广州市
修剪历史名园、特色风貌林荫路的树木审批
广州市林业和园林局
广州市
修剪古树名木、古树后续资源审批
广州市林业和园林局
广州市
古树名木迁移审核
广州市林业和园林局
广州市
已选择，联合申办

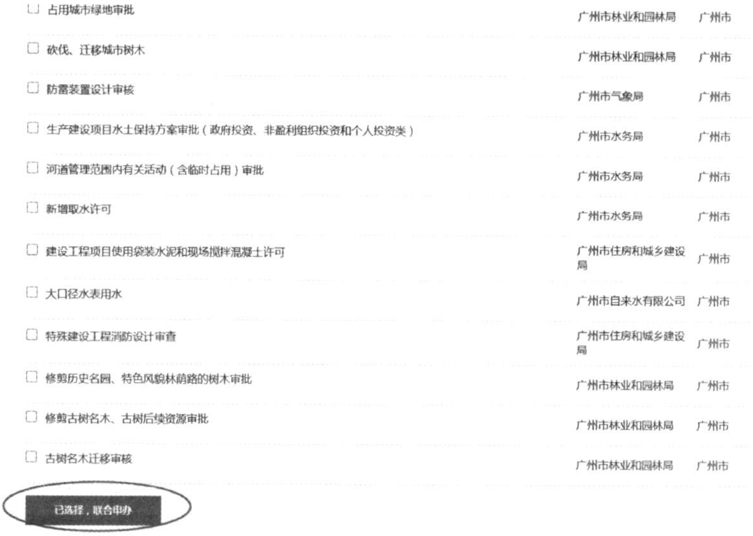

△图 5-29　点击“已选择，联合申办”

第九步：查看需要提交的申请材料，提前准备好电子版，点击“下一步”（图 5-30）。

∧图 5-30　点击"下一步"

第十步：详细填写申请表单内容（图 5-31），填写完整后，点击"保存进入下一步"，然后按要求上传申请材料的电子版。上传好申请材料后，点击"下一步"，选择"办理方式"，内容填写完整后，如确认无误，直接提交申请即可。

∧图 5-31　填写申请表单内容

第六章

# 数字广州"花城八景"之二 "穗智管"

## 第一节 "穗智管"建设背景

### 一、落实"网络强国、数字中国和智慧社会"的战略部署

党的十八大以来，以习近平同志为核心的党中央高度重视新型城市管理工作。2016 年，习近平总书记在网络安全和信息化工作座谈会上的讲话指出，要"统筹发展电子政务，构建一体化在线服务平台，分级分类推进新型智慧城市建设"。党的十九大报告正式提出建设网络强国、数字中国和智慧社会战略部署。2019 年，李克强总理在政府工作报告中提出要加快新型智慧城市建设，促进数字经济发展。2020 年，习近平总书记在杭州视察时指出，运用信息化让城市变得更"聪明"，从信息化到智能化再到智慧化，是建设智慧城市的必由之路。城市运行管理中枢是城市管理的重要平台，它利用云计算、人工智能、大数据、5G 通信和物联网等新一代信息技术，为城市精细化管理构建了一个平台型人工智能中枢，推动建设并打通各部门信息化系统，利用实时全量的城市数据，即时修正运行缺陷，优化城市公共资源，实现城市治理、民生服务和产业发展的高质量突破。城市运行管理中枢是支撑未来城市可持续发展的全新基础设施，对提升城市管理、社会治理、交通出行、公共卫生安全、城市安全生命线运行等工作具有深远意义。2020 年，城市运行管理中枢建设大潮在全国各地兴起，北京、上海、广州、深圳、杭州、成都、贵阳、武汉、南京、天津等建设了城市运行管理中枢平台，开启城市治理"一网统管"新篇章。打造"人民城市为人民、人民城市人民管"的以人为本的城市管理已成为各大城市发展和治理的共同目标。广州基于广州发展和社会管理、治理现状，探索实践中国特色超大城市精细管理新模式，打造第一个以全要素联合创新为核心的全球城市数字化治理新标杆，以"一图统揽，一网共治"为总架构，"智能 +"为总路径，实现"一网统管、全城统管"的广州特色"穗智管"。

### 二、充分发挥广州在城市治理"一网统管"的火车头作用

广州市作为面积超过 7000 平方公里、常住人口超过 1867 万的超大城市，一直面临复杂的城市治理难题。近年来，广州市深入落实习近平总书记关于建设网络强国、数字中国和智慧社会的战略部署，紧抓数字化发展机遇，深化数字政府改革，推进城市数字化转型，坚持需求导向、目标导向、场景导向，务实创新打造"穗智管"城市运行管理平台，充分发挥智慧城市建设对城市经济发展方式转变、产业转型升级、创新社会管理、保障和改善民生等方面的重要促进作用。2019 年 7 月，广州市人民政府办公厅印发《广州市"数字政府"改革建设工作推进方案》，提出广州市将大力推进政务信息化建设体制改革，创新"数字政府"建设运营模式，打造统

一安全的政务服务云平台、数据资源整合和大数据平台、一体化网上政务服务平台，构建大平台共享、大数据慧治、大系统共治的顶层架构，形成市级统筹、市区联通、部门协同、规则一致、标准统一、整体联动、"一网通办"的"互联网+政务服务"体系。2020年7月，中共广州市委办公厅印发《关于加快"数字政府"改革建设的工作要求会议纪要》，强调进一步增强加快"数字政府"的紧迫感、责任感，不断增加提升，加强宣传引导，加快推进"穗好办""穗智管"重点工程建设，努力打造广州城市新名片，同时加快制定"穗智管"城市运行管理中枢建设工作方案。2020年8月，广州市"数字政府"改革建设工作领导小组印发《"穗智管"城市运行管理中枢建设工作方案》，明确提出加快推进城市治理现代化和解决城市管理中的堵点、盲点，全面推动城市运行管理更加科学化、精细化、智能化，实现"一网统管、全城统管"的战略部署，按照理念超前、技术领先、管理精准、实战管用的要求，建设"穗智管"城市运行管理中枢，提供城市运行统揽全局、决策指挥科技支撑，促进城市管理理念、管理手段、管理模式创新。广州市委、市政府高度重视"穗智管"建设工作，把"穗智管"作为"一把手"工程，市委主要领导多次组织召开广州市"数字政府"改革建设会议，领导小组亲自部署、亲自研究、亲自指挥"穗智管"建设工作，提出以"穗智管"为重点，结合数字广州基础应用、城市信息模型、公共信用等基础设施建设，破解数字政府建设的难点、堵点和痛点，大力促进系统整合、数据集成、业务协同，提升城市公共服务和治理水平，让人民群众有更多的获得感、幸福感、安全感。

## 三、创新探索超大城市治理新路子、新方法、新路径的需要

习近平总书记强调，"城市治理是国家治理体系和治理能力现代化的重要内容""要注重在科学化、精细化、智能化上下功夫"。"穗智管"是广州为创新探索超大城市治理新路子、新方法而建立的城市运行管理中枢。首先是理念创新。"穗智管"的建设体现了广州对于超大城市治理新路径的探索和创新，即运用先进技术手段推动城市管理手段、管理模式、管理理念的创新，让城市更聪明一些、更智慧一些，这种理念创新为超大城市治理提供了新的思路和方向。其次是场景应用方面。"穗智管"已建成并投入试运行，聚焦城市运行的重点领域，打造了生态、水务、交通多个应用场景。这些应用场景证明了"穗智管"在超大城市治理中的有效性和实用性。再次是目标定位。"穗智管"的建设围绕"看全面、管到位、防在前"的核心目标，旨在提高城市治理的科学化、精细化、智能化水平，助力广州城市治理工作的全面性和准确性。最后是功能架构。"穗智管"集"运行监测、预测预警、协同联动、决策支持、指挥调度"五大功能于一体，形成市级部门横向协同与市、区、街（镇）、村居（网格）四级纵向联动的一体化城市运行管理新格局，全面提升城市治理的效率和响应速度。习近平总书记指

出，城市管理应该像绣花一样精细。"穗智管"城市运行管理中枢，系指通过建设"一图统揽、一网共治"的城市运行综合管理平台，开展城市运行监测分析、协同指挥调度、联动处置等工作，推进城市运行管理数字化、智能化、精细化。

## 第二节 "穗智管"建设情况

### 一、"穗智管"Logo 设计理念

"穗智管"Logo 设计巧妙地融合了广州市标志性建筑广州塔、"一网统管"数字城市大脑、广州市市花木棉花、政务服务标志以及蓝色等元素和色调，同时将"穗智管"Logo 中的彩虹带与数字城市、智慧城市、城市大脑快速发展的趋势关联起来，设计理念创新（图 6-1）。

△图 6-1 "穗智管"Logo

Logo 中的塔形设计灵感来源于广州塔，象征着广州市的现代化和城市精神。广州塔不仅是广州的地标，也是城市发展的见证者，体现了广州市在智慧城市建设中的领先地位。Logo 中的网络状结构代表了城市管理的数字化和智能化。通过"穗智管"平台，广州市实现了城市管理的高效、精准治理，这在 Logo 中通过线条的交织和连接来体现，象征着数据资源的流通和资源的整合。木棉花作为广州市的市花，象征着英雄城市的气概和繁荣昌盛。在 Logo 设计中，木棉花的元素可能以抽象的形式出现，如花朵的形状或颜色，融入 Logo 的整体设计中，代表着广州市的文化特色和城市精神。Logo 中的服务元素可能通过人形图案或服务相关的符号来体现，代表着"穗智管"平台为市民提供便捷、高效的政务服务。这些元素的设计旨在传达出平台以人民为中心的服务理念。蓝色通常与科技、信任和专业相关联。在"穗智管"Logo 中，蓝色的使用不仅体现了智慧城市的高科技特性，也传达了广州市政府在城市管理和服务中的专业性和可靠性。Logo 中的彩虹带象征着广州市数字政府建设的多样性和包容性，代表着信息流通的多彩渠道，如同数字城市中数据的多元融合。彩虹带的流动性和动态感体现了智慧城市的活力和创新精神，与城市大脑的概念相呼应，即通过先进的信息技术，实现对城市运行的智能管理和优化。

综上所述，"穗智管"Logo 设计不仅美观大方，而且富有深意，它不仅代表了

广州市在智慧城市建设方面的成就，也体现了广州市政府对城市管理和服务的创新与对人民的承诺。

## 二、"穗智管"建设目标

贯彻"人民城市为人民，人民城市人民管"的理念，坚持"观管用结合，平急重一体"的原则，着眼全市"一盘棋"整体格局，围绕"看全面、管到位、防在前"核心目标，按照"一图统揽，一网共治"总体构想，以"科学决策、高效指挥、协同管理、人民满意"为衡量标准，以"智能+"为主线，打通社区末端、织密数据网格、调度多方参与，建设运行监测、预测预警、协同联动、决策支持、指挥调度"五位一体"的"穗智管"城市运行管理中枢，全面支撑城市运行管理智能化和精细化，全面推进城市治理体系和治理能力现代化，全面促进城市高质量和品质化发展。"穗智管"城市运行管理中枢分三阶段建设，阶段建设目标如下：

第一阶段：初步搭建"穗智管"技术框架，接入部分重点业务系统数据，初步建立城市运行体征指标体系和运行图。

第二阶段：持续深化"穗智管"功能，完成城市服务和政务协同综合入口的建设，建成全市统一指挥体系，基本实现城市运行"一张图"，初步形成城市管理决策指挥和调度协同一体化。

第三阶段：全面建成"穗智管"市区两级协同管理平台，全方位深化"横向协同、纵向联动"的一体化城市运行管理新格局，做到全市信息互通、资源共享，实现城市管理、社会治理"一网共治"，全面提升城市治理科学化、精细化、智能化水平（图6-2）。

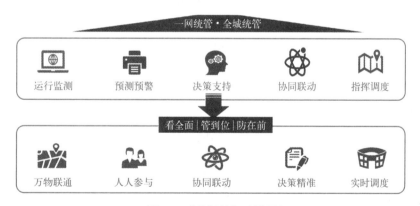

一网统管·全城统管

| 运行监测 | 预测预警 | 决策支持 | 协同联动 | 指挥调度 |

看全面 | 管到位 | 防在前

| 万物联通 | 人人参与 | 协同联动 | 决策精准 | 实时调度 |

⌃ 图6-2 "穗智管"建设目标

## 三、"穗智管"运行机制

"穗智管"遵循"两级平台、四层体系、五大功能"的总体架构（图6-3），形成全市从城市管理中枢到神经元的核心引擎。两级平台是指从市级到区级的分级管理平台，四层体系是指从市、区、街镇到村居（网格）一体化协同的指挥调度体系，五大功能则囊括运行监测、预测预警、协同联动、决策支持及指挥调度功能。"穗智管"市级平台，重在抓总体、组架构、定标准，依靠兼容开放的框架，汇集数据、集成资源、指挥调度城市运行事件，赋能支撑基层的智慧应用；区级分平台则围绕"令行禁止、有呼必应"的建设要求，重在连通上下、衔接左右，发挥接入分拨和作战协同的作用，同时为街镇、网格实战提供数据应用、联勤联动支撑；街镇则依托区级分平台，形成基层综合执法和联勤联动的新机制，推动高效处置各类事件，把超大城市精细化管理落到实处；同时依托统一的移动应用，支持基层组织、人民群众参与城市治理，形成全社会自治、共治新格局。

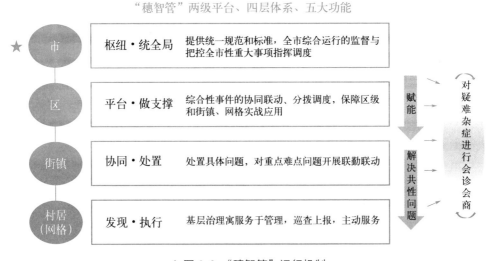

△ 图6-3 "穗智管"运行机制

## 四、"穗智管"平台功能架构

"穗智管"平台总体框架包括总入口、总平台、总底座、标准规范体系四个部分，平台总入口提供融合服务，为用户访问平台提供登录界面或门户。平台总平台提供运行监测、预测预警、决策支持、协同联动和指挥调度等功能，用于监控城市运行状态，预测和警告潜在问题，支持决策制定，以及在不同部门间协调行动。平台总底座提供面向特定领域、通用、技术支持等能力，如特定领域能力提供城市管理（CIM）平台和广州国际创新城（IAB）平台，专注于城市规划、建设和管理。通用能力包括数据中台、业务中台、AI智能技术中台等核心技术组件，提供数据处理、业务逻辑处理和人工智能技术的支持。技术支撑涉及云计算、大数据、物联网、人工智能、区块链等技术，这些是构建智慧城市平台的技术基础。基础设施包括网络、计算、存储、云服务和安全等，这些是平台运行所需的物理和虚拟基础设施。

健全的体系建设包括安全保障体系、标准规范体系、数据治理体系、AI 智能体系、城市模拟仿真体系等，这些是确保平台稳定、安全、高效运行的体系。"穗智管"平台通过整合多种技术和服务，实现对城市运行的全面监控和管理，提高城市的智能化水平（图 6-4）。

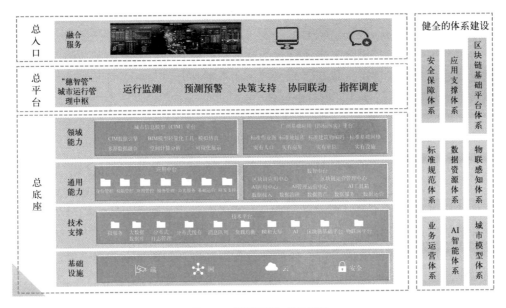

△ 图 6-4 "穗智管"总体架构

（1）运行监测功能。通过信息集中、资源整合，建立城市运行综合体征和关键运行体征指标图景，构建城市运行监测"一张图"，多层次、全方位掌握城市运行状态，防患于未然。

（2）预测预警功能。接入各部门的实时监测数据，建立警报信息的关联分析，实现对城市交通、基础设施、公共安全、生态环境、社会经济等重点领域运行状况的预测预警。根据预警模型来判断当前警报信息背后所隐藏的更大风险或隐患，以确定警报的风险级别，再根据不同的风险等级来启动相应的应急预案，实现城市运行管理由被动应对到实时监测、快速预警、主动预防转变。

（3）协同联动功能。重大事件的处理向跨部门、多层级和多地域协同模式转变，统一协调人员、组织、资源和设施，实现跨组织部门、跨地域和跨行业的协同作战，最终排除安全隐患。

（4）决策支持功能。以城市大数据为基础，围绕智慧党建、政务服务、营商环境等主题构建不同专业领域的专题分析应用，深度挖掘城市运行状态变迁中的知识，用数据分析和仿真预测为城市管理者提供决策支持。通过持续的经验积累和知识沉淀，使得数据分析决策模型的预测能力和精准度逐步提高。

（5）指挥调度功能。整合集成视频监控、视频会商以及应急系统，为重大活动保障、突发事件指挥调度提供支撑。基于音视频调动，进一步汇聚各部门业务数据、视频监控数据等，提升数据收集的预见性、时效性、准确性和综合性，辅助科学决策。有效地利用现有的各种网络资源、信息资源、应用系统资源，构建重大事件联动指挥系统，实现完成需要政府指挥的、多个部门协同应对的（包括气象、环保、交通、公安、城管、卫生、质监、工商、林业、海洋渔业、工业生产等联动单位）指挥调度。当遇到各类突发事件时，可以基于电子地图进行指挥调度，通过视频监控调取现场实时情况，通过视频会议与各部门、区进行会商研判，对突发事件进行快速、有效地处置。

## 五、"穗智管"建设内容

（1）建设数字城市运行管理总底座。基于全市一盘棋策略，构建全市一体化能力中枢，建设全时全域的物联感知体系、共建共享的数据资源体系、灵活可信的区块链基础平台体系、自主学习的 AI 智能体系、全息孪生城市模型体系、统一开放的应用支撑体系、完备可靠的安全保障体系。同时，依托全市一体化能力中枢，连通市各部门业务系统，畅通各级指挥体系，为跨部门、跨区域、跨层级的联勤联动、高效处置提供快速响应。建立全市统一的数据资源目录，为各级政务应用提供高效的数据服务。

（2）建设数字城市运行管理总入口。构建以共建共治为核心的城市服务综合入口及以事件处置为核心的政务协同综合入口。一是基于"穗好办"APP 以及"四标四实"数字广州基础应用平台的基础能力，统一移动端建设框架，整合广州 12345 政府服务热线、"令行禁止、有呼必应"综合指挥调度平台、信访及其他社区共治和民意征集等服务渠道，打造"穗智管"政务服务品牌，向公众提供统一的城市服务入口，推进城市管理、社会治理从"碎片式"参与向系统化共建共治转变。二是全市统一部署，打造面向全市公职人员的统一移动政务协同应用，打通省、市、区数据，实现从办文、办会、批示、督办、党建等基础性应用，到网格巡查、企业服务、基层治理等各部门专业性应用汇聚于一端。

（3）建设数字城市治理总平台。基于"四标四实"数字广州基础应用平台、智慧广州时空信息云平台、城市信息模型（CIM）等公共基础平台，结合城市综合运行指标体系及社会数据资源，打造场景互联城市综合运行监测新体系、全时全域城市综合预警分析新体系、市区两级"一网统管"分拨处置新机制，构建城市运行综合"一张图"、数据辅助决策"一张图"，打造监测预警、决策指挥、调度协同一体化平台。实时掌握城市运行宏观态势，实现跨部门、跨区域、跨层级的快速响应、指挥调度、联动处置。

## 六、"穗智管"应用场景

"穗智管"应用场景围绕智慧党建、政务服务等领域，建立城市运行综合体征和关键运行体征指标图景，大力推动管理手段、管理模式创新，设置智慧党建、政务服务、营商环境等应用场景。"穗智管"应用场景介绍如下：

（1）智慧党建。汇聚融合全市党组织、党员、党群服务中心、党校、双报到报名及活动等信息，建设红色堡垒、党建阵地、初心为民等多个基础板块，实现党建信息与地图联动，促进党建整体统筹、层级压缩、效率提升和自身优化。

（2）政务服务。汇总各部门数据统计分析展示政务服务事项、企业办件量、市民办件量、各区办件量、网办情况、指尖办情况、热门受理业务、好差评服务满意度、电子证照签发与使用情况、政务服务网点和一体机分布与实时动态、广州12345政府服务热线诉求信息等，提供全市政务服务的全景视图概览，从在线服务成效度、在线办理成熟度、服务方式完备度、服务事项覆盖度、办事指南准确度等方面优化政务服务体系，全力打响"穗智管"政务服务品牌。

（3）营商环境。根据世界银行全球营商环境评估指标体系和国家评价指标体系，以营商环境各项指标数据监测为核心，利用市区两级信息共享平台整合各涉企业务部门数据，通过人工智能、大数据等先进技术，分析并展示营商环境城市画像、营商环境综合得分和各指标专题数据，为营商环境改革提供决策支撑。

（4）城市调度。按照"大网格、大智慧、大巡查、大参与、大管控"的工作理念，基于广州12345政府服务热线大数据分析系统、"令行禁止、有呼必应"综合指挥调度平台的建设基础，围绕群众办事难点、痛点、堵点，按照"高效处置一件事"的要求，全方位实时地展示基础网格工作情况，开创综合指挥调度新局面，建成指令快速下达、下达快速生效的城市调度一级平台。

（5）应急管理。结合智慧广州时空信息云平台和"四标四实"数字广州基础应用平台，融合气象、海洋、水务、林业、交通、公安、消防、住建等专业部门基础数据及实时监测数据，建立应急相关基础资源库和专题库，初步实现自然灾害、事故灾难风险源的全面掌握和感知。同时融合互联网位置大数据，打造应急管理一张图，构建三防灾害风险等综合研判模型，为防范突发事件风险研判提供科学分析、为处置突发事件提供预警预测、为应急资源配置提供精准支持。

（6）医疗卫生。全域监控全市各类医疗卫生事件并实现医疗卫生预警体系一图总览，重点关注医疗卫生事件监测、事件管理及预警信息发布。建立智慧化预警多点触发、多渠道监测预警机制，提高评估监测实时分析、集中研判能力。有效应对突发性公共卫生事件，掌握医疗卫生相关要素最新态势，为分区分级防控决策、指挥调度提供支撑。

（7）交通出行。立足广州市综合交通发展需要，融合浮动车数据及交通运行等数据，掌握城市对外交通、对内交通总体运行态势，融合管理全市综合交通、道路运输、交通路网、城市交通、交通治理等专题信息，全面分析全市公交车、出租车、地铁等城市交通运力与客流、综合枢纽旅客运输等情况，实现城市交通运行监测与拥堵指数分析服务，强化综合交通运行监测与科学疏导，提高广州交通服务管理水平。

（8）城市管理。构建城市管理视频智能分析平台，开展市容六乱、余泥渣土车未密闭等场景视频智能巡查，扩展智能分析应用，提升城市管理智慧化、精细化水平。健全城市管理数据管理体系，加强城市管理数据的关联比对分析，强化数据预测应用功能，选取环境卫生、燃气管理、垃圾处理、数字城管、综合执法等领域，建立智能预测模型，对重大城市管理事件进行分析预警，优化资源配置，为城市管理提供高效的信息服务与决策支持。

（9）公共安全。以大数据、智能化技术为基石，以三维场景可视化技术为展示，打造广州市公共安全主题场景可视化平台，实现动态感知社会治安风险、电信网络新型违法犯罪风险、交通事故风险等警情，提供警情周边情况、周边警力资源分布、警力部署跟踪、高危车辆轨迹等监控以及重大交通事故应急指挥协调能力，通过实时调取周边视频监控，做到前方可见、指挥可达，全面推动公共安全与现代科技深度融合。

（10）互联网＋监管。基于智慧广州时空信息云平台构建一张互联网＋监管风险分布图，从地域、领域、时间、风险等级等多个维度展示风险分布全局态势，实现监管事件跟踪、监管效能评估、评价分析及执法可视化展示。推进现有市场监管信息系统进一步整合升级，深度汇聚各部门监管数据融合治理，包括监管数据、处罚数据、投诉数据及第三方相关数据，构建监管业务风险数据分析模型、处罚存证模型，深化创新"事前管标准、事中管检查、事后管处罚、信用管终身"的新型监管模式。同时，通过对监管业务风险智能分析，实现风险研判和预测预警，建立跨部门、跨地区、跨层级关于监管数据申请、推送、反馈机制，实现"一处发现，多方联动，协同监管"。

（11）生态环境。利用智慧广州时空信息云平台成果，建设全市生态环境总体态势图，实现全市环境质量、核心目标、控制指标、现状进展和差距分析的全面洞察。充分融合市、区两级生态环境空天地监测数据和实时视频，构建全市大气环境质量、水环境质量、固定污染源、民用核与辐射安全、生态环境执法、环境信访投诉等生态环境专题图，围绕打赢污染防治攻坚战和各类专项行动，实现对环境质量、污染防治和执法热点等问题进行智能发现、预测和分析。利用大数据分析，对各类污染源数据进行数据异常分析、数据线索分析和数据合理性分析，以及企业生产状况不正常运行、超标情况和排放污染物分析，精准研判。全面、随时掌握广州市环境质量情况和变化趋势，可溯源各污染源实时、历史状况、变化趋势，全面贯通固定污染源环评审批、排污许可、在线监测、执法处罚等全过程信息，实现环境监测、预警、执法调度、任务分发、处理反馈的管理闭环。

（12）经济运行。基于广州市"数字政府"大数据应用专题中的"经济运行专题"及"企业复工复产"项目的相关成果，建设经济运行一体化展示可视化平台，直观呈现宏观经济指标、第一二三产业、新兴产业、重点行业发展状况、财税运行动态等。建设全市经济运行监测管理系统，全面监测全市复工复产、生产消费等方面情况，反映我市汽车、电子、石化制造业三大工业支柱产业和新一代信息技术、人工智能、生物医药、新能源、新材料（NEM）等新兴产业数据，为产业扶持政策决策、重点优势和重点产业链分析、产业转型升级动态分析以及经济运行调度提供决策支持。

（13）智慧水务。融合水务行业内河长制、水利、排水、供水、水资源、水务工程、海绵城市等业务主线的核心基础数据、实时监测数据和事务处理数据，建立各类水务基础资源库和专题库。通过数据统计、关联、比对、分析和预测，从空间、时间、风险等级等多维度，打造黑臭水体治理、河长制管理和污染源销号、污水提质增效、达标小区改造、供排水基础设施管理、海绵城市治理、洪水风险图、内涝风险图等各类态势图和专题图，为事态把控、风险研判和顶层决策提供强力技术支撑。

（14）城市建设。构建全市城市建设一张图，融入智慧工地、城建重点项目、房地产市场监测情况、城市更新、消防审验、城市体检六大专题板块，综合运用城市信息模型（CIM）、建筑信息模型（BIM）等先进技术手段，多维度、多视角掌握城市建设实时动态，提高市场监督管理水平，防范重大质量安全事故的发生。整合住建、公积金等多方数据对房地产市场监测情况钻取分析，实现居民购房区域、面积、年龄、性别及贷款情况的全方位监测和统计，以政府和市场调控为导向落实"房住不炒""安居宜居"。积极推进住房城乡建设领域数字化、便捷化、智能化，促进跨部门、跨行业、跨地区的信息共享与互联互通，全面掌握城市建设运行关键体征指标数据和未来发展态势，为政府宏观决策提供数据支撑。

（15）智慧调研。基于融合通信、移动互联网、无人机等技术，对接市委智慧调研系统，围绕全市重点企业、在建重点项目工地、重点场所进行信息展示、视频会商、远程调研，实时响应企业在复工复产中遇到的困难及诉求，做到主动关怀，企呼必应。

（16）民生服务。以民政服务、就业和社会保险服务、医疗保障服务、教育服务、公共文化服务等民生服务为主题，提升人民群众的获得感、幸福感和安全感为导向，逐步深化民生服务相关数据融合，基于"穗好办"为市民提供预约挂号、实时交通等多项生活服务，增强 APP、小程序等多元化统一便捷服务渠道品牌效应，扩大民生服务范围和提升民生服务精度，形成民生热点专题图。同时整合多渠道民生热点、堵点和痛点，建立民生服务决策分析模型，优化业务办理流程，扩大民生服务范围，激发基层应用活力，解决老百姓的民生问题。

（17）单一窗口。贸易商能够通过一个入口，向广州市各相关政府机构，提交货物进出口或转运所需要的单证或电子数据；让参与国际贸易和运输的各方，通过单一的平台提交标准化的信息和单证以满足相关法律法规及管理的要求。

（18）智慧电力。通过整合智能变电站管理、数字孪生技术、智能电表计费、工业园区转供电改革、电力大数据分析、企业复工电力指数监测、政企协同办电以及全过程信息化支撑等功能，实现了电力服务的数字化、智能化和现代化。

（19）智慧"三农"。农村规划建设运管等方面的万物互联感知学习提升预判决策智能化，农业生产经营智能化、农民生产生活等方面的万物互联感知学习提升预判决策智能化，城市区以外的乡镇等的规划、建设、运管等方面的万物互联感知学习提升预判决策智能化。

（20）智慧气象。依托于气象科学术进步，建设一个具备自我感知、判断、分析、选择、行动、创新和自适应能力的气象系统，让气象业务、服务、管理活动全过程都充满智慧。

（21）智慧司法。将大数据思维运用到司法工作之中，通过智能化原理，将数据收集、储存、运用等环节融为一体，利用多媒体技术、网络技术以及集中控制技术，对司法过程与结果实行统一管理、控制和运用。

（22）城中村治理。依托广州市公共基础平台，加强对城中村数据的治理，形成专项数据库，支撑各区各部门数据融合应用需求。与网格化队伍及工作相衔接，基于一体化政务服务平台、网格化管理系统，依托穗智管中枢，汇聚综合管理、便民服务、互动交流等综合治理数据资源，打造城中村综合治理平台，强化系统集成、数据融合和网络安全保障，提升城中村治理智能化、信息化水平。

（23）规划与自然资源。将各类自然资源和不动产统一确权登记、权籍调查、不动产测绘、争议调处、成果应用的制度、标准和规范。建立健全全市自然资源和不动产登记信息管理基础平台，实施对全市自然资源和不动产登记资料的收集、整理、共享和汇交管理等。监督全市自然资源和不动产确权登记工作。

## 第三节　"穗智管"之广州市智慧城市运行中心

为全面落实习近平总书记关于建设网络强国、数字中国、智慧社会的战略部署，让城市更聪明、更智慧，广州市委、市政府努力探索超大城市现代化治理新路子，高标准打造广州市智慧城市运行中心（图6-5），全力支撑"一网统管、全城统管"的"穗智管"城市运行管理中枢。中心坐落于广州国际媒体港内,占地约3000平方米,主要包括指挥调度大厅、多功能厅、创新应用与成果展示区三大功能区。广州市智慧城市运行中心按照广州"数字政府"改革要求,以"全国领先、世界一流"为目标,打造数据全域融合、时空多维呈现、要素智能配置的城市治理新范式,持续激发广州老城市新活力、"四个出新出彩"的新动能。

︽图6-5　广州市智慧城市运行中心大门

## 一、"穗智管"指挥调度大厅

"穗智管"指挥调度大厅(见图6-6、图6-7)约1000平方米,建设有123平方米的LED大屏,以"穗智管"城市运行管理中枢系统为主体,配备可视化的智慧指挥调度环境、领导决策会商室等,开展城市运行的监测预警、指挥调度、联动处置。

︽图6-6　"穗智管"指挥调度大厅一

︽图6-7　"穗智管"指挥调度大厅二

## 二、"穗智管"多功能厅

"穗智管"多功能厅秉持开放多元,共享共建原则,约280平方米,配置国际先进的演播与传输设备，为高端学术交流、高规格新闻发布、新技术产品推介、政企沟通互动等提供优质服务（图6-8）。

## 三、"穗智管"创新应用与成果展示区

"穗智管"创新应用与成果展示区（见图6-9）坚持场景驱动、政企协同理念，占地约300平方米，展示广州数字化转型和技术创新成果，加速"穗智管"应用场景与新一代信息技术融合，促进新生态、新模式、新价值。

⌃图6-8 "穗智管"多功能厅 　　⌃图6-9 "穗智管"创新应用与成果展示区

## 四、"穗智管"辅助决策会议室

"穗智管"辅助决策会议室（图6-10）作为广州市智慧城市运行中心的重要组成部分，具备多项功能以支持城市管理和决策。包括数字化会商室和会议室，这些设施依托无纸化会议、视频会议、专业扩声、数字会议、电子桌牌、信息发布等系统，实现智慧政务数字化转型升级，提升会议效率和决策质量。

⌃图6-10 "穗智管"辅助决策会议室

# 第四节 "穗智管"建设成效

广州作为国家重要中心城市、综合性门户城市和粤港澳大湾区核心城市，紧抓数字化发展机遇，深化数字政府改革，以"绣花功夫"推进城市治理体系和治理能力现代化，建设了"穗智管"城市运行管理中枢，提高城市治理科学化、精细化、智能化水平，探索出一条符合超大型城市特点和规律的治理新路子。2020年，"穗智管"启动建设，充分运用大数据、人工智能等新一代信息技术，建立起"一图统揽、一网共治"运行模式，2022年，"穗智管"被中央党校电子政务研究中心评为"党政信息化最佳实践标杆案例"，在中国数字广州大会组委会发布的《2022数字广州先锋榜优秀案例》中荣获二等奖。

"穗智管"在全国率先提出建设"人、企、地、物、政"五张城市基础要素全景图，全面掌握资源要素，赋能城市治理（图6-11）。

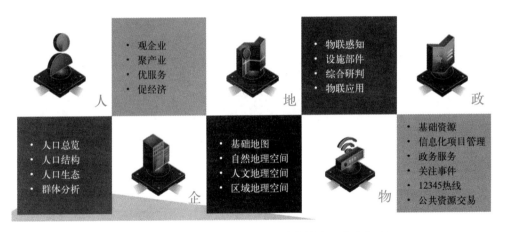

⌃图6-11 "人、企、地、物、政"城市要素全景图

"穗智管"建设充分利用5G通信、大数据、云计算、IOT、区块链和AI等技术，建立"一图统揽、一网共治"运行模式，建设了支撑城市运行管理服务总入口、总平台和总底座，打造了覆盖单一窗口、智慧党建、医疗卫生、经济运行、智慧调研、民生服务、一网通办、智慧电力、城中村治理、公共安全、营商环境、智慧司法、互联网＋监管、城市建设、应急管理、基础支撑底座、规划与自然资源、智慧气象、城市调度、交通运行、生态环境、智慧水务、智慧"三农"、城市管理、城中村治理、百千万工程等多个主题应用场景，构建了城市运行管理服务数据资源中心和数字广州运行事件库，实现了人、企、地、物、政等城市要素"一网统揽"，建成了运行监测、预警预测、协同联动、决策支持、调度指挥功能五位一体化平台，实现了"一网统管、全城智治"。截止到2024年11月，"穗智管"平台对接全市35

个职能部门共 115 个业务系统，汇聚数据超 80 亿条、视频资源 30 多万路、感知设备 11 万多个，打造政务服务等城市服务相关主题 10 个、城市运行管理相关应用主题 19 个、初步实现城市运行管理服务态势感知、运行监测和预警预测，并结合广州实际打造了重大节日、三防应急、泥头车整治等应用场景 120 多个，全时域、全景式把脉和诊断"城市生命体征"，为市领导和城市运行管理部门提供统揽全局、决策指挥的数据支撑，助力广州实现城市治理与管理智能化、科学化和精细化。

第七章

# 数字广州"花城八景"之三
# "穗热线"

# 第一节 "穗热线"简介

广州 12345 政务服务便民热线简称为"穗热线",它是广州市人民政府设立的由 12345 电话以及配套设置的微信、网站等网络方式共同组成的 24 小时公共服务平台(图 7-1)。广州 12345 政府服务热线受理中心负责广州 12345 政务服务便民热线的日常运行管理工作。各区人民政府、市人民政府各部门以及法律法规授权具有管理公共事务职能的市直属事业单位为热线事项的承办单位,负责办理热线事项。中央驻穗行政机关、人民团体、社会组织以及承担公共服务职能的国有企业可以参与热线事项办理。

 **广州12345政务服务便民热线**

☖ 图 7-1　穗热线 Logo

## 一、建设背景

2012 年,广州市以深入贯彻落实省委、省政府关于开展"三打两建"工作的要求为契机,打破分散的政府部门服务专线格局,建设统一、便民、高效的投诉举报平台,整合优化全市 51 个部门(含 11 个区)的投诉举报资源,建设集政务咨询、民生诉求,政民互动、投诉举报、效能监察于一体的政府公共服务平台——广州 12345 政府服务热线,简称"穗热线"。"穗热线"于 2014 年 1 月 2 日正式上线运行,以"听民声,解民忧,聚民意,化民困"为宗旨,实行"统一接听、按责转办、限时办结、统一督办、统一考核"的工作机制,实现 12345"一号接通"的工作格局,为市民打造智能、高效、幸福的政府服务热线。根据广州 12345 政府服务热线受理中心负责人介绍,广州 12345 热线在 2016 年底已经整合全市 11 个区、40 个市直部门 76 条非紧急类政务服务专线,整合力度、规模体量、业务范围和社会影响力均处于全国前列。

2020 年 12 月 28 日,国务院办公厅《关于进一步优化地方政务服务便民热线的指导意见》(国办发〔2020〕53 号)发布(以下简称《意见》),《意见》明确提出,除 110、119、120、122 等紧急热线外,其他政务服务便民热线在 2021 年底前统一归并,归并后的热线统一为"12345 政务服务便民热线",语音呼叫号码为"12345",提供 7×24 小时全天候人工服务。同时,优化流程和资源配置,实现热线受理与后台办理服务紧密衔接,确保企业和群众反映的问题和合理诉求及时得到处置和办理,使政务服务便民热线接得更快、分得更准、办得更实,打造便捷、高效、规范、智慧的政务服务"总客服"。广州市为贯彻落实《意见》精神,2021年 8 月 21 日,广州市政府办公厅印发《广州市进一步优化政务服务便民热线工作实施方案》（穗府办函〔2021〕59号），《方案》将广州12345政府服务热线按国家统一要求更名为"广州12345政务服务便民热线"，同时在已整合76条热线基础上，新增整合归并15条非紧急类政务服务热线，建立12345热线"一号接听"示范标准和"接诉即办"综合调度体系，实现接通即答、接诉即办、智能服务、数据慧治，打造便捷、高效、规

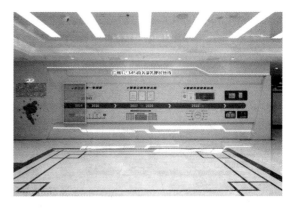

∧图7-2 "穗热线"整合历程（2014—2024）

范、智慧的广州政务服务"总客服"。根据国家相关要求，广州12345将分类归并国务院有关部门设立并在广州市落地接听，以及广州市有关部门、区政府自建的15条非紧急类政务服务专线，统一提供7×24小时全天候人工服务。目前全部专线已完成业务整合，实现了政务服务范围全覆盖，热线"一号接听"再升级。截至2024年底，"穗热线"共整合全市92条服务专线，配备1000余名话务员，实行单轨闭环制7×24小时服务（图7-2）。

## 二、受理范围

使用热线的自然人、法人或者其他组织（以下统称诉求人）可以就本市行政区域内的行政管理或者公共服务反映非紧急的咨询、求助、投诉、举报和意见建议等事项。诉求人可以向热线提出以下事项：

（1）有关承办单位的工作职责、政策法规、办事流程、执法程序、行政审批等政务信息及公共服务信息的咨询；

（2）承办单位职责范围内的非紧急类求助；

（3）对城市治理、公共服务、生态环境保护、市场监管、经济社会发展、营商环境等方面的咨询、投诉、举报和意见建议；

（4）对行政机关、公共服务企事业单位工作人员工作作风、办事效率、服务质量等方面的投诉。

下列事项实行分类处理。

（1）应当通过110、119、120、122等紧急服务热线处理的，转接或者指引诉求人拨打相应专线；

（2）已经或者依法应当通过诉讼、仲裁、行政裁决、纪检监察、行政复议、政府信息公开等法定途径和已进入信访程序办理的，告知诉求人相应反映渠道；

（3）属于党委、人大、政协、军队职责范围的，告知诉求人向相关单位反映；

（4）正在办理的，告知诉求人办理进展情况；

（5）涉及国家秘密、商业秘密、个人隐私的，向诉求人做好解释工作。

## 三、办理期限

（1）咨询类热线事项：自收到事项次日起 2 个工作日内办理并回复诉求人。

（2）非咨询类热线事项：自收到事项次日起 10 个工作日内办理并回复诉求人。

（3）注意事项：承办单位反馈办理情况前，诉求人向热线反映新情况的，市热线工作机构应当告知承办单位。承办单位认为直接影响热线事项办理的，应当向诉求人说明情况，办理期限重新计算。因发生自然灾害等不可抗力情形的，市热线工作机构应当向诉求人说明情况，办理期限视情形进行调整。

## 四、工作流程

"穗热线"工作流程如图 7-3 所示。

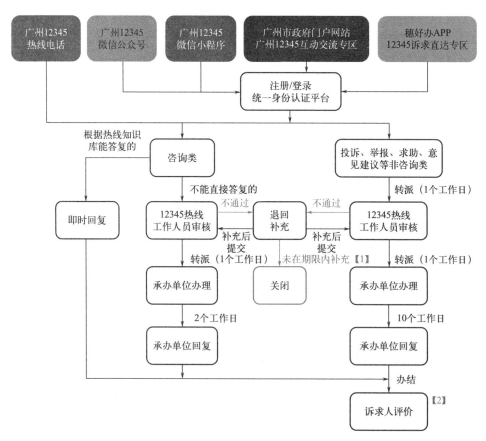

△图 7-3 "穗热线"工作流程

（1）流程图中【1】含义：热线3次电话联系（每次至少间隔15分钟）诉求人均未接听、诉求人拒绝补充或者补充后仍不符合要求的，诉求人通过政府网站、政务新媒体等网络渠道反映的诉求，经审核需要诉求人补充信息方可处理的，应当一次性向诉求人发送补充信息通知，诉求人应当自收到通知之日起3个自然日内补充，诉求人逾期未补充或者补充1次后仍不符合要求的，热线注明情况后结束工单。

（2）流程图中【2】含义：工单办理审核通过后24个小时内，热线向诉求人提供满意度评价渠道，由诉求人围绕依法依规解决合理诉求、回复情况、办理结果等内容对承办单位办理情况进行评价。诉求人撤回诉求的工单不纳入满意度评价。评价选项为非常满意、满意、基本满意、不满意、非常不满意。诉求人可以自收到评价通知信息之日起5个自然日内，选择一个评价选项作为满意度评价结果，超出选项范围的评价视为无效评价，不评价、逾期评价视为未评价。评价为不满意、非常不满意的，热线通过电话、短信或者互联网等方式回访，并记录回访情况。

## 五、受理渠道及使用方法

（1）"穗热线"电话渠道。广州市内拨打12345，外地号码请拨020-12345。

（2）"穗热线"微信公众号渠道。微信搜索"广州12345"，进入微信公众号。如图7-4所示。

（3）"穗热线"微信小程序渠道。微信搜索"广州12345"，进入微信小程序。如图7-5所示。

へ图7-4 "穗热线"微信公众号渠道

（4）"穗热线"网站在线客服渠道。网页登录广州市政府门户网站互动交流栏目"广州12345政务服务便民热线"（http://www.gz.gov.cn/hdjl/index.html）。如图7-6所示。

（5）"穗热线"联合"穗好办"APP、小程序渠道。登录"穗好办"APP或小程序，进入"12345诉求直达"专区。如图7-7所示。

（6）"穗热线"智能客服渠道。登录广州市政府门户网站互动交流栏目"广州12345政务服务便民热线"（http://www.gz.gov.cn/hdjl/index.html）或登录 https://www.gz.gov.cn/gz12345/kf.clo。如图7-8所示。

へ图7-5 "穗热线"微信小程序渠道

△图7-6 "穗热线"网站渠道

△图7-7 "穗热线"联合"穗好办"APP、小程序渠道

△图7-8 "穗热线"智能客服渠道

## 六、工单五种类型

（1）咨询类：指诉求人为了知晓行政管理和公共服务信息，通过热线提请有关部门给予答复的行为。

（2）投诉类：指诉求人认为自身合法权益或者公共利益受到侵害，通过热线请求承办单位依法处理的行为。

（3）求助类：指诉求人通过热线提出获取行政管理服务和公共服务帮助的行为。

（4）举报类：指诉求人通过热线检举、控告违纪、违法或犯罪的行为。

（5）建议类：指诉求人通过热线对行政管理和公共服务提出见解或者主张的行为。如图 7-9 所示。

⤊图 7-9　工单五种类型

## 七、工单六种状态

（1）**"待完善"** 表示事项要素不全，需要补充。12345 工作人员审核诉求人提交的诉求时，认为需要补充信息的，将退回诉求人并发送短信或通过"广州12345"微信公众号提醒及时补充。

（2）**"已失效"** 表示超过 3 个自然日仍未按提示补充信息并重新提交的工单事项，逾期不作补充，事项将自动关闭。

（3）**"办理中"** 表示事项已转派至相应承办单位办理中。

（4）**"已办结"** 表示事项已由承办单位办理完结、完成答复及热线审核。

（5）**"未评价"** 表示诉求人未在规定时间内给予满意度评价。

（6）**"已评价"** 表示诉求人在规定时间内完成满意度评价。

# 第二节　"穗热线"数字平台建设

## 一、"穗热线"数字话务系统

"穗热线"数字话务系统功能架构分为热线话务应用、运营与绩效、移动办公、信息资源库、平台支撑、热线业务分析、业务辅助管理等 15 个子系统（图 7-10、图 7-11）。"穗热线"数字话务应用子系统如图 7-12、数字话务市长接电子系统如图 7-13 所示。

图 7-10 "穗热线"数字话务系统

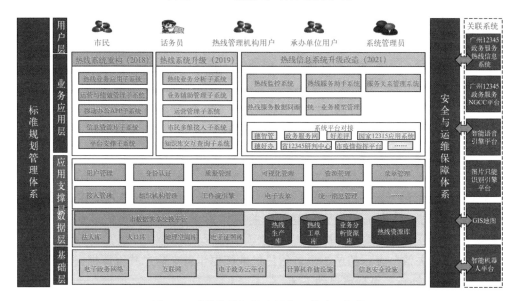

图 7-11 "穗热线"数字话务系统应用架构图

图 7-12 "穗热线"数字话务应用子系统

❯图 7-13 "穗热线"数字话务市长接电子系统

## 二、"穗热线"NGCC 呼叫中心系统

"穗热线"话务系统部署在 NGCC 呼叫中心平台（图 7-14）。"穗热线"的数据访问需求，业务坐席访问话务平台、热线业务系统、政务单位业务系统，政务单位访问热线业务系统都是通过安全可靠的"穗热线"网络环境，在呼叫中心场地和电子政务外网之间建立双链路双设备的网络环境，承载话务数据、工单访问、业务系统访问等通信需求。

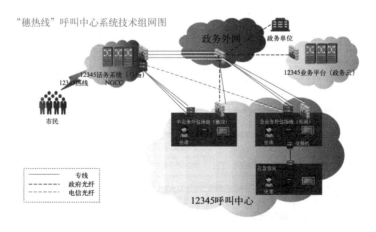

❯图 7-14 "穗热线"呼叫中心系统网络架构图

## 三、"穗热线""一号接听、有呼必应"热线数据共享平台

"穗热线""一号接听、有呼必应"热线数据共享平台如图 7-15 所示。

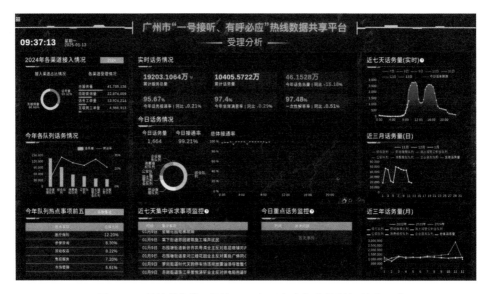

⌃ 图 7-15　穗热线""一号接听、有呼必应"热线数据共享平台

## 四、"穗热线"智能坐席系统

"穗热线"智能坐席系统主要包括智能知识跟随辅助引擎、智能辅助填单、热线智能派单、智能座席系统基础管理等模块,提升热线座席服务的效能和质量(图 7-16)。

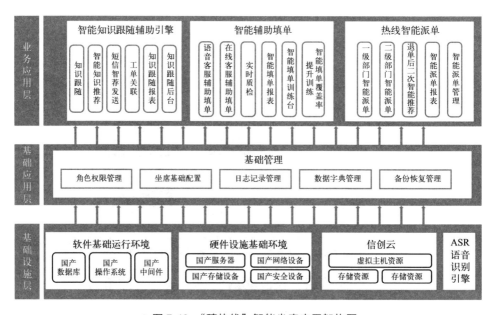

⌃ 图 7-16　"穗热线"智能坐席应用架构图

# 第三节 "穗热线"数字话务中心建设

广州 12345 政府服务热线话务场地位于广州市天河区穗园路穗东街 45 号、47 号首至二层，建筑面积约 6370 平方米，是整合全市非紧急类及公共服务专线，为群众提供全方位、多渠道、一体化政府服务的工作场所，配备了先进齐全的智能化设施及良好办公设备，主要分为话务受理中心（图 7-17）、工单处理、信息管理、质量监控、培训和会议、技术支持、实时话务监控、决策辅助中心（图 7-18）、人工智能实验室（图 7-19）九个核心功能区域。其中话务受理区是话务员接听市民来电的主要工作区域，负责处理各种咨询、求助、投诉、举报和意见建议等事项。工单处理区是话务员将受理的事项进行分类、转派和跟踪，确保市民的诉求得到及时有效的处理。信息管理区是管理和维护热线知识库，为话务员提供信息支持，帮助他们更准确地解答市民的问题。质量监控区对服务过程进行监控，确保服务质量，进行绩效评估，以提升服务水平。培训和会议区用于话务员的培训和团队会议，提升服务水平，确保话务员能够提供专业、高效的服务。技术支持区提供技术支持，保障话务系统稳定运行，确保话务服务的连续性和可靠性。实时话务监控区为管理者提供实时监控话务情况，包括话务量、接通率、等待时间等关键指标，以便及时调整资源分配，优化服务流程。人工智能实验室创新运用智能语音导航技术，通过人工智能技术提升服务效率，如部署上线 12345 热线微客服，以及通过微信公众号提供在线咨询服务。此外，话务场地还可能包括一些辅助设施，如休息室、茶水间等，以保障话务员的工作环境和身心健康。通过这些功能布局，广州 12345 政府服务热线话务场地能够为市民提供全面、高效、便捷的服务。

△ 图 7-17 "穗热线"话务受理中心

☆图 7-18 "穗热线"决策辅助中心

☆图 7-19 "穗热线"人工智能实验室

# 第四节　"穗热线"建设成效

## 一、服务效能和满意度显著提升

"穗热线"自 2014 年上线以来，服务量从当年的 211 余万件增长到 2024 年超 4000 万件，年均增长 35%，累计服务市民企业超过 1.9 亿人次，累计话务量超 1

亿通，话务服务满意度超过 96%。

## 二、政务便民热线整合力度全国最强

"穗热线"在全国率先开展整合，打造了全国政府服务类热线高度整合的"广州模式"，具有较为典型的示范效应。"穗热线"已整合全市各类专线92条，与110报警、市外办多语种平台实现服务互通，在税务局、海关建立分中心实现服务直达，实现全市"一号接通、一呼百应"。

## 三、智能化水平全国领先

近年来，"穗热线"积极推进智能化建设，智能应用科技含量和数据赋能水平保持全国领先。成立热线人工智能实验室，探究人工智能技术赋能"穗热线"高质量发展。开展政务热线智能技术可行性研究，探索挖掘政务热线数据价值，推进政务热线智能应用孵化推广。率先部署上线"普粤双语"智能语音导航，改变原有市民按键选择人工服务的方式，对市民群众诉求精准甄别分流，对老年等特殊人群优先人工接入，提升市民群众使用感知。打造"人工智能＋"治理场景建设智能坐席系统，创新探索国产算力和大模型技术应用到坐席辅助系统中，通过语音识别、自动填单、知识跟随、智能转派等技术，以事项分类为基础，通过系统智能化匹配所属部门，咨询业务实现秒级应答，工单自动秒派，准确率达到97%。运用智能"语音小助手"实时转写市民与话务员的沟通过程，使话务员能在更短的时间内更快地为市民做诉求转派，有效地提升了沟通效率，单通电话平均通话时长由 500 秒大幅度压缩至 170 秒，市民来电接入人工座席的平均等待时长缩短了 43%，座席使用效能提升近 3 倍。

## 四、标准化建设成效显著

近年来，广州12345政府服务热线受理中心积极贯彻国家标准化战略，持续深化标准化工作在政府服务热线行业的研究和应用。2017年，国家标准化委员会批准热线承担国家社会管理和公共服务综合标准化试点。2020年项目以94分的优秀成绩通过终期目标考核。2021年2月，广州12345政府服务热线受理中心承担的广东省"一号接听"政务服务标准化示范点获批立项，成为广东省首个也是唯一一个政务服务便民热线标准化示范点。

政务热线标准化示范点建设没有先例，热线中心肩负社会管理和公共服务领域政府热线标准化的示范探索重任，在省、市市场监督管理局大力支持、指导下，热线中心在国家级社会管理和公共服务综合标准化试点成果的基础上积极推动示范点各项工作，热线标准化示范点建设工作开展以来，市政务服务和数据管理局高度重视，成立项目建设领导小组，建立标准化试点办公室和标准化工作专班，落实工作职责、人员安排和资金保障。经过三年多的建设，进一步优化了政府服务热线标准体系，完善了热线"一号接听、有呼必应"的工作格局，热线服务水平能力取得了长足进步和明显成效，基本建成由通用基础、服务提供、服务保障、岗位标准四大支柱构成的"一号接听"政务服务标准体系。2024 年 10 月 15 日，受省市场监督管理局委托，广州市市场监督管理局组织专家组，对广州 12345 政府服务热线受理中心承担的广东省"一号接听"政务服务标准化示范点项目（以下简称"示范项目"）开展了终期评估验收。专家组按照广东省标准化示范项目评估计分规则，通过听取汇报、考察现场、查阅资料、开展质询等方式，对示范项目建设开展情况进行了综合评估并形成评估意见，一致同意通过省级标准化示范项目验收。

2021 年以来，标准化示范点建设的效益持续释放。新增整合归并 16 条非紧急类政务服务热线，累计归并整合达 92 条。归并移民服务热线 12367 后，其接通率由 71.18% 提升到 94.17%，工单平均办理时长由 2.42 天缩短至 1.23 天。运用热线智能坐席助手实时转写市民与话务员的沟通过程，使话务员能在更短的时间内更快地为市民做诉求转派，提升了热线服务效率，单通电话平均通话时长由 2021 年的 191 秒压缩至 187 秒。目前，热线日均接听电话超 3.8 万通，累计为民服务超 1.9 亿次，接通率总体水平由 2021 年的 94% 提升至 96%，事项直接解答率由 2021 年的 90% 提升至 97%。近三年，热线接到市民和企业对热线高效规范的服务表扬来电共计 11623 通，热线话务满意率 95% 以上。

## 五、打造数据价值挖掘与释放标杆

"穗热线"充分挖掘热线数据价值，建立城市治理投诉大数据共享平台，可视化展示全市各区、街镇的市民诉求总量、办理时长、热点问题、热点区域和市民满意率情况，有力支撑基层精准开展社会治理。与"穗智管"城市大脑深度融合，创新推出"民情日历""民情月历"，聚焦民生服务、社会治理、营商环境等领域，对企业群众反映的堵点、痛点、难点问题，设立"每月一题"、市民及企业关注榜、企业心声、建言献策专栏，敏锐捕捉社情民意"弱信号"，为部门提供规律性预测参考和重点工作预警，形成共性问题从发现到解决的闭环管理机制，推动部门主动治理、未诉先办，切实解决好群众身边急难愁盼问题，运用热线数据赋能超大城市智慧治理。

## 六、获得国家级荣誉，硕果累累

2022 年，广州 12345 政府服务热线受理中心被党中央、国务院授予全国"人民满意的公务员集体"称号（图 7-20），这是对"穗热线"工作成效的极大肯定。除此之外，"穗热线"还得到如下奖励或荣誉等。

（1）"穗热线"荣获 2019 全球呼叫中心（亚太地区）最佳公共服务金奖、最佳客户服务银奖两项全球性大奖。

（2）2023（第五届）全国政务热线发展论坛上，"穗热线"获得"A+等级"和"价值创造优秀单位"两项殊荣，并在副省级城市、计划单列市、省会城市政务热线服务质量评估指数排行中名列第一。

（3）"穗热线"荣获 2024（第八届）全国 12345 政务服务便民热线大会运行质量全国副省级和省会城市第一名。

（4）2024 年，"穗热线"荣获"全国十佳创新政务服务便民热线"。

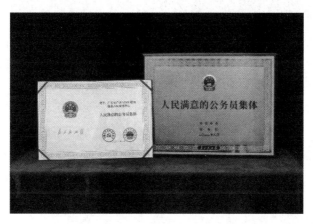

△图 7-20 "穗热线"荣获中共中央、国务院"人民满意的公务员集体"荣誉称号

# 第八章

# 数字广州"花城八景"之四
# "穗数据"

# 第一节 "穗数据"简介

近年来，广州市委和市政府高度重视政务数据资源的统筹管理、共享和开发应用工作并取得了显著成效。以 2019 年广州市机关机构改革为契机，根据《广州市深化市级事业单位改革工作方案》，广州市在数字政府运营中心基础上增设广州市政务大数据管理中心（简称"穗数据"）职能并实现了一体化运作。这一举措旨在加强全市数据资源的共享与开发应用工作，以提升政务数据赋能政府服务的效率和质量。

## 一、"穗数据"服务功能

（1）统筹广州市政务数据资源汇聚与应用，包括政务数据资源采集、分类、分析和应用等；

（2）推进政务数据资源共享和开放；

（3）推动数据要素市场化配置改革；

（4）建设和运营政务信息共享平台，为市级政务部门提供数据共享服务，保障平台安全运行；

（5）制定政务数据共享与开发利用相关技术标准和规范，包括数据元标准、代码标准、信息分类标准、接口规范等；

（6）做好政务数据资源安全保障工作，包括"数字政府"平台安全技术和运营体系建设，监督管理信息系统和数据库安全；

（7）推进公共数据资源的开发利用，加强政企合作，提高公共数据开发利用水平；

（8）推进政务数据资源赋能智慧城市应用场景建设。

## 二、"穗数据"平台体系

"穗数据"平台体系由广州市政务数据共享平台、数据门户、数据中台、质量管理系统、公共数据开放平台、电子证照平台等组成，构建了广州市政务数据全生命周期管理与服务体系（图 8-1）。

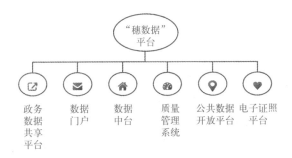

⋀图 8-1 "穗数据"平台体系

## 三、"穗数据""1+11+N"工作体系

"穗数据""1+11+N"工作体系是指围绕广州 1 个市级政务大数据中心，汇聚接入 11 个区级政务大数据分中心、N 个部门或行业政务大数据分中心，实现对全市政务数据统筹管理的数据资源一体化格局。这一体系旨在通过整合市级、区级以及各个部门的数据资源，实现政务数据共享、流通和开发利用，以支持数字政府和智慧城市的建设。具体来说，这个体系通过构建统一的数据中台，加强基层数据资源池及基层治理数据库的建设，形成市区一体化的格局，促进数据的"一次采集、多方利用"，助力基层减负赋能。此外，该体系还包括探索通过试点授权建设模式，支持各行业主管部门建立行业专题数据库和行业数据标准，以及完善自然人、法人、空间地理、电子证照、信用等基础数据库，丰富智慧城管、生态保护、交通出行、文化旅游、卫生医疗、市场监管、金融、社会救助等主题数据库。通过这样的体系构建，广州市政务大数据中心能够更有效地管理和运用数据资源，提高政府管理与服务的效率和质量（图 8-2）。

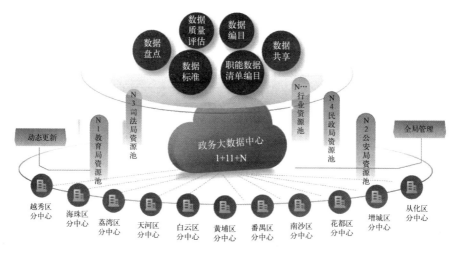

︽ 图 8-2 "穗数据""1+11+N"工作体系

## 四、"穗数据"服务成效

"穗数据"平台 2006 年正式上线投入使用，从最初用于社保领域的信息共享，逐步扩大到企业基础信息共享、流动人员管理、综合治税等其他专项工作，现已成为横向连接市级各部门，纵向贯通省、区的全市统一的政务信息共享交换枢纽和信息资源管理中心，从资源梳理、整合、共享交换等方面为政府部门提供便捷高效的信息服务。2019 年陆续印发《广州市政务信息共享管理规定》（广州市人民政府令第 165 号）《政务信息共享平台接入规范》（DB4401/T 27—2019），使政府

信息共享工作进一步规范化、制度化和常态化。目前，广州市政务大数据中心已为 155 家单位提供信息共享支撑服务，支撑各部门编制超过 5000 个公共资源目录，数据汇聚超过 650 亿条，日均交换量 1.7 亿条，累计开放公共数据集 2516 个，累计共享交换数据超过 3800 亿条，累计汇聚数据超过 650 亿条，近一年日均交换数据超过 2.9 亿条，有效支撑了"穗智管"、综合治税、公共信用、智慧人大、城中村治理等 53 多个全市重点专项应用，充分发挥数据赋能城市管理、社会治理效能的作用（图 8-3）。

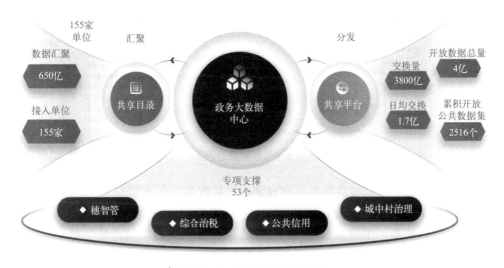

⌃图 8-3 "穗数据"建设成效

## 第二节 "穗数据"之广州市政务信息共享平台

广州市政务信息共享平台（简称：共享平台）是依据《广州市政务信息共享管理规定》（广州市人民政府令第 165 号）的规定建设的，旨在为广州市政务部门之间的信息共享提供技术支持和平台服务。该平台的建设宗旨在于促进政务部门间的信息共享与交换，这对于提升政务信息资源的开发利用效率和政务信息安全的管理水平至关重要。该平台通过整合市级部门和 11 个区政务数据资源，实现了数据的集中管理和共享，极大提升了全市政务部门服务质量和效能。

### 一、共享平台功能

广州市政务信息共享平台（https://gzdata.gz.gov.cn）（图 8-4），主要功能包括数据汇聚、数据共享、数据交换、数据门户等。

△ 图 8-4 共享平台首页

（1）数据共享。平台具备不同政府部门之间数据共享的能力，包括数据采集、汇聚、加工处理、交换、传输和同步等。

（2）业务协同。平台支持跨部门的数据共享业务流程协同，使得各个部门能够共同参与到业务处理中。

（3）统一身份认证。实现用户身份的统一认证，用户可以在不同政务部门系统无缝切换。

（4）信息查询服务。允许用户查询政府部门的公开信息，提高透明度。

（5）数据分析与挖掘。对共享的数据进行分析和挖掘，为决策提供支持。

（6）安全保障。确保数据传输和存储的安全性，防止数据泄露和非法访问，确保数据的可靠性和在灾难情况下的快速恢复。

（7）接口服务。提供 API 接口与第三方系统接入和数据交换。

（8）数据治理。包括数据质量管理、元数据管理、数据标准制定等。

（9）服务门户。提供统一的政务数据服务入口。

（10）监督和审计。对数据共享和业务协同的过程进行监督和审计，确保合规性。

## 二、数据共享交换四种场景

数据共享交换有数据库批量交换、实时信息交换、Web 服务交换和文件交换四种场景（图 8-5）。

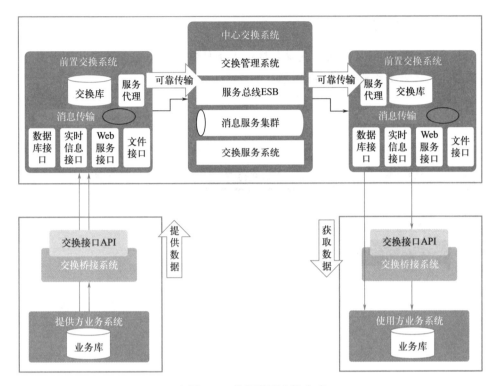

∧图 8-5　数据共享交换方式

（1）数据库批量交换场景。适用于交换结构化数据，即存放在数据库中的数据或定期批量交换，实时性要求不高的数据交换任务。本场景仅适用于交换能存放到数据库的结构化数据和不适宜对所有数据内容进行完整性校验。

（2）实时信息交换场景。适用于实时性要求高，数据量大的交换或无前置机，由业务系统直接接入进行数据交换。本场景不建议用于大批量历史数据的一次性获取，不适合按特定查询条件进行查询数据。

（3）Web 服务交换场景。适用于实时性要求高，但数据量不大的交换或使用方不需要所有数据，只需要按需求获取的应答式交换。本场景不适宜进行大数据量的交换，对使用方技术要求较高，必须具备 Web 服务及相关的开发技能。不支持增量数据交换，要求提供方提供的 Web 服务必须稳定，长期保持可用。对提供方节点的网络要求高，必须长时间保持稳定联通。

（4）文件交换场景。适用于非规范化数据，交换的数据难以存放在数据库（如图片、文件、复杂结构的 XML），供需双方使用约定的文件格式进行交换，交换内容不需要交换平台进行解析处理，交换的数据量非常大（如提供历史数据），实时性要求不高。本场景交换实时性低，不适用于高频率发生的交换任务，要求前置机必须配备消息中间件。

## 三、共享平台业务流程

共享平台数据目录内数据共享包括：无条件共享、有条件共享和不予共享三种类型，具体业务流程如图8-6所示。

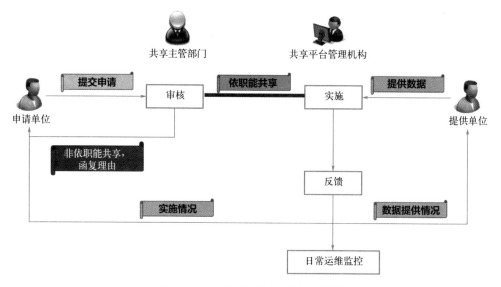

⚡ 图8-6　政务数据共享业务流程图

（1）无条件共享信息。使用部门可以直接在本级政务信息共享平台上直接获取无条件共享的政务信息。具体获取程序由市政务信息共享主管部门另行制定。

（2）有条件共享信息。使用部门通过政务信息共享平台向提供部门提出申请，提供部门应当在5个工作日内予以答复。同意提供的，应当在答复之日起5个工作日内完成共享实施；拒绝提供的，应当说明理由。超过5个工作日不答复也不说明理由的，视同提供部门同意提供。

（3）不予共享信息。对于不予共享的政务信息，以及不符合共享条件的有条件共享类政务信息，使用部门提出核实、比对需求的，提供部门应当予以配合，法律法规、规章另有规定的除外。

## 第三节　　"穗数据"之数据门户

广州市政务数据服务门户（https://gzdata.gz.gov.cn）是广州市政务服务和数据管理局主办，广州市数字政府运营中心负责运维的政务数据服务重要平台。它包括首页、业务工作台、编目挂接、用数申请、数据实验室、数据质量管理、业务统计、系统管理八个栏目（图8-7），主要为市民、企业和政府工作人员提供数据开放、共享和利用服务。主要功能如下。

∧ 图8-7 政务数据服务门户

（1）数据开放。提供政府开放数据查询、下载、应用等服务，支持智能客服服务、友情链接服务、数据查询、数据应用查询等功能。

（2）数据共享。通过广州市政务信息共享平台，实现市本级数十个部门的移动服务资源的整合，集中管理和共享数据，为市民和企业提供便捷的政务服务。

（3）数据利用。支持公共数据资源的开发利用，鼓励与政府合作提高公共数据开发利用水平。

（4）服务指引。提供办事指引、交通指引、便民手册下载、服务时间等信息，以及政务服务网的接入，为群众提供一体式、多渠道网上办事体验。

（5）专项数据服务。支持全市重点专项应用，如综合治税、智慧人大、城中村治理等，通过数据共享和应用，提升政府服务效能。

（6）支撑"一网通办"体系。通过数据共享和优化业务流程，提升企业开办速度，实现"一网通办、全市通办"的政务服务品牌"穗好办"，提高企业办事便利性。

（7）电子证照服务。提供电子证照数据服务，上线656种证照，签发1933万张电子证照，推动电子证照在政务服务事项中的应用。

（8）区块链技术应用。建成全市统一的政务区块链基础平台，提供区块链＋电子印章、电子证照、电子档案、信用共享等基础应用。

（9）安全保障。负责政务数据资源的安全保障工作。

## 第四节 "穗数据"之公共数据开放平台

广州市公共数据开放平台（https://data.gz.gov.cn）面向公众释放政府数据红利，提供开放数据浏览、查询、下载等服务，同时发布基于政府数据资源研究开发的应用成果。平台由广州市政务服务和数据管理局主办，广州市数字政府运营中心提供技术支持和运维。平台包括首页、数据开放、数据统计、数据应用、数据地图、政策咨询和互动服务等栏目（图 8-8）。

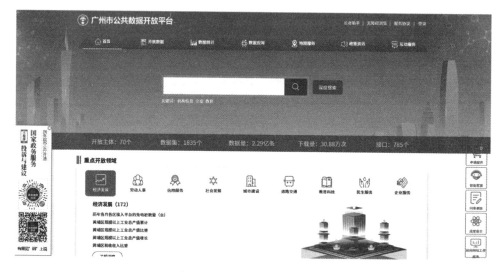

⌃图 8-8　公共数据开放平台

近年来，广州市公共数据开放平台展现了其在数据开放和共享方面的显著成效。截至目前，平台已整合了来自 66 个市、区部门的数据资源，正式发布 1835 个数据集，涵盖的数据总量达到了 228685641 条。为方便调用和应用公共数据资源，平台提供了 785 个数据接口，这些数据和接口的使用情况非常活跃，文件下载量高达 308761 万次，累计接口调用量达到 51172 万次。累计平台访问量 1565071 万次，这反映了广州市公共数据开放平台在促进数据共享、提升政府透明度和支持社会创新方面的重要作用。

## 第五节 "穗数据"之数据中台

广州市政务大数据中台 2023 年 12 月完成建设并正式上线，具备数据资源汇聚、数据编目管理、数据治理应用分析、数据服务封装发布四大核心功能（图 8-9）。

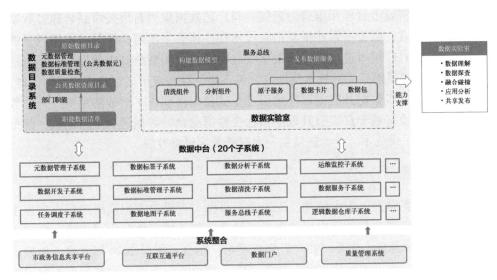

⋀ 图 8-9　数据中台功能架构

　　一是数据资源汇聚功能。数据中台支持委办局将自有数据接入中台，进行数据汇聚及编目运算。以"物理分散、逻辑统一"为核心，优化数据存储和计算能力。自动解析查询日志，对数据进行冷热度评估，实现"热"数据的集中存储和"冷"数据的链接访问。

　　二是数据编目管理功能。数据中台通过采集适配器直连数据资源，采集元数据并存储至数据中台。各委办局可基于元数据，按照统一标准和规范，整合、组织、编目政务信息资源。数据中台提供统一的数据目录编目、统计和查询管理页面。

　　三是数据治理应用分析功能。数据中台面向业务人员，通过简化操作抽取业务分析所需数据，包括共享数据和自有数据。利用数据实验室工具快速浏览数据特征，以可视化方式呈现分析结果。数据平台赋能智慧城市建设，推进数据资源管理全方位、集约化、绿色化变革，具备健全数据全生命周期治理规范体系和源头数据质量管理能力。

　　四是数据服务封装发布功能。数据中台支持快速将数仓表通过 API 接口提供给业务方调用，提供高性能、高可用的 API 托管服务。数据中台提供统一的 API 注册、发布、查询、调用功能，提供 API 调用权限控制、认证、流量控制、监控预警等综合能力。

# 第六节　"穗数据"之数字广州创新实验室

　　为进一步落实国家发展新一代人工智能有关要求，广州市政务服务和数据管理局以深化数字城市管理和服务为目标，与广州数据集团有限公司联合建设数字广州创新实验室，积极探索并推动创新技术在广州数字政府、智慧城市等场景的应用落地，助力广州市进一步提升数字政府治理能力和智慧城市建设质量。当前人工智能大模型等创新前沿技术落地成熟性不足，存在应用试错成本较高的问题，同时无法基于真实数据开展测试导致后续正式使用出现货不对板的情况，为此数字广州创新实验室基于真实公共数据和社会数据融合的数据进行应用测试，降低新技术探索的试错成本，推动新质生产力赋能数字经济发展。

## 一、指导思想

为贯彻落实党的二十大精神，深入学习贯彻习近平总书记视察广东、广州重要讲话重要指示精神和数字中国建设重要论述，积极响应数字中国建设，落实省委"1310"具体部署、市委"1312"思路举措，结合广州市 2024 年政府工作报告关于"打造更高水平的数字广州"相关要求，广州市政务服务和数据管理局以深化数字城市管理和服务为目标，依托数字广州创新实验室，探索广州市人工智能创新技术和数据要素在数字政府、数字广州领域应用，发挥新质生产力作用，助力广州市数字政府、数字经济、数字城市高质量发展。

## 二、建设目标

依托实验室，采用"政府搭台、企业唱戏"模式，搭建市区两级共用复用的新技术验证平台及应用环境，降低新技术探索的试错成本。基于"原始数据不出域，数据可用不可见"的数据安全要求，开展公共数据和社会数据融合的数据应用测试，促进验证测试和数据开发利用的融合发展。结合各区发展需求，发掘数据应用场景，促进形成有价值、有特色的数据产品及服务，推动市区数字经济高质量融合发展。

## 三、运行机制

依托实验室，采用"政府搭台、企业唱戏"模式，搭建市区两级共用复用的新技术验证平台及应用环境，降低新技术探索的试错成本。基于"原始数据不出域，数据可用不可见"的数据安全要求，开展公共数据和社会数据融合的数据应用测试，促进验证测试和数据开发利用的融合发展。结合各区发展需求，发掘数据应用场景，促进形成有价值、有特色的数据产品及服务，推动市区数字经济高质量融合发展。实验室运行机制见图 8-10。实验室运行由各方参与协同合作，广州市政务服务和数据管理局负责统筹指导，市属国企负责日常运营，各区政府、市各相关单位提出场景需求，产品和解决方案由企业、高校和科研机构提供，共同推动实验室发展，服务社会和群众。

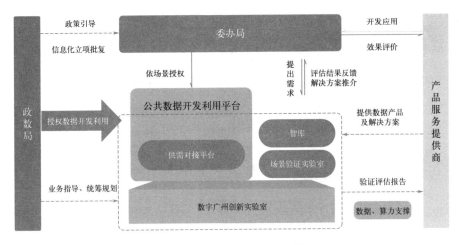

△图 8-10　实验室运行机制

（1）广州市政务服务和数据管理局作为业务指导方，负责统筹指导实验室建立运作机制，推动实验室和公共数据开发利用平台业务一体化发展。

（2）广州市数据集团作为运营方，负责开展实验室的日常运营工作，包括评估标准建立、供需对接等，搭建对接平台，依据创新场景开展验证评估工作，推动实验室与琶洲实验室等的协同合作。

（3）各区政府、市各相关单位作为需求提出方，负责提出业务场景需求，推送验证数据，完成场景使用数据的授权，参与场景验证结果的评估确认。

（4）企业、高校、科研机构等作为产品服务提供商，负责为实验室提供数据产品及解决方案，共同推动场景更广泛领域的应用，更好地服务社会、服务群众。

## 四、业务流程

数字广州创新实验室业务流程包括征集创新需求、拓宽技术供给、搭建可信验证环境、探索创新成果上架交易新模式、探索搭建市区统一大模型公共平台和推动行业生态发展等（图 8-11）。

### （一）征集创新需求

市政务服务和数据管理局牵头广泛征集数字政府及智慧城市领域的创新技术、创新场景需求，汇总形成创新技术应用需求清单。

### （二）拓宽技术供给

广州数据集团牵头组织开展供需对接活动，做好与企业、高校、科研院所等产品服务提供商的对接，加强沟通协调，共同拓宽技术供给，推动需求匹配、产

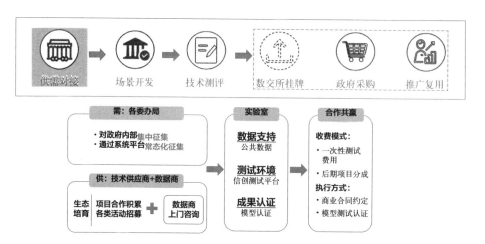

︽图 8-11　数字广州创新实验室业务流程

品效果呈现等，形成动态更新的技术供给清单。

## （三）搭建可信验证环境

依托广州市公共数据开发利用平台及广州人工智能算力中心，通过复用安全可信的数据流通网络环境和算力资源，为各类创新技术的开发、训练及数据应用的解决方案搭建简洁、封闭的可信测试验证环境。

## （四）探索创新成果上架交易新模式

推动公共数据和社会数据融合发展，鼓励数据商依托实验室开展数据产品测试验证，经过测试验证的数据产品依托广州数据交易所开展数据交易，进一步盘活数据资源，释放数据价值。

## （五）探索搭建市区统一大模型公共平台

基于政务外网、广州市人工智能算力中心和琶洲（沙溪）智算中心等已有基础设施，搭建一个市区复用、生态开放、衔接省平台的大模型应用基础支撑平台，通过一套公共平台提供算力调度监控、模型纳管部署、模型训练调优、原子能力开发及服务、场景应用开发等能力，满足政务领域的创新应用需求。

## （六）推动行业生态发展

依托数字经济产业园，聚焦数字政府、智慧城市创新成果和场景落地，为各类社会主体提供场景创新实践基地。积极开展与投资机构的合作，致力于数字产业的建圈强链，推动孵化项目在一级市场的融资，促进创新成果的企业规模化和产业化发展。

## 五、实验室能力

（1）数据探查分析能力。实验室能快速定制所需数据，了解其组成、分布规律及业务含义，提升对数据的准确理解。

（2）数据碰撞实验能力。业务人员能够低门槛地自主、快速进行数据处理，包括各种操作，满足紧急或临时性需求。

（3）高级数据实验能力。开发人员可利用高性能大数据计算引擎，完成大规模数据处理任务，如复杂数据治理和指标生成。

（4）自由计算模型设计能力。实验室提供元模型设计和元数据开发能力，确保设计与开发一致。元数据模板完全自动生成，模型开发实际上是配置过程。

（5）可视化数据开发能力。实验室以可视化、低门槛、高效率的方式满足用户的数据开发需求。只需通过填充、拖拉和调度配置，即可完成数据开发工作。

（6）分布式作业调度能力。根据不同场景的需求，数据开发治理平台支持用户选择实时调度、定时调度、周期调度的方式启动数据调度。

（7）可视化运维监控能力。实验室提供可视化维护和数据重跑功能，减少直接登录主机和访问数据库的频率。为保证业务要求和系统逻辑执行一致，调度层面需要平台按照自动构建的血缘执行数据调度，对数据执行和管理进行管控。

## 六、保障措施

### （一）加强组织领导

市政务服务和数据管理局牵头会同市有关单位，依托市"数字政府"改革建设工作领导小组和首席数据官制度，统筹推进实验室发展的各项工作，在数据资源、信息安全、技术创新等方面进行监督和指导，推动数字政府、智慧城市领域新技术新场景落地。

### （二）加强政策支持力度

建立以财政资金为引导、多元社会资本参与的市场化建设运营模式，积极争取国家、省、市专项资金支持，出台相关政策和举措，形成多维度政策支撑体系，优先支持通过实验室验证的项目开展建设。

### （三）加强安全保障

结合政务网络、数据安全防护工作要求，完善数据分类分级保护基础制度，增强数据安全保障能力，健全公共数据开发利用制度，探索营造稳定包容的监管环境，对创新技术的使用进行监督和评估，确保数据处理符合相关法规和规范，切实保护好个人信息安全和公共利益。

## （四）加大公共数据供给

依托首席数据官制度，各区政府、市各相关单位通过市区政务大数据中心完成本级公共数据汇聚，开展数据治理，推动公共数据共享、开放、开发利用，为需求场景培育和落地确保高质量数据供给。

## 七、建设成效

广州市政务服务和数据管理局以深化数字城市管理和服务为目标，搭建数字广州创新实验室，采用"政府搭台、企业唱戏"模式，搭建市区两级共用复用的新技术验证平台及应用环境，降低新技术探索的试错成本。初步成效如下：一是已完成首批 16 个典型案例的测试验证和发布；二是持续推动供需对接，积累创新应用需求和解决方案；三是开展试验场景测试验证工作，试点场景"智导政通"和"智文慧办"已初具成效。2024 年 6 月，广州市政务服务和数据管理局举行数字广州创新实验室成果发布会。会议发布了广州市首批 16 项"数据要素 ×"成果案例（图 8-12）。充分挖掘数据要素应用的好经验、好做法，通过示范引领，激励更多主体创新数据要素应用，释放数据要素价值。

△图 8-12　数字广州创新实验室首批"数据要素 ×"成果案例

本次发布的成果案例覆盖国家《"数据要素 ×"三年行动计划（2024—2026年）》全部 12 个行业和领域，从智慧工厂到数字农业托管，从粤港澳大湾区科研科创数据跨境互通到医检结果互认，从赋能自动驾驶的智慧交通"新基建"到政务服务数字人智能导办，展示了数据在广州各领域的广泛应用和转化能力。

## （一）沉浸式智能政务数字人案例

在智慧政务领域，广州市政务服务大厅引入大模型技术，开发智慧导办助手"智导政通"，在数字广州创新实验室测试验证环境中，"智导政通"通过 AI 政务大模型的精准识别、语义理解、RAG 等先进技术，结合对办事指南、政策文件等政务数据的深度学习，可为市民和企业提供一站式、智能化的办事咨询，政务数字人可提供智能政策问答与知识库查询、智能推荐办事入口、智能楼层引导与办事取号等沉浸式服务。

## （二）广州塔"智塔慧巡"案例

在城市综合治理领域，广州塔景区日均客流量曾超过 10 万人次，"智塔慧巡"让治理更精细。广州市海珠区针对广州塔景区精细化管理需求，开发综合环境治理应用"智塔慧巡"，通过数字孪生技术赋能，提升广州塔景区综合管理"智治力"。

## （三）粤港澳科创智联案例

下一代互联网国家工程中心粤港澳大湾区创新中心 2019 年落户南沙，去年粤港澳三地重点高校和科研机构共同发起建设了粤港澳大湾区科研科创数算协同创新平台，湾区数据跨境双向流通机制在南沙探索。此次该中心的粤港澳科创智联项目也入选了此次成果案例清单。该项目利用 IPv6 在数据流通管理中的技术优势，实现数据标识、分级分类、数据溯源、数据专网、精准访问控制、共享权限以及数据阻断等功能，保障用户数据所有权，全面支撑科研科创数据流通管理，保障数据跨境和数据跨境等。

## （四）黄埔区车路协同"智途畅行"案例

黄埔区建设面向自动驾驶与车路协同的智慧交通"新基建"应用——"智途畅行"，通过智慧交通数据底座的建设和数据管理能力建设，从区域内路网系统采集汇聚了海量交通数据，结合模型算法开发，形成交通对象感知数据集等 8 个数据产品，并在广州数据交易所挂牌上架。

## （五）"文旅智链"案例

"文旅智链"平台以数据激活广州文化旅游产业智能化"创新＋"应用。平台整合客流、消费、OTA、文化活动和交通等多源数据，运用 5G、大数据、云计算等技术进行统计、画像等多维度分析，开发舆情分析、景区关联、驻留地识别、全网算法和客流预测等算法模型，实现精准数据分析和实时监测。该数据要素应用平台显著提升了广州市文广旅局的安全监管和数据治理能力，以数据驱动科学决策，为广州文广旅高质量发展注入数据要素新动能。

## 八、数字广州创新实验室发展方向

为加快数据要素开发利用步伐，以数据驱动经济社会高质量发展，广州市先后出台《关于更好发挥数据要素作用推动广州高质量发展的实施意见》《广州市公共数据开放管理办法》等政策，并指导广州数字科技集团有限公司建设数字广州创新实验室。实验室汇聚数据、算力、网络环境三大优势，探索搭建大模型等创新技术应用落地的测试训练平台，与华为、百度等 7 家大模型技术厂家签订人工智能大模型深度合作协议，推动大模型在垂直行业应用落地。实验室聚焦城市治理、交通运输、金融服务、医疗健康等广州特色和优势领域，组织开发落地一系列数据要素创新应用。接下来，广州市政务服务和数据管理局将以推动公共数据赋能实体经济发展为目标，持续探索人工智能大模型等创新技术在广州数字政府、数字广州等场景的应用落地。通过"数据要素×"成果案例的推广和应用，推动数据资源的优化配置和高效利用，为各地区和行业提供可借鉴的成功经验，共同推动形成以数据为核心的新发展模式，提升广州市数字政府治理能力和数字广州建设质量。

# 第九章

# 数字广州"花城八景"之五"穗网站"

# 第一节 "穗网站"简介

广州市人民政府门户网站（网址：www.gz.gov.cn，简称："穗网站"，见图9-1）是由广州市人民政府办公厅主办，广州市政务服务和数据管理局承办，利用政府的设备、网络和信息等资源整合建设而成。"穗网站"以政府部门网站为依托，以需求为导向，以服务为宗旨，遵循"以人为本"的设计理念，围绕信息公开、在线服务和公众参与三大政府网站功能定位，设置了"政务公开""政务服务""互动交流""营商环境""魅力广州"五大频道，以丰富的内容、人性化的服务和强大的功能为用户提供服务。"穗网站"已成为广州市政府信息公开的窗口、政府联系群众和企业的纽带以及电子政务的载体，有力地促进了广州市建设法治政府、责任政府、服务政府的进程。"穗网站"的建设体现了市政府关于推进城市信息化发展、加快政府职能转变、推行政务信息公开和网上审批的要求，是贯彻落实《政府信息公开条例》《关于全面推进政务公开工作的意见》的具体举措，是我市电子政务服务的一项重点工程。

∧ 图9-1 "穗网站"首页

"穗网站"从建设伊始，按照市政府提出的"高起点、高标准、高质量"的要求，在领导高度重视下，各方共同努力，经历了单向信息发布、网上单向互动、网上双向互动、在线事务处理等阶段。经过不断发展完善，到目前为止，已建成一个以政务公开和行政审批为重点，以为企业、市民、投资者服务为宗旨，资源共享，集中管理，统一对外发布各类政务信息，为各界人士网上办理有关事务和业务的政府综合门户网站。网站内容丰富，信息共享，是广州市政府在国际互联网的主要服务窗口和宣传阵地，它实现了门户网站受理、部门网站办理的业务模式，有效地提高了广大市民的知情权。自开通以来，"穗网站"先后取得了一系列成绩和荣誉，在各级各类政府网站绩效评估中，屡获同类组别第一名的好成绩，领跑全国省会城市政府门户网站建设。

## 一、"穗网站"发展历程

"穗网站"最早起源于 1998 年，从最初的广州市人民政府信息发布平台（"广州市人民政府公众信息网"），逐步发展成为一个集信息公开、在线服务、数字化治理、法治政府建设为一体的综合性服务平台（广州市人民政府门户网站）的过程，总体上可以分为五个阶段（图 9-2）。

| 初始建设阶段 | 服务优化与集约化阶段 | 创新发展与领先阶段 | 数字化转型与法治政府建设阶段 | 持续领先与创新发展阶段 |
| --- | --- | --- | --- | --- |
| 1998—2004 | 2005—2012 | 2013—2019 | 2020—2022 | 2023至今 |

⚡ 图 9-2 "穗网站"发展阶段

### （一）初始建设阶段（1998—2004）

初始建设阶段主要任务是网站开通、功能扩展和建设"政务公开"专栏。1998 年 2 月 3 日，"广州市人民政府公众信息网"正式开通，标志着广州市人民政府建立了统一的信息资源管理平台，具备信息发布、信息简单检索等功能。2002 年，网站进行升级改造和功能拓展，增加了英文初级版，以满足不同用户的需求。2003 年 12 月，市政府办公厅联合市政府 42 个工作部门共同建设"政务公开"栏目，推动政府信息公开工作。

### （二）服务优化与集约化阶段（2005—2012）

服务优化与集约化阶段主要任务是深化扩展功能、上线多语种服务和加强集约化建设管理。2005 年 9 月 29 日，网站经过升级优化，增强了信息发布和在线服务功能。2006 年 1 月 1 日，升级网站英文版，随后推出日文版，进一步提升涉外服务能力。2011 年"穗网站"在全国率先启动集约化建设，提高网站管理和服务效率。

### （三）创新发展与领先阶段（2013—2019）

创新发展与领先阶段主要任务是推动绩效评估、适老化改造、完成集约化建设。2013 年起，"穗网站"在全国和省级政府网站绩效评估中屡获佳绩，管理和服务水平一直保持全国领先水平。2019 年，"穗网站"推出"长者助手"适老化及无障碍辅助功能，进一步提升服务的普惠性。2019 年底，"穗网站"完成全市政府网站的集约化工作，实现统一标准体系和统一技术平台。

## （四）数字化转型与法治政府建设阶段（2020—2022）

数字化转型与法治政府建设阶段主要任务是推动数字化治理、法治政府和数字政府建设。2020年起，"穗网站"在数字化治理方面发挥重要作用，极大促进了广州市数字化战略转型。2022年，"穗网站"建设的"广州市行政规范性文件统一发布平台"被命名为广东省法治政府建设示范项目，标志着广州市法治政府建设水平上升到新台阶。"穗网站"作为数字政府建设重要基础平台，推动广州市"五位一体"数字化转型，提升政府服务的智能化和便捷化起到十分重要的作用。

## （五）持续领先与创新发展阶段（2023至今）

持续领先与创新发展阶段主要任务是保持绩效评估领先地位、深化数字化转型和法治政府建设。2023年，广州市政府门户网站在省会城市政府网站绩效评估中位列第一。继续推进数字政府建设，提升数据资源管理和服务水平，支持智慧城市发展。2023年，广州市政府门户网站在法治政府建设方面持续优化，提升公众法治获得感。

## 二、"穗网站"业务范围

（1）广州市人民政府门户网站。简称"门户网站"，包括简体版、繁体版、英文版、手机版、微信版（"广州政府网"微信公众号和"广州政务"微信公众号）等站点、政务新媒体和静态页面、动态页面、网站应用功能、无障碍辅助系统、智能搜索、智能问答系统。

（2）广州市政府网站群。简称"穗网站"网站群，即广州市人民政府门户网站与广州市政府机构子站的统称。

（3）广州政府网站/全市政府网站。包括广州市、区两级人民政府及其部门、派出机构和承担行政职能的事业单位在互联网上开办，具备信息发布、解读回应、办事服务、互动交流等功能的网站和在微博、微信等第三方平台上开设的政务账号或应用，以及自行开发建设的移动客户端等。

## 三、"穗网站"标识

广州市人民政府门户网站标识是官方注册商标，只能在链接广州市人民政府门户网站时使用，它并不代表由此而获得了广州市人民政府门户网站的任何授权。我们要求您在链接时，标注广州市人民政府门户网站的文字说明。如果您使用文字进行链接时，可以使用广州市人民政府门户网站。

## 第二节　"穗网站"建设内容

### 一、"穗网站"功能服务

　　"穗网站"是广州市政府的综合门户网站，集信息服务、交流服务、功能服务于一身，提供政府政务公开、政务服务、互动交流、营商环境、网站导航、政府网站群搜索等服务。

### （一）政务公开专栏

　　（1）领导之窗：介绍市政府领导的职责和活动信息。

　　（2）政府机构：展示广州市政府各部门的组织结构和职责。

　　（3）法规公文：发布地方性法规、政府规章和规范性文件。

　　（4）政策解读：提供政府政策的详细解释和分析。

　　（5）规划计划：发布城市发展规划和年度工作计划。

　　（6）总结公报：提供年度或阶段性工作总结和公报。

　　（7）人事工作：发布政府人事任免、招聘等信息。

　　（8）数据发布：发布统计数据和政府工作报告数据。

　　（9）廉洁广州：展示反腐倡廉工作和成效。

　　（10）法治政府：介绍政府法治建设的进展和成果。

　　（11）建设重点：突出政府工作的重点领域和项目。

　　（12）工作落实情况：跟踪政府工作计划的实施情况。

　　（13）市政府信息公开指南：提供政府信息公开的指导和流程。

　　（14）市政府信息公开平台：平台供公众查询政府信息。

　　（15）各区与部门信息公开：各区政府和部门的信息公开。

　　（16）政府信息依申请公开：处理公众对政府信息的公开申请。

　　（17）市政府信息公开年报：发布年度政府信息公开报告。

　　（18）信息公开制度与保障：介绍信息公开的制度和保障措施。

　　（19）市政府网站年度报告：发布网站年度工作报告。

　　（20）政府规章：发布广州市政府规章。

　　（21）市政府文件：发布广州市人民政府文件。

　　（22）市府办公厅文件：发布市政府办公厅文件。

　　（23）重点领域：关注政府工作的重点领域。

　　（24）五公开专栏：推进决策、执行、管理、服务、结果公开。

　　（25）基层政务公开标准化规范化：推动基层政务公开标准化。

　　（26）广州市政府常务会议：发布常务会议信息。

（27）广州市行政规范性文件：发布行政规范性文件。

（28）建议提案办理工作：展示建议和提案的办理情况。

（29）广州市政府部门权责清单：列出政府部门的权责。

（30）广州市人民政府公报：发布政府公报。

## （二）政务服务专栏

（1）最新服务：提供最新政务服务信息。

（2）个人服务：为个人提供政务服务指南和在线办理。

（3）法人服务：为企业提供政务服务指南和在线办理。

（4）特殊群体：为特殊群体提供定制化服务。

（5）部门服务：按政府部门分类提供服务指南。

（6）便民查询：提供便民信息查询服务。

## （三）互动交流专栏

（1）案例公开：公开政府工作案例。

（2）权威访谈：发布政府领导和专家的访谈。

（3）市领导信箱：提供市领导的联系方式和信箱。

（4）接电接访预告：预告市领导接电接访的时间和方式。

（5）12345 热线：提供市民服务热线信息。

（6）民意征集：收集公众意见和建议。

（7）网上调查：进行在线调查收集民意。

（8）网上信访：提供网上信访渠道。

（9）网上举报：提供网上举报平台。

## （四）营商环境专栏

（1）营商动态：发布营商环境的最新动态。

（2）营商政策：发布优化营商环境的政策。

（3）政策解读：提供营商环境政策的详细解读。

（4）案例展示：展示营商环境改善的案例。

（5）企业办事：提供企业办事指南和在线服务。

（6）咨询建议：提供营商环境咨询和建议。

（7）ENGLISH：提供英文版的营商环境信息。

（8）营商政策云课堂：在线学习营商环境政策。

## （五）魅力广州专栏

（1）广州概况：介绍广州市的基本情况。

（2）文旅资讯：提供文化旅游活动和资讯。

（3）文化广州：展示广州的文化特色和活动。

（4）广州旅游：提供广州旅游信息和指南。

（5）图说广州：通过图片展示广州的城市风貌。

（6）影像广州：通过视频展示广州的城市形象。

## 二、"穗网站"接入渠道

"穗网站"提供了市民网页、政务微信、政务微博、在线客服等服务和集成平台（图9-3），这些服务和平台展示了广州市人民政府网站在提供多渠道、便捷化政务服务方面的努力，旨在提升政府服务的效率和公众的用户体验。

△图9-3 "穗网站"服务和集成平台

## （一）"穗网站"服务和平台集成

（1）市民网页：为市民提供个性化的政府服务和信息。

（2）政务微信：通过微信平台提供政府信息服务。

（3）政务微博：政府机构的官方微博，用于发布官方消息和互动。

（4）在线客服：提供在线咨询服务，解答市民疑问。

（5）场馆预约：提供政府场馆预约服务。

（6）政务小程序：通过小程序平台提供便捷政务服务。

（7）数据开放平台：开放政府数据，供公众和开发者使用。

（8）APP 应用：政府官方应用程序，提供移动政务服务。

（9）政务服务大厅：提供线下政务服务的实体大厅。

（10）政务服务自助终端：在公共场所设置的自助服务终端，提供 24 小时政务服务。

（11）手机门户：政府服务的移动门户，提供手机端的政府信息和服务。

## （二）"穗网站"典型服务渠道

除登录网站渠道（输入网址登录：https://www.gz.gov.cn）外，"穗网站"还提供"穗网站"微信渠道（微信号：gzszfw）和"穗网站"微博渠道（中国广州发布、广州市政府新闻办），发布广州市人民政府重大决策部署和政策解读、市政府领导同志重要会议活动等政务信息（图 9-4、图 9-5）。

# 第三节 "穗网站"建设成效

2020 年至今，"穗网站"获得许多奖励和荣誉，主要有：2020 年 7 月，广东省人民政府办公厅发布的《广东省人民政府办公厅关于 2019 年度全省政府网站与政务新媒体考评结果的通报》中，广州市评定为优秀，位列全省 21 个地级以上市第一名。2021 年 8 月，广东省政府办公厅印发的《广东省人民政府办公厅关于 2020 年度全省政务公开和政府网站与政务新媒体工作第三方评估结果的通报》中，广州市在政府网站与政务新媒体工作评估中被评为优秀等次。2022 年 7 月 15 日，广州市人民政府门户网站的"长者助手"适老化及无障碍辅助功能改造获得 2022"粤有数"数字化治理优秀案例。2020—2023 年，在清华大学国家治理研究院、清华大学公共管理学院发布的《中国政府网站绩效评估报告》中，广州市人民政府网站在副省级城市和省会城市两项排名中均获得第一名。"穗网站"建设成效显著，主要包括以下几点。

一是全面提升政务公开水平与透明度。"穗网站"实现了数据发布和廉洁广州等信息的公开，促进了法治政府建设。通过"政务公开专栏"发布各类政府信息，

△图 9-4 "穗网站"
微信公众号

手机版二维码

△图 9-5 "穗网站"
手机版

如领导之窗、政府机构、法规公文等，增强政府工作透明度。

二是优化与创新政务服务。"穗网站"政务服务专栏提供个人服务、法人服务等，实现政务服务的便捷化和高效化。推出"广州12345自助查询"微信小程序，提供医保、公积金等业务的办事指引。

三是加强与市民互动交流与民意收集。通过互动交流专栏，如市领导信箱、12345热线等，加强与市民的沟通和意见收集。通过进行网上调查和民意征集，如在线访谈、意见征集等，更好地听取民意和改进政府工作。

四是改善营商环境。营商环境专栏提供政策解读、企业办事指南，优化企业办事流程，提升营商环境。推出"粤税通"小程序，实现286项服务的"指尖办理"，便利企业运营。

五是打造服务渠道多样化。通过市民网页、政务微信、政务微博等多种渠道提供服务，满足不同用户需求。推出政务小程序和APP，提供移动政务服务，增强用户体验。

六是提升政府服务效能。实现政务服务的自助查询和在线办理，提高服务效率。通过"一网通办、一窗通取"等方式，简化办事流程，提升服务质量。

七是增强了广州市国际影响力。"穗网站"推出英文版政府网站，提升广州市的国际知名度和对外服务能力；在多个年度的政府网站绩效评估中排名领先，显示持续改进和领先地位。

综上所述，"穗网站"通过不断优化服务、加强互动交流、推动数字化转型和提升服务效能，为市民和企业提供了更加便捷、高效、透明的政府服务。

第十章

# 数字广州"花城八景"之六"穗智安"

# 第一节　　"穗智安"简介

　　广州数字安全运营中心（简称："穗智安"）（图 10-1）于 2023 年 5 月 20 日正式成立，是全国首个超大城市数字安全运营中心，由广州市政务服务数据管理局负责建设，中国联通具体实施，通过覆盖"云、网、边、端、用"及安全运营六大安全服务的能力，打造集约化、立体化的安全技术体系，推动实现网络安全全天候、全方位感知和有效防护，构建全市数字安全"一盘棋"格局，为广州数字化发展提供强有力的安全保障（图 10-2）。"穗智安"通过统一安全运营改革工作，强化全市数字安全管理，拉齐基线、补齐短板，加快构建基础性、关键性数字安全能力，夯实推动数据要素发展的安全基座，培育带动数字安全产业发展，筑牢数字安全屏障。

︽ 图 10-1　广州数字安全运营中心

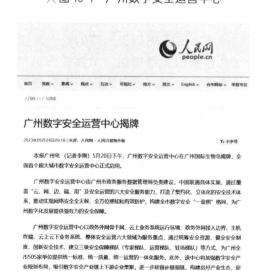

︽ 图 10-2　人民网报道广州数字安全运营中心成立

# 一、建设背景

## （一）国家层面

近年来，国家颁布了《中华人民共和国网络安全法》《中华人民共和国数据安全法》《中华人民共和国个人信息保护法》《关键信息基础设施安全保护条例》《网络安全等级保护条例》《个人信息出境安全评估办法》等一系列数字安全的法律法规和规章，保护公民的个人信息、企业和政府的数据安全，维护网络空间的安全和秩序。2022 年 6 月，国务院印发《关于加强数字政府建设的指导意见》，强调要构建数字政府全方位安全保障体系，全面强化数字政府安全管理责任，落实安全管理制度，加快关键核心技术攻关，加强关键信息基础设施安全保障，强化安全防护技术应用，切实筑牢数字政府建设安全防线。该指导意见为数字政府安全建设提供了明确的指导。2023 年 2 月，中共中央、国务院印发《数字中国建设整体布局规划》，明确数字中国建设按照"2522"的整体框架进行布局，要强化数字技术创新体系和数字安全屏障两大能力；筑牢可信可控的数字安全屏障；切实维护网络安全，完善网络安全法律法规和政策体系；增强数据安全保障能力，建立数据分类分级保护基础制度，健全网络数据监测预警和应急处置工作体系。

## （二）广东省层面

广东省委和省政府在推进数字政府改革建设的同时，高度重视网络和数据安全，将其视为改革成功的关键因素。2021 年 7 月，广东省发布《数字政府改革建设"十四五"规划》，提出要加强数字政府的安全防线，构建一个集安全大数据、攻防演练、流程闭环、态势感知于一体的统一安全运营支撑平台。该平台旨在打造数字政府安全体系的管理中枢，全面提升风险感知、安全管理、协同防护、攻击检测、违规行为发现、应急响应和态势感知预警等能力。为提升全省数字政府的网络安全能力，广东省编制《广东省数字政府网络安全指数指标体系》《广东省数字政府网络安全指数评估实施指南》等文件，2020 年起在国内率先开展网络安全指数评估工作。通过四年的实践，广东省的数字政府网络安全指数评估已成为推动各地各部门构建全方位安全保障体系的重要工具，为全国数字政府网络安全工作的深化和数字政府安全防线的筑牢提供了广东的经验和路径。

## （三）广州市层面

在"十三五"期间，广州市在数字政府改革建设方面已取得初步成效，成立了市数字政府改革建设工作领导小组和广州市数字政府运营中心，为深化改革奠定了坚实基础。2021 年 7 月，广州市发布了《数字政府改革建设"十四五"规划》（2021—2025 年），指出虽然广州市已初步形成了"全市一盘棋"的数字政府改革建设格局，但在政务信息资源整合共享、统筹协同合力、数据安全运营管理等方面仍有待优化和加强。规划特别强调了建立数据要素配置机制的紧迫性，并将提升政府业务协同效能和安全保障能力作为规划期内的重点任务。2022 年 7 月 22 日，广州市数字政府改革建设工作领导小组发布了《广州市数字政府统一基础运维管理改革方案的通知》，提出整合全市各部门现有基础运维资源，构建广州市数字政府网络安全运营服务平台，以实现政务外网网络安全服务的集约管理，全面提升数字政府基础运维管理能力。2022 年 12 月 5 日，广州市数字政府运营中心申报的"广州市数字政府运营中心 2023—2026 年广州市统一安全运营服务项目"获得广州市政务服务和数据管理局的审核通过。该项目与中央、省市数字政府改革"十四五"规划相符合，符合广州市数字政府改革建设的整体要求和发展方向，标志着广州市在数字安全建设与运营方面迈出了重要一步。

由此可见，"穗智安"是在广州市贯彻落实党和国家关于建设网络强国、数字中国、智慧社会的战略部署，积极发挥广州市数字政府安全建设"排头兵、领头羊、火车头"的作用，筑牢数字政府安全屏障等背景下建设的。

## 二、"穗智安"发展规划

整合构建权责清晰、管理协同、技术可靠、安全合规的广州市政务网络和数据安全体系，开展政务外网统一安全运营，形成安全运营监督考核机制，强化安全自主可控，筑牢数字政府网络安全防线。"穗智安"发展规划分为两个阶段。

### （一）第一阶段：初步建成数字政府安全体系

依托"穗智安"平台，以整合全市政务网络和数据安全资源为基础，以推动全市数字政府安全运营为核心，初步建成广州市"纵向到底，横向到边"的政务网络和政务数据安全体系。一是建设数字安全运营平台，组建数字安全指挥调度中心，实现全网各类安全数据的统一采集，集中分析，初步形成广州市政务网络和数据"安全大脑"能力。二是制定网络安全和政务数据安全总体规划，建立统一服务、监督考核和重大事件"归零"的处置机制。厘清各方的安全责任，确立管理严格、责任明确、预警及时、防御有效、响应快捷、督查有力的安全管理总体目标，健全政务网络和数据安全制度，完善组织架构。三是持续完善政务网络和数据安全技术规范，健全与安全管理制度配套的实施办法、技术指南、安全基线以及技术要求。

### （二）第二阶段：深化完善数字政府安全体系

全面落实政务网络和数据安全能力建设，健全数字安全制度和顶层设计。

一是形成广州市数字政府安全评估、责任落实和重大事件处置机制，确保政务系统和数据安全管理边界清晰、职责明确、责任落实。二是形成安全运营协同管理机制，深化完善数字政府基础运维统筹管理、责任清晰、协同高效的管理机制。

## 三、"穗智安"改革理念

"穗智安"坚持统筹发展与安全、以发展促安全、以安全保发展的理念，推进数字政府网络安全体系建设，实现广州市数字政府安全"四个转变"与"三个推动"工作格局。"穗智安"针对网络安全薄弱环节，不断完善数字政府网络安全体系，提升网络安全管理与监督能力，划清安全责任边界，加强网络安全人才培养，提高网络安全监测和检测能力，强化态势的感知、预警、应急响应能力，提升网络安全整体风险研判能力，建立长效安全咨询服务机制，开创数字政府网络安全新模式，保障数字政府建设安全、可靠、可信、可控。

## （一）"四个转变"

### 1. 实现安全权责归属从单元向多元转变

将传统政务信息系统安全全部由建设单位自行运营保障的旧模式，转变为政务云平台架构下，平台安全运营保障和业务系统安全运营保障分离的新模式。

### 2. 实现网络安全防护从分散向集中转变

将原来政府各部门各自为政、安全防护能力参差不齐的"封闭"式网络安全体系转变成全市统筹建设、统一部署的云平台防护体系，制定统一安全管理策略，将传统 N 个单位的 N 个安全防护系统转换为"1+N"模式。

### 3. 实现安全建设思想从外挂向内置转变

改变传统信息系统建成后再从外部开展安全防护的"外挂"思想，采用"内置"建设思想，将安全作为信息系统建设的内置"基因"，统筹考虑规划、设计、建设、运营全过程的安全问题，在信息系统投入运行前解决可能存在的安全问题，实现安全与业务的深度融合。

### 4. 实现风险防护手段从被动向主动转变

采用统一安全运营服务中提供的态势感知、APT 监测、深度渗透测试、攻防演练等手段，将重在封堵处置的被动式防御转变为基于风险"提前发现、提前预防"的主动式防御，实现对各类行为和环境数据进行实时监测，主动对各类风险因素进行防范处置，减少和降低潜在风险。

## （二）"三个推动"

### 1. 推动建设安全可靠的政务服务基础设施

积极采用国产政务相关技术和产品，严格执行网络安全审查制度，保障数字政府建设安全可控。如在密码技术应用方面，使用符合规范的商用密码基础设施；规范、完善和深化商用密码在政务云平台等政务服务系统的应用，保障数字政府本质安全；提升密码基础支撑能力、建立健全密码应用安全性评估审查制度。

### 2. 推动与第三方安全服务机构的深入合作

借助第三方安全服务机构的专业力量，组建安全技术支撑团队，为数字政府业务系统提供网络安全支撑保障，协助开展网络安全审查和监督工作，提高数字政府网络安全保障工作的质量和效能。

### 3. 推动建立网络安全专家资源库

吸纳来自重点行业、安全服务机构、高等院校、科研机构等领域的网络安全专业人才，组建网络安全专家资源库，充分发挥各方面专家的专业优势，为数字政府网络安全建设贡献智慧，切实增强我市网络安全决策的科学性，全面支撑数字政府网络安全体系建设。

## 四、构建"12345+X"数字政府安全体系

"穗智安""12345+X"数字政府安全体系围绕统一安全运营"1个核心"打造"权责清晰、集约管理、纵深防御"的数字政府统一。

安全运营体系，以网络安全法律法规、广州网络安全指数为"2个标尺"，让网络安全态势"可视、可见、可优化"。以实现网络安全与数字化同步规划、同步建设、同步运营"3个同步"为主要目标，以安全合规为准绳，以安全管理为保障，以安全技术为支撑，以安全监管为指导，从"4个维度"开展安全能力建设，形成网络安全风险定位准确、机理清楚、问题复现、措施有效、举一反三"5个归零"的工作机制，以"X+专栏"即十余项专项工作推动数字政府网络安全建设落地，攻关数字政府安全关键核心技术，切实提高数字政府本质安全水平，充分发挥数字政府网络安全保障体系效能，筑牢数字政府网络安全生命线（图10-3）。

## 第二节 "穗智安"之广州数字安全运营中心

"穗智安"运营团队设置"六部八区"的组织架构，共计205人，负责市直

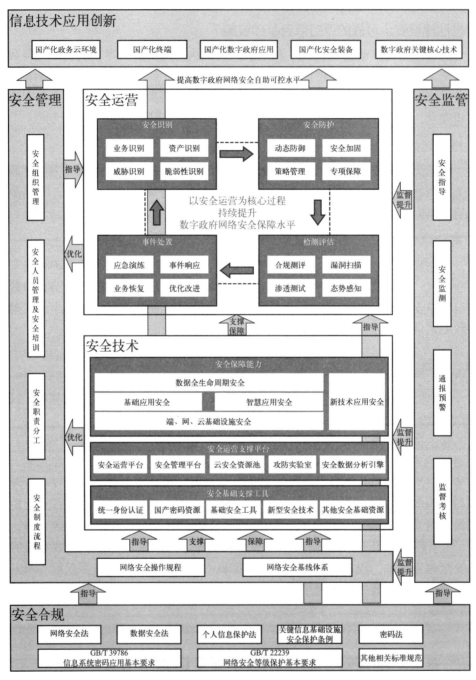

︽图10-3 "穗智安""12345+X"数字政府安全体系

505 家政府单位的安全统一运营,为政数局提供全视图的统筹管理视角,为各市直单位提供丰富、专业的安全服务,实现全市安全一盘棋的战略布局。

## 一、"穗智安"组织架构

安全运营团队分为三个层级:专家梯队、统一运营梯队和驻场梯队(图 10-4)。团队结构清晰,分工明确,旨在通过不同层级和部门的协作,确保组织的安全运营和风险管理。每个层级都有不同的职责和人员配置,具体职责如下:一是专家梯队,设置领导小组 3 人,负责总体指挥;办公室 3 人,负责统筹协调工作;安全专家 5人,负责重大事件处置、趋势预测、威胁评估。二是统一运营梯队,设置六个部门,综合保障部 10 人,集中运营部 30 人,安全现场服务部 93 人,资产风险运营部 13人,安全技术服务部 43 人,组件运营部 8 人。安全现场服务部门人数最多,负责在安全中心驻场的安全服务和响应。三是驻场梯队(确保每个市直部门至少 1 人),安全现场服务部下分八个区域,每个区域负责所在片区市直单位的安全运营工作,包括驻场巡检、重保值守、应急响应等。八个区域分别是:东风片区、二沙岛区、环市东片区、市府片区、市委片区、天河片区、小北片区、其他片区。

**三级梯队**

**专家梯队**

| 领导小组 | 办公室 | 安全专家 |
|---|---|---|
| 3人 | 3人 | 5人 |
| 总体指挥 | 统筹工作 | 重大事件处置、趋势预测、威胁评估。 |

**统一运营梯队**

| 综合保障部 | 集中运营部 | 安全现场服务部 | 资产风险运营部 | 安全技术服务部 | 组件运营部 |
|---|---|---|---|---|---|
| 10人 | 30人 | 93人 | 13人 | 43人 | 8人 |

**驻场梯队**

安全现场服务部下分八区,分别负责所在片区市直单位的安全运营工作,提供区域内的驻场运营和区域资源调剂,包括:驻场巡检、重保值守、应急响应等。

| 1 东风片区 | 2 二沙岛区 | 3 环市东片区 | 4 市府片区 |
|---|---|---|---|
| 5 市委片区 | 6 天河片区 | 7 小北片区 | 8 其他片区 |

︽ 图 10-4 "穗智安"运营团队组织架构

## （一）"穗智安"部门职责（六部）

### 1. 综合保障部（10人）

负责提供全面的安全保障，包括但不限于安全事件的处置、趋势预测、威胁评估以及确保安全运营的连续性和有效性。

### 2. 集中运营部（30人）

负责数字安全运营中心的安全事件日常管理、考核，协调及组织开展指挥调度工作，对较大及以上事项进行研判、协调，明确处置责任。完成上级交办的其他事项（图10-5）。

⌃图10-5 "穗智安"运营团队办公现场

### 3. 安全现场服务部（93人）

负责为使用单位提供运行维护服务，包括但不限于驻场巡检、重保值守、应急响应等，确保服务单位能够随时为使用单位提供必要的技术支持和安全保障。

### 4. 资产风险运营部（13人）

负责管理和优化资产，包括资产识别、漏洞发现扫描、资产分类管理、漏洞跟踪处置，以及协助整改，确保资产安全和持续增值。

### 5. 安全技术服务部（43人）

负责提供技术支持服务，包括但不限于安全事件的响应、技术支持、安全策略的实施和优化，以及与使用单位的安全协同服务，确保数字政府的安全稳定运行。

### 6. 组件运营部（8人）

负责构建全方位、多层级、一体化的安全防护体系，形成跨地区、跨部门、跨层级的协同联动机制，建立健全动态监控、主动防御、协同响应的安全技术保障体系，确保数字政府的稳健发展。

## （二）"穗智安"服务边界（八片区）

按各单位地理位置和资产数量划分为 8 个区域。

### 1. 市委片区（11 个单位）

以广州市委大院所在地为服务核心区，安全服务覆盖中共广州市委员会老干部局、中共广州市委政策研究室、中共广州市委党史文献研究室、广州医科大学、广州市林业和园林局、广州市民政局、广州市社会组织管理局、国家统计局广州调查队、广州市归国华侨联合会、广州市医疗保障局、广州市市场监督管理局等部门。

### 2. 市府片区（12 个单位）

以广州市政府大院所在地为服务核心区，安全服务覆盖广州市人民政府办公厅、广州市人民政府研究室、广州市人民代表大会常务委员会办公厅、广州市统计局、广州市国家安全局、广州市公安局、广州市人力资源和社会保障局、广州市城市管理和综合执法局、广州市司法局、广州市总工会、广州市社会主义学院、中共广州市委外事工作委员会办公室等部门。

### 3. 政协片区（21 个单位）

以广州市民主大院所在地为服务核心区，安全服务覆盖中国民主同盟广州市委员会、台湾民主自治同盟广州市委员会、中国致公党广州市委员会、中国国民党革命委员会广州市委员会、广州市台湾同胞联谊会、中国农工民主党广州市委员会、中国民主促进会广州市委员会、中国民主建国会广州市委员会、九三学社广州市委员会广州市人民政府国有资产监督管理委员会、广州市发展和改革委员会、广州市审计局、中共广州市委军民融合发展委员会办公室、广州市红十字会、广州市工商业联合会、广州市农业农村局、广州市科学技术协会、广州市社会科学界联合会、广州市妇女联合会、中国国际贸易促进委员会广州市委员会、广州市体育局等部门。

### 4. 天河片区（4 个单位）

以广州市卫生健康委、交通运输局等机关所在地为服务核心区，安全服务覆盖广州市卫生健康委员会、广州市水务局、广州市交通运输局、广州市残疾人联合会（二级单位较多，资产数量较多）。

### 5. 小北片区（6 个单位）

以广州市委党校、科技局等机关所在地为服务核心区，安全服务覆盖中共广州市委员会党校、广州市工业和信息化局、广州市科学技术局、广州市地方金融监督管理局、广州市生态环境局、广州市退役军人事务局等部门。

## 6. 东风片区（14 个单位）

以广州市民宗局、协作办等机关所在地为服务核心区，安全服务覆盖广州市民族宗教事务局、广州市协作办公室、广州市信访局、广州市来穗人员服务管理局、广州市教育局、广州市供销合作总社、广州市文学艺术界联合会、中共广州市委员会政法委员会、中共广州市委机构编制委员会办公室、中共广州市委员会办公厅、广州市消防救援支队、广州市政务服务数据管理局、广州市财政局、广州市国家保密局等部门。

## 7. 环市片区（16 个单位）

以广州市气象局、广州大学等机关所在地为服务核心区，安全服务覆盖广州市气象局、广州市社会科学院、广州市国家档案馆、广州工业技术研究院、广州市重点公共建设项目管理中心、广州市规划和自然资源局、中共广州市委统战部、中国共产党广州市直属机关工作委员会、中国共产党广州市委员会组织部、中国共产党广州市委员会宣传部、中国共产党广州市纪律检查委员会（市监察委员会）、中国共产党广州市委员会台湾工作办公室、广州市文化广电旅游局、中共广州市委网络安全和信息化委员会办公室、广州市人民检察院、广州大学等部门。

## 8. 周边片区（10 个单位）

以广州市住建局、广州市商务局等机关所在地为服务核心区，安全服务覆盖中国共产主义青年团广州市委员会、广州市住房和城乡建设局、广州市商务局、广州市应急管理局、广州仲裁委员会、广州市港务局、中国人民政治协商会议广东省广州市委员会办公厅、广州住房公积金管理中心、广州互联网法院、广州市中级人民法院等部门。

## 二、"穗智安"主要岗位

为保障广州市网络安全运营工作有序开展，安全运营服务方需建立完善的安全运营组织体系，设置相应的服务岗位，安排合适的安全服务人员，每个岗位均须有安全运营服务方自有核心人员，以保证安全运营服务质量。同时，考虑市直各单位资产的敏感性和重要性，须单独设立资产管理岗，人员均由安全运营服务方自有人员组成，负责各单位资产管理工作。

### （一）综合保障管理服务类岗位

此类岗位包括法务、审计、质量、财务等服务保障人员，职责是为安全运营提供法律法规咨询、合规评估、审计风险管控、质量审查等服务，为项目提供综合性支撑工作，协助项目团队把控项目风险和质量。

## （二）安全运营管理类岗位

此类岗位包括项目经理、项目管理和运营总监、安全运营专家等，职责是对安全运营工作整体运营进行管理；决策制定各项运营管理制度；收集及响应项目运营需求；统筹各方资源，管理安全驻场运营以及安全评估服务的人员以及相关工作的规划、安排，把控项目进度和质量；完成安全运营考核、督办、总结等工作。

## （三）安全驻场运营类岗位

此类岗位包括安全运营工程师、安全设备运维工程师等，职责是为各单位提供安全驻场服务，包括常规安全服务（漏洞检测、安全策略管理等）、安全监控服务（安全事件监测和安全通告等）、安全咨询服务（安全培训、安全加固指导等）、安全应急服务（安全事件应急响应、应急演练、重保值守等）以及安全资源池和安全设备的运维保障服务工作。

## （四）资产管理服务类岗位

此类岗位包括安全运营工程师等，职责是收集、建立并定期更新各单位 IT 资产信息、台账，完善资产全生命周期监管流程。岗位成员须为运营服务商自有核心人员。

## （五）安全评估服务类岗位

此类岗位包括渗透测试工程师等，职责一是渗透测试，负责对业务系统定期进行渗透测试，发现安全风险漏洞，出具测试报告；职责二是 APP 应用测试，对提供服务的 APP 应用定期开展安全检测，发现、整改 Android、IOS、微信应用等程序可能存在的缺陷；职责三是应用上线检测，为新上线业务系统提供漏洞扫描、基线检查、弱口令检查、渗透测试等服务。

## 三、"穗智安"服务内容

"穗智安"基于广州市电子政务骨干网范围内 86 家市直一级单位及 300 家以上下属二级单位（包含市本级财政预算部门及其下属单位，不包含区县及企事业单位）接入电子政务外网骨干网的局域网、政务信息系统（包含在政务云服务平台和云下环境部署的系统）、云主机、服务器及办公终端。主要提供政务外网骨干网安全、政务外网边界接入安全、云上业务系统运行环境安全、云上云下业务系统安全、终端安全和整体安全运营等六种安全运营服务。

## （一）政务外网骨干网安全服务

主要包括对政务外网骨干网侧现有的安全设备进行维保服务，提供设备维保、规则库升级、病毒库升级等服务，不包含设备的更新和替换。政务外网骨干网侧的安全设备有：漏洞扫描系统、堡垒机、入侵检测、出口防火墙、入侵防御、WAF、安全态势感知平台、上网行为管理、抗 DDOS、综合日志审计设备、数据泄露防护系统等。

## （二）政务外网边界接入安全服务

具体包括下一代防火墙服务、日志审计服务、Web 应用防护服务、蜜罐服务与高级威胁分析服务，所有服务的交付与开通不仅对政务外网进行网络改造，且针对市直各单位的 Web 应用系统提供统一的集约化防护。管理平台可对不同物理位置的安全能力统一管理，具有对各子服务实现服务编排、策略管理、数据采集的能力，实现安全数据统一分析、安全能力集中监测等服务。

## （三）云上业务系统运行环境安全服务

具体包括下一代防火墙服务、Web 应用防护服务、日志审计服务、网页防篡改服务、堡垒机服务、数据库审计服务、安全态势感知服务与蜜罐等服务。

## （四）云上云下业务系统安全服务

具体包括 Web 业务系统安全监测，采用远程监测技术对系统提供 7×24 小时实时安全监测服务，在不影响系统正常运行的情况下，为暴露在互联网侧的业务系统提供可用性、挂马、暗链等安全事件监测服务，发现事件后可第一时间通知网站责任单位进行应急处置。提升网站的安全防护能力和网站服务质量，防范由于网页挂马、网站篡改等问题而造成的用户数据泄漏、不可用等安全风险。

## （五）终端安全服务

具体包括办公终端安全防护服务、主机安全防护服务、办公终端零信任安全接入服务。每个服务中配套的办公终端管理平台、主机管理平台、零信任安全接入管理平台均须与安全运营平台对接实现统一的安全一体化运营服务。

## （六）整体安全运营服务

安全运营技术服务团队，提供整体安全运营服务。主要包括应用上线检测、APP 检测、渗透测试和驻场运营等安全服务。

## 四、"穗智安"Logo 及形象

### （一）"穗智安"Logo

"穗智安"Logo（图 10-6）设计理念深度融入广州市标志性建筑——广州塔和广州市母亲河珠江的元素，并与数字安全盾牌结合起来，象征着广州市构筑数字中国安全南大门的坚定决心。广州塔作为广州的标志性建筑，其独特的造型在 Logo 中以抽象的形式体现，象征着中心的高科技和现代化特征。珠江的流动形态则被巧妙地融入 Logo 设计中，代表着中心对城市信息流的守护。蓝色在 Logo 中不仅代表了科技和信任，也与安全紧密相关，寓意着清晰的视野和智慧的决策，体现了数字安全运营中心在维护网络安全、推动数字经济发展中的重要作用。通过这样的设计，"穗智安"Logo 不仅代表了广州市数字安全运营中心的职责和使命，也展现了其与城市文化和地标的紧密联系，以及在数字化时代中守护安全、引领发展的坚定立场，守护广州数字政府安全。

︽图 10-6 "穗智安"Logo

︽图 10-7 "穗智安"运营团队工作服

### （二）"穗智安"形象设计

"穗智安"工作人员服装（图 10-7）是印有"广州数字安全运营中心"字样和 Logo 的蓝色背心，体现了"穗智安"工作人员的专业性和责任感。一是突出专业服务形象，"穗智安"工作人员穿着统一的蓝色背心，这种着装不仅便于公众识别，而且传达了一种专业和正式的形象，体现了广州数字安全运营中心对工作的认真态度。二是责任象征，"穗智安"工作人员背心上的 Logo 和文字清晰地展示了他们的身份，这不仅是一个标识，更是他们保障数字安全责任的体现。"穗智安"Logo 中的盾牌形状象征着保护和安全，强调了他们守护网络安全的使命。三是团队精神，"穗智安"聚焦数字政府安全领域，团队合作至关重要，工作人员需要共同协作来应对复杂的安全挑战。四是数字化与安全，"穗智安"工作人员背心上的文字"数字安全运营"，强调了他们的工作重点是确保数字环境的安全，包括网络、数据和信息系统的保护。

## 第三节 "穗智安"建设成效

近年来，广州市深入贯彻落实习近平总书记关于"没有网络安全就没有国家安全"的指示精神，创新实施数字安全一体化运营改革，加快构建数字政府安全保障体系，不断筑牢数字政府建设安全防线。2023 年 12 月 8 日，国家发展改革委党组成员、国家数据局党组书记、局长刘烈宏调研中心，对广州统一安全运营工作成效表示高度肯定，中心为全国网络和数据安全工作提供了"可推广、可示范、可复制"的实践经验（图 10-8）。

⌃图 10-8　刘烈宏局长调研"穗智安"

### 一、党建引领，组建全国首个超大城市数字安全运营中心

广州数字安全运营中心 2023 年 5 月成立并为全市提供数字安全一体化运营服务，创新构建"1+11+N"数字安全运营新格局。中心坚持党建引领，市政数局与中国联通联合成立党支部，以党建为牵引，充分发挥党组织战斗堡垒和党员先锋模范作用，筑牢可信可控数字安全屏障。让党旗飘扬在数字安全第一线，将党的政治和组织优势转化为保障国家数字安全优势，以高质量党建助力广州筑牢数字政府"安全第一盾"，助力数字广州高质量发展。

### 二、健全管理体系建设，推动数字政府安全"一盘棋"

一是健全组织架构，建立安全运营联防联控机制（图 10-9）。广州市成立数字政府安全运营工作专班，统筹负责数字政府安全运营工作，11 个区、96 个市直部门按照市安全运营统一要求组建本部门安全运营组织机构，建立全市数字安全运营纵横协同、上下联动机制，不断夯实组织和个人责任。广州数字安全

运营中心设置"六部八区"组织架构，安全运营团队共 205 人，负责 505 家单位、3000 个系统、3 万台服务器、10 万台终端、40 类安全设备安全运营，提供风险监测、重保值守、应急响应等，实现全市安全一盘棋的战略布局。二是编制"123"规划，做好数字安全顶层设计。制定广州数字政府"十四五"1 个

⌃图 10-9 "穗智安"指挥调度中心

总体规划，强化数字政府安全技术与安全运营服务；出台广州市数字政府网络安全和数据安全两个专项规划，构建权责清晰、管理协同、技术可靠、安全合规的数字政府网络和数据安全体系（图 10-10）。印发广州市数字政府统一基础运维方案、深化数字政府建设实施方案、政务数字资源一体化管理等三个方案，不断加强数字政府安全底座能力建设。三是制定 N 项制度，保障数字安全运营一体化。坚持"标准先行"原则，制定数字安全管理、运营、技术、评估规范 96 项，其中安全标准化方案 20 个，覆盖漏洞管理等核心服务；管理规范 15 项，运营规范 30 项，技术规范 32 项。通过统一的管理制度、规范和标准，从管理、技术与运营等方面形成统一的安全服务保障能力，实现安全运营服务标准化、规范化。

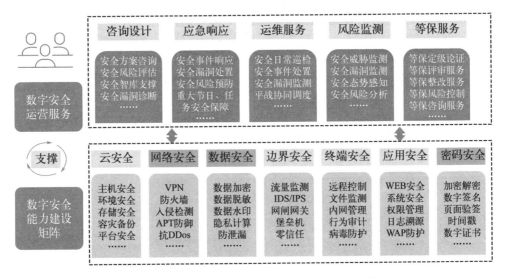

⌃图 10-10　广州数字政府网络和数据安全体系建设

## 三、夯实数字安全技术底座，筑牢数字政府安全防线

建设全市统一的数字安全一体化运营平台（图 10-11），统管全市数字安全技术

能力和资源，实现安全能力和数据资源集约化，实现对全市数字安全态势统一监测、统一预警、统一调度、统一响应、分级管理、闭环跟踪。一是以一体化运营平台为核心，建设覆盖"云网数边端用密"及安全运营八大安全服务能力，打造一体化安全技术体系，实现数字安全全天候、全方位感知和有效防护。目前"云"上业务系统运行环境100%的单位完成接入，"网"安全运营服务已覆盖100%单位，政务外网接入"边"界安全服务100%单位完成接入，主机终"端"完成80%的单位接入，互联网应"用"系统安全服务完成80%的单位接入。二是将安全能力统一集成为数字安全基础资源服务目录，构建智能化安全防护技术体系。市政数局发布数字安全一体化运营64项服务，其中网络安全服务31项、数据安全服务16项、密码安全服务16项，为全市提供开放、按需、弹性的安全资源服务。三是与中国联通共建数字安全技术能力平台，融合国内20多家安全厂商能力，以政企合作模式引入100多款安全能力组件，为全市提供态势感知、漏洞扫描、代码审计、堡垒机、终端管控、攻防靶场、零信任安全等安全技术服务，织密数字安全一体化运营技术防护网。四是打造全市数字安全资产库、事件库、风险库、漏洞库四大数据库，赋能数字安全一体化运营管理决策，为数字广州安全保驾护航。

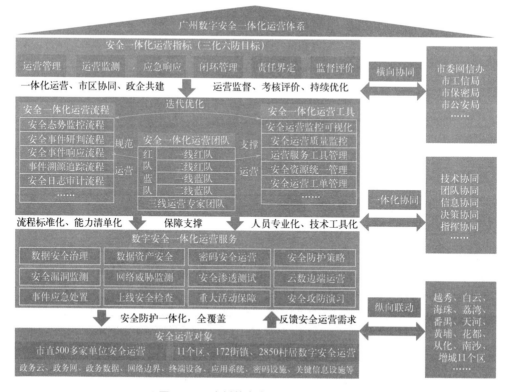

△图10-11　广州数字安全一体化运营体系

## 四、创新数字安全一体化运营，提升数字政府安全防护能力

广州市围绕"安全运营一体化"目标，打造全市数字安全一体化运营流程、工具、团队、服务标准化（图10-12）。一是整合数字安全技术、服务、团队等，提升数字安全整体防护效能。安全运营团队7×24小时在线守护信息设施安全，形成30秒内感知，5分钟应急响应，30分钟内协同联动，2小时内闭环处置报告机制。市委网信办、公安局等协同市政数局开展安全事故排查、定性和处置，11个区纵向联动，实现技术、团队、信息、决策和指挥一体化协同。二是依运营流程及工具提供一体化运营服务，建立一套完善的安全事件和安全威胁通报跟踪机制，形成"监测、验证、预警、通报、处置、反馈"的闭环处置流程，全部安全事件和威胁都将妥善处置。目前我市云网边端信息设施100%稳定，数字化资产台账梳理率超85%，较2023年度提升15%；一季度下发安全隐患3000余份，整改完成率99%，较之2023年提升10.5%。

∧图10-12　打造"穗智安"安全一体化运营体系

## 五、以评促强，助力数字政府安全指数与能力稳定提升

构建安全一体化运营服务评估模型，通过安全指数对安全一体化运营单位的安全态势进行客观评估，实现"以评促管、以评促改"，提升我市数字政府安全水平。组织对各部门进行安全监测和监督检查，对数字安全运营商和安全厂商进行常态化监督考核和阶段性工作评估，建立准确定位、及时处置、举一反三、有效整改、完善制度的安全事件"归零"处置机制，压实数字安全主体责任。广州市连续4年在广东省数字安全指数评估中排名位居全省前列，具备较强的数字安全防

御能力。广东省数字政府网络安全指数评估报告显示，广州市 2020—2022 年 3 年评估结果为稳健级（B），2022 年数字安全指数为 78.29 分，位于全省前三；2023 数字安全指数得分为 80.33 分，完善级（A），实现稳步提升。二是数字政府安全能力得到极大提升，赢得国家、省相关部门高度肯定。2023 年参与国家级、省级（粤盾、粤网安）和市级（羊城护网）共 4 次攻防演练任务，参与保障国家级在穗举办的重保会议及活动 10 余次，提交安全成果 50 份；2024 年两会重保期间，主动发现安全漏洞与风险 10000 余个，排查安全高级别风险 2000 多个，扫描安全漏洞 1.6 万个，漏洞整改率 90%，上报国家和省安全隐患 12 个。广州市荣获广东省 2023 年、2024 年"粤盾"攻防演练最佳防守地级市（图 10-13）。

图 10-13 "粤盾"攻防演练最佳防守地级市（广州市）

## 六、"政产学研用"深度融合，孵化数字安全产业及人才

广州市抢抓数字安全产业发展机遇，与联通数科等国内龙头安全企业强强联合，打造具有特色优势的数字安全产业群。一是委托中大、暨大、广大等高校培育数字安全人才，联合安全厂商共建数字安全实践基地，联合华为等建设数字政府安全大模型实验室。广州市 2023 年引进数字安全高端人才（院士 1 名）20 名，提供 1000 多个数字安全运营相关岗位工作。二是积极探索"政产学研用"深度融合的数字安全产业发展生态。2023 年广州市与中国联通第二届数字政府建设峰会暨"数字湾区"发展论坛签署数字安全战略合作协议，助力广州市持续完善数字政府安全保障体系建设，助推中国联通安全产业链生态合作发展。三是积极推动申报建设国家级网络和数据安全产业园，构建引领性网络和数据安全产业生态聚集地。广州市计划投资 20 亿元建设全国首个网络和数据安全产业园，得到国家工信部和数据局等大力支持，2025 年将完成建设并投产运营，助力广州打造全国数字安全发展高地。

# 第十一章

# 数字广州"花城八景"之七
# "广数所"

2019 年,党的十九届四中全会发布《中共中央关于坚持和完善中国特色社会主义制度 推进国家治理体系和治理能力现代化若干重大问题的决定》,首次将"数据"列为生产要素。广东省委、省政府积极贯彻落实国家数据事业相关工作部署要求,高度重视数据要素市场化配置改革工作,2021 年在全国率先启动数据要素市场化配置改革,并积极谋划数据交易场所建设。在广东省、市政务服务和数据管理局的积极推进下,广州数据交易所有限公司(简称"广数所")于 2022 年 9 月 30 日在广州南沙正式揭牌运营(图 11-1)。

⋀图 11-1 "广数所"大楼

"广数所"定位为广东省数据要素市场体系的核心枢纽,立足粤港澳大湾区、面向全国,以推动数据要素安全流通和融合创新为使命,致力于打造集登记、交易、应用和服务于一体的国内领先的数据交易全周期新型基础设施,充分激活数据动能,助推产业转型升级和经济社会高质量发展。在广东省、市政务服务和数据管理局的指导下,"广数所"积极探索数据要素赋能实体经济发展路径,走进田间地头、深入车间产线,创新场景做实交易产品、构建规则保障合规体系、多维融合做广交易生态、聚力创新做好平台建设、全面布局做大交易规模,在激发公共数据价值、赋能实体经济发展、培育数据要素市场生态等方面取得了显著成效。

## 第一节 政策背景

近年来,国家层面不断出台数据要素相关政策,广东省、广州市响应国家政策号召,严格贯彻落实相关工作要求,广东省率先推动数据要素市场化配置改革,广州市发挥在数据要素市场化配置改革中的示范引领作用,积极推动数据工作开展。在广东省、广州市的积极推动和大力支持下,"广数所"正式揭牌成立。

## 一、国家数字化转型战略发展的必然要求

2019 年，党的十九届四中全会通过《中共中央关于坚持和完善中国特色社会主义制度　推进国家治理体系和治理能力现代化若干重大问题的决定》，提出"健全劳动、资本、土地、知识、技术、管理、数据等生产要素由市场评价贡献、按贡献决定报酬的机制"。这是党中央首次将数据增列为生产要素，标志着数据作为一种新型生产要素上升到国家发展战略，体现了数据在经济社会发展中的重要地位，对提高生产效率的作用日趋重要。2020 年 3 月，中共中央、国务院发布《关于构建更加完善的要素市场化配置体制机制的意见》，数据与土地、劳动力、资本、技术等传统要素并列，正式被纳入生产要素范围，并强调了加快培育数据要素市场的重要性。2021 年 12 月，《"十四五"数字经济发展规划》强调了数据要素在数字经济中的核心地位，提出了加快数据要素市场建设，促进数据资源的高效配置和开发利用。2022 年 12 月，中共中央、国务院发布《关于构建数据基础制度更好发挥数据要素作用的意见》，提出建立合规高效的数据产权制度、数据要素流通和交易制度、数据要素收益分配制度、数据要素治理制度，为数据要素发展提出顶层设计指引，激活数据要素潜能。2023 年，中共中央、国务院印发《数字中国建设整体布局规划》，明确了数据要素在数字中国建设中的作用，推动数据资源整合共享、开发利用、安全治理、市场化配置等方面的发展。

## 二、广东率先推动数据要素市场化配置改革的需要

为贯彻落实党和国家关于数据要素市场化配置改革要求，2021 年 7 月，广东省人民政府印发《广东省数据要素市场化配置改革行动方案》，这是国内关于数据要素市场化配置改革的首个省级文件。文件指出要加快推进数据要素市场化配置改革，提高数据要素市场配置效率，建设"全省一盘棋"数据要素市场体系。计划到 2021 年底，初步构建统一协调的公共数据运营管理体系，到 2022 年底，初步构建权责清晰的数据要素市场化配置制度规则和组织体系，在全国打造"理念先进、制度完备、模式创新、高质安全"的数据要素市场体系和市场化配置改革先行区。2021 年 10 月，广东省人民政府颁布第 290 号令《广东省公共数据管理办法》，该办法明确了各级行政机关和公共企事业单位数据采集、汇聚、共享、使用、管理等要求，并推进省市县三级政府及部门首席数据官制度试点，探索完善公共数据管理组织体系。2023 年 11 月，广东省人民政府办公厅印发《"数字湾区"建设三年行动方案》中提出，支持广州、深圳数据交易所创建国家级数据交易所，建设市场制度、交易规则和平台载体统一的大湾区数据要素交易市场。广东省这些政策为"广数所"正式成立和发展指明了方向和目标，有力推动了数据要素市场化配置改革步伐，为促进数字经济和实体经济的深度融合提供了指导。

## 三、充分发挥广州在数据要素市场化配置改革中的示范引领作用

为落实党和国家、广东省关于数据要素市场化配置改革要求，广州市委、市政府高度重视，积极推动广州市数据要素市场化配置改革工作。一是健全制度。2021年11月，广州市人民政府印发《广州市数据要素市场化配置改革行动方案》，提出通过六大方面18项工作任务，力争"十四五"期间率先构建"统一、开放、法治、安全、高效"的数据要素市场体系，推进全域数据要素赋能，助力超大型城市治理体系和治理能力现代化。2023年9月，广州市政务服务和数据管理局印发《广州市全面推行首席数据官制度工作方案》，全面推行首席数据官制度，并将其作为推动数字化改革的有效抓手，深入推进数字政府和数据要素市场体系建设，促进数据、业务、技术深度融合。2023年11月，中共广州市委全面深化改革委员会印发《关于更好发挥数据要素作用推动广州高质量发展的实施意见》，提出加快推进数据产权、流通交易、收益分配、安全治理等数据基础制度建设，培育统一数据要素市场，激活数据要素潜能，促进数据要素与实体经济深度融合。二是举全市之力建好"广州市数据交易所"。2023年广州市政府工作报告提出"建好'广数所'""创新公共数据运营模式"等要求，把公共数据运营和"广数所"建设列为全市性重点工作任务，由广州市政务服务数据管理局牵头成立"广数所"工作专班，主要承担协调推动数据要素流通相关工作，包括开展公共数据运营、支持"广数所"做大做强。三是印发《广州市公共数据运营试点方案》，推动广州公共数据运营平台及"广数所""一所多基地多平台"的生态建设，组织起草广东数据要素集聚发展区建设规划方案并成功申报广东数据要素集聚发展区，组织举办"双数"峰会数据要素论坛和广州数据交易会，实现预期目标。

## 第二节　发挥数据要素乘数效应

"广数所"成立以来，积极探索全场景产品孵化，创新建设多层次数据交易市场，推动数据要素乘数效应发挥，促进公共数据价值释放，推动数据安全合规跨境流通交易，赋能实体经济。

### 一、聚焦产业赋能释放数据要素价值

基于能源、农业、低空经济、环保、工业制造等较为成熟的产业链平台，"广数所"打造多样化首发数据产品，试点推动行业链主型平台与数据交易平台融合联通。依托"数据要素×"大赛，以赛促用持续孵化医疗检测、航空驾培、智能网联汽车等高价值数据产品。

"广数所"以场景创新为牵引，加快公共数据与社会数据融合，激活金融保险、交通、医疗、社会治理、生态环保、文旅、科技等领域数据要素价值，发布覆盖全省多个地市诸多领域的近百款公共数据产品，并推动实现场内全流程交易闭环。

"广数所"积极推进运营商、电网等企业的成熟场景同类同源数据产品批量挂牌、统一合规，引导孵化系列高质量数据产品，降低成本并提升效率。

## 二、建设行业数据空间和行业平台

"广数所"当前已建设陶瓷、能源、农业和低空行业数据空间及可信 AI 样本行业数据平台，探索建立多层次数据交易市场体系，促进场内场外融合发展。陶瓷行业数据空间于 2023 年 7 月正式挂牌，实现数据产品场内动态连续闭环交易，全面释放陶瓷产业数据价值。能源行业数据空间于 2023 年 12 月正式挂牌，秉持绿色发展理念，致力于构建多元化数据汇集体系，为行业低碳转型提供有力支撑。农业行业数据空间于 2023 年 12 月正式挂牌，打造以数据和模型为支撑的农业生产数智化场景，支撑提高种养殖生产效率及经济效率。低空行业数据空间于 2024 年 7 月正式挂牌，聚焦空地数据融合、行业应用场景构建、推动粤港澳大湾区低空经济协同进步，实现资源的共享和合作的加强。可信 AI 样本行业数据平台于 2023 年 12 月正式挂牌，通过搭建安全合规的人工智能训练环境，实现了数据在域内训练，有效解决数据泄露和滥用难题，保障样本数据安全合规流通。

## 三、试点跨境数据交易

"广数所"联合广电运通集团股份有限公司打造南沙离岸贸易综合服务数据产品，整合 170 多个国家和地区的海关记录数据、覆盖全球 97% 的集装箱数据和 57 个国际物流系统数据，有效解决跨境贸易供应链信息不透明、境外进出口环节成本高等痛点。基于南沙和横琴自贸区等积极孵化港澳数据特区，探索粤港澳大湾区数据跨境双向流通机制和规则体系，共建共治共享共营数据可信流通基础设施。

# 第三节　构建"一所多基地多平台"体系

"广数所"服务"全省一盘棋"，统筹规划实施"一所多基地多平台"生态体系，建立"广数所"服务基地，推动数据交易业务向地市下沉、向省外拓展，助力全国一体化数据市场发展。同时，夯实基础设施建设，打造创新服务平台，为数据高效流通交易提供支撑。

截至 2024 年底，佛山、湛江、惠州、清远、东莞、韶关、肇庆、江门、阳江、梅州、汕尾、拉萨、喀什等 13 家数据交易服务基地相继建成运营，在广州建设天河、白云、黄埔服务专区，推动了百亿级规模实体经济高质量发展。其中，拉萨基地打造牦牛、牧草、冰川水等当地产业数据发展模式，有针对性孵化数据验真、质量把控等创新赋能型数据产品，推动西藏产业数字化发展，实现数据要素赋能当地实体经济发展路径，推动本地招商引资和特色产业园区的落地发展；喀什基地推进新疆空天数据产业发展以及服务于中亚的跨境贸易数据应用，助力当地实体产业经济发展。这两个服务基地的建设运营为支援西藏新疆和对口合作提供了积极力量。

"广数所"服务全国一体化数据市场，打造全国互联互通先行先试样板。通过参与国家数据局推动的《数据交易机构互认互通倡议》，牵头发起《全国数据要素市场可信交易倡议书》，积极推动数据要素市场协同发展。与广西、内蒙古、山东共同建设联合共创中心，逐步实现"融产业、共生态、创价值、促发展"共建目标。推进试点共建基础设施，与上海、重庆、天津、山东、广西、浙江等省市数据交易机构合作建设全链条交易生态基础设施，实现互认互信。发挥行业平台的集聚作用，打造数据交易所、数据交易供需方、数据企业、数据经纪人和第三方专业服务机构等"多方协同、合作共赢"的生态体系。

### "广数所"基地典型案例

2023 年 5 月，"广数所"佛山服务基地正式成立，标志着"一所多基地多平台"体系架构正式落地。发展至今，"广数所"陆续在广东省内外成立十余个基地，以下为较有代表性的服务基地。

1. 佛山服务基地

"广数所"（佛山）服务基地位于南海区千灯湖创投特色小镇，由佛山市按照省"一所多基地多平台"体系架构联合打造。佛山服务基地立足佛山，面向广东，辐射全国，提供会员管理服务、数据资产合规登记配套服务，根据实际需求开展数据交易生态培育、数据产品研发、数字金融等增值服务。

2. 东莞服务基地

"广数所"（东莞）服务基地重点建设"权威的数据合规登记服务平台、专业的数据运营管理服务平台和一流的数据要素生态培育平台"三大内容，主要提供基础配套服务、会员服务、数据资产合规登记指引服务等三大基础服务，以及数据经纪服务、公共数据运营、产业培育、数据交易生态培育、数据人才培训等五大增值服务。

3. 拉萨服务基地

"广数所"（拉萨）服务基地依托青藏高原的特色产业资源，打造当雄数字经济资产化模式，以此推动当地特色产业的转型升级，旨在成为西部地区数据交易服务机构的典范。"广数所"（拉萨）服务基地服务内容涵盖基础配套、会员管理、数据交易生态培育、数据资产合规登记指引、数据经纪、数据运营管理、数据应用创新、数据人才培训等,这些服务的提供为拉萨乃至整个西部地区的数字经济发展注入了活力(图 11-2)。

∧ 图 11-2 "广数所"拉萨服务基地

4. 天河服务专区

"广数所"(天河)服务专区于 2024 年 4 月 9 日举办的第十届中国广州国际投资年会天河平行分会上正式揭牌成立(图 11-3),标志着广州市首家数据交易服务专区的诞生。该服务专区承担着为市场主体提供一系列合规安全、集约高效的数据流通交易综合性服务的重要职责,包括基础配套服务、会员管理服务、数据交易生态培育以及数据经纪服务等。通过提供一整套合规安全、集约高效的数据流通交易综合性服务,促进数据要素的广泛应用和创新发展,推动数据交易,促进区域经济发展。

∧ 图 11-3 "广数所"(天河)服务专区揭牌

**5. 白云服务专区**

"广数所"（白云）服务专区于 2024 年 10 月 24 日正式揭牌运营（图 11-4），为各类数据市场主体提供市场主体登记管理、数据要素登记确权、数据产品合规审查和上架交易等专业化服务，并探索多元数据产品交易。

⤒图 11-4　"广数所"（白云）服务专区揭牌

**6. 黄埔服务专区**

"广数所"（黄埔）服务专区已于 2024 年 10 月 24 日正式揭牌成立（图 11-5），旨在规范二级数据要素市场并促进数据要素的高效流通。该专区致力于为数据交易主体提供权威、专业、高效的数据交易服务，致力于打造一个"多方协同、合作共赢"的数据交易生态体系，并提供一系列增值服务，包括数据交易生态培育、数据经纪、数据运营管理、数据资产管理、数据应用创新以及数据人才培训等。

⤒图 11-5　"广数所"（黄埔）服务专区揭牌

党的二十届三中全会明确提出"建设和运营国家数据基础设施，促进数据共享"。"广数所"积极贯彻落实国家数据工作相关要求，夯实基础设施建设，打造创新服务平台，为多层次数据交易市场体系构建提供了基础力量和底层支撑。

依托广东数字政府建设公共支撑能力，"广数所"建设了多层次数据要素流通交易平台，提供安全、可信、便利、高效的平台化服务，深度融合行业平台交易体系，实现场内场外高效协同。建设可信数据交付管理平台，为数据交易供需双方提供一站式、全流程的数据交付服务。提供多形态、多密级的数据交付能力，在交易前、交易中、交易后建立起全流程管理与监督体系，做到全流程管理覆盖。

"广数所"积极打造创新服务平台。一是第三方评测平台。联合鹏城实验室、广东联通、数据堂搭建面向各垂直场景应用的人工智能评测平台，提供330+基准模型、200+评测方案、300+评测工具、1000+评测用例、250+评测标准。依托广东省算力资源共享发布服务平台，为AI行业提供算力、数据、AI技术评估、模型竞技、数据产品合规认证和交易流通的一站式服务。做深做实人工智能、大模型领域数据+算法+算力的融合性应用场景。二是数据产权登记服务平台。基于广东两年多数百个数据合规实践案例的审核积累，融合法务、技术、安全、行业等专家意见构建智能审核模型，实现数据合规审核和数据产权登记全流程智能化服务，通过联动数据交易平台实现了从合规登记到流通交易的服务闭环，为对接全国统一数据产权登记服务平台奠定良好服务基础。三是一站式数文产品服务平台。汇聚海量文化数据资源，提供可信的数文产品登记及安全、便捷、高效的交易服务，支持基于传统文化创新数据的应用开发，打造开放合作的产业生态，促进数文产品与传统制造业的融合。四是行业数据指数公开发布平台。搭建行业数据指数公开发布平台，发布涉及财经金融、能源电力、交通旅游、智慧城市、船运船舶、知识产权、公共资源、农业水产等行业的数据指数320多项。

## 第四节　探索数据资产化实践路径

《"数据要素×"三年行动计划（2024—2026年）》明确提出"推动数据资产化"，国家数据局《关于促进企业数据资源开发利用的意见》也指出"探索数据资源化、产品化、价值化、资产化的可行路径"，数据资产化是我国数据工作的重要内容。"广数所"积极响应相关政策工作要求，通过创新融资模式、打造金融类数据产品等多措并举帮助企业资产保值增值和数字化转型，助力推动数据资产化工作发展进程。

## 一、首创碳数据产品融资新模式

"广数所"抓住绿色金融创新发展新机遇，携手人民银行肇庆市分行、肇庆高新区兴旺数据有限公司等合作单位，开创性推出"碳账户"数据产品融资业务模式，以企业碳账户数据产品为核心要素推出信贷产品。

该模式不仅为企业开辟了新的融资渠道，降低了融资成本，为企业绿色转型提供了强有力的金融支持，更是通过将企业碳账户数据产品化，为企业提供了一个全新的价值衡量标准，使得企业能够更加直观地了解自身的碳排放水平，并据此制定针对性的减排措施，为实现碳减排目标和可持续发展注入新的动力。

"碳账户"数据产品助力近 200 家企业成功获得超过 60 亿元的碳账户数据产品质押贷款。这些资金用于企业的绿色改造和节能减排项目，也推动了企业在绿色技术、绿色产品等方面的创新与发展。

## 二、打造数据资产融资产品

"广数所"联合中国银行、建设银行、光大银行等金融机构发布数据资产增信类贷款产品，助力中小微企业获得融资授信。其中"光数贷"产品依托"广数所"数据资产登记凭证，实现数据价值的直接变现。目前"光数贷"已在珠海、中山、湛江等多地落地数据资产增信业务，累计授信金额已超 2 亿元。

数据资产融资产品的推出，不仅让原本难以量化的数据资产成为企业获取资金的新途径，更通过数据资产变现，使得企业可以更加灵活地运用资金，加大在技术创新、产品研发、市场拓展等方面的投入，提升企业的核心竞争力和市场地位。

## 三、探索企业数据资产化

企业通过数据资源入表，可以显化企业数据价值，为财报使用者提供更直观的数据资产相关信息，改善企业财务报表结构，降低资产负债率，提升当期利润，缓解业绩压力。此外，数据富集型企业可以借此机会牵引模式创新，实现管理升级。

"广数所"依据理论研究与自身实践经验，构建起一套涵盖企业数据资产管理各阶段的实施路径，即从数据资源化、产品化、资产化直至资本化的完整链路。该路径引导企业首先经由数据治理、资源盘点与质量管理，达成数据资源化；继而通过数据合规管理、产权登记及应用场景开发，实现数据产品化；随后借助数据交易与资产入表，完成数据资产化；最终以数据资产投融资等手段，推动数据资本化。以此全面助力企业深入挖掘并释放数据要素价值，在数据驱动的时代浪潮中抢占先机，实现数据资产的高效管理与价值变现。2024 年以来"广数所"依托自身专业的服务能力，已助力多家央国企、民营企业规范开展数据资源入表工作。

此外，"广数所"先后参与广东省企业数据资源会计处理典型案例研究，形成了包括 24 家企业的调研报告和典型入表案例集；联合发布《数据资产化实践指南》《数据资源会计处理流程研究报告》《广州数据资产管理及入表工作指引》《数据资产评估研究报告》等研究成果，为数据资产化路径提供指引。"广数所"还通过培训、完善数据资产登记交易机制等措施，深化市场对数据资源入表的理解。

## 第五节　严守数据安全合规底线

"广数所"作为广东省数据要素市场体系核心枢纽，始终坚持将安全合规放在首位，保障数据流通全流程安全合规与可信可控。这为多层次数据交易市场体系建设提供了有效保障。

"广数所"建立数据流通交易全生命周期安全管控制度体系，严格落实等保体系建设，强化数据安全、产品安全、系统安全、生态安全管控措施，确保整体安全，促进数据交易所业务在规范中发展、在发展中规范。同时，搭建起数据交易分级分类标准、数据质量管理、数据资产管理等数据全生命周期安全管理体系。在多个基础设施建设过程中，采用隐私计算、联邦学习、区块链等数据加密、存证留痕等技术，确保数据交易全流程安全。

"广数所"全方位合规护航，打造全国示范。一是积极探索数据交易合规工作新路径。在广东省数据资产登记合规工作机制下，持续深入研究合规登记、流通交易、安全治理等工作的实操路径。二是持续推进数据资产合规登记工作。联合广东数据资产登记合规委员会做好数据资产合规登记工作，在保护数据要素权益与数据安全的基础上，不断提高合规登记的效率。三是健全数据合规与交易规则体系。制定了系列数据资产合规登记制度，参与多个国家标准、团体标准制定。四是积极培育合规生态体系。筹建数据资产登记合规审核机构生态库，培育数据合规生态体系。

# 第十二章

# 数字广州"花城八景"之八 "穗智维"

# 第一节 "穗智维"建设情况

为贯彻落实《广州市数字政府改革建设"十四五"规划》《广州市数字政府统一基础运维管理改革方案》《广州市数字政府信息基础设施统一运维服务管理办法》《基础设施统一运维服务目录》等文件要求,数字政府统一基础设施运维包括对全市统筹开展的市本级行政单位、参公事业单位、公益一类事业单位非涉密桌面及办公设备、政务信息化基础设施的运维管理活动,支撑保障广州市不少于350余家单位的信息基础设施进行集约管理,提供信息基础设施统一运维服务。在统一基础运维管理改革前,广州市各政府单位由不同的服务商提供运维服务,分散模式下运维体系标准不统一,集约化管理能力薄弱,运维技术标准和流程、服务标准和质量等参差不齐,配置管理缺失,导致信息基础设施运维成本增加、运维效率低下、服务质量参差、运维资源无法集约统筹利用等问题,影响运维业务的高效高质管理和服务能力的持续全面提升。因此,需要更好的管理模式来提高运维效益。同时为贯彻执行广东省、广州市数字政府改革建设"十四五"规划,聚焦提升信息基础设施运维管理能力,需要更深入探索信息基础设施统一运维管理模式,让信息基础设施能为广州市数字政府提供更高效、更可靠的支撑作用,助力广州数字政府高质量发展。

## 一、"穗智维"简介

广州数字运维保障中心(简称"穗智维")(图12-1)由广州市政务服务和数据管理局统筹建立,由广州市城市建设投资集团有限公司旗下广州宽带主干网络有限公司具体实施,通过整合碎片化运维资源、差异化服务需求、个性化运维标准,重构全市基础设施运管模式,实现人力、工具、技术、管理、资金使用五个方面的集约化管理,在全国超大城市首创建立数字运维保障中心,为广州市党政机关单位近4.5万名用户、超14万台/套非涉密桌面及办公设备、政务信息化基础设施(不含安全设备)提供一体化、标准化运维服务。

中心选址于广州国际媒体港东港13层南塔1310室,占地约628平方米,紧邻城市地标广州塔,位

△图12-1 "穗智维"保障中心

于城市新中轴线与珠江景观轴的交汇处，与珠江新城、花城广场、海心沙岛隔江相望，地理位置优越，距离广州市数字政府运营中心约 2.6 公里，距离广州市智慧城市运行中心约 100 米。广州数字运维保障中心构建了以 1 个指挥调度中心为核心，3 大服务部门为支撑，4 块文化展示区为引领的"1+3+4"功能布局。其中指挥调度中心为整个运维服务体系的神经中枢，负责监控、分析和响应各种运维事件；服务热线部为用户提供 7×24 小时热线及时响应、全生命周期跟进工单服务情况、调度二线支持资源以及用户满意度调查；运维管理部负责做好日常运维服务，在重大节假日、汛期、台风等特殊天气和城市重要活动中全力完成重要保障服务；技术支持部拥有 20 多个二线技术支持团队以及 100 余名原厂技术专家，统筹调度全市备品备件资源保障体系，提供完备的后备技术和充足的资源支持（图 12-2）。

︽图 12-2　"穗智维"保障中心集中办公场地

中心聚焦桌面终端、网络传输以及机房环境等关键基础设施运维管理，致力于 7×24 小时快速响应满足用户服务需求。通过云上系统集约化管理、云下资产数据化运维，实现项目管理、云管理、安全管理、基础运维管理等数据对接，形成全市数字资源"一本账"；通过制定运维服务管理办法、服务目录、管理细则，发布《信息基础设施运行维护白皮书》，实现运维服务标准化管理、规范化实施、体系化运作，形成全市信息基础设施运维"一盘棋"；通过推动成立广州市信息化运维服务协会，吸引近百家行业龙头、信息运维企业、设备服务商及高职院校积极参与数字广州建设，形成带动上下游产业集聚发展的"一条链"；通过构建数字运维智能管理平台，实现服务需求及时获取、信息资产灵活感知、设施故障实时监控，形成全市智能化运维"一张图"。为市直部门及其下属单位提供统一的涵盖桌面办公设备和基础环境设施在内的运行维护服务，为广州数字政府持续、稳定、高效运行提供强有力保障。

广州数字运维保障中心始终坚持党建引领，秉承"支部建在项目上，党旗插在一线上"的理念，在统一运维项目一线成立党支部，促进党建工作在提升统一运维服务质效过程中发挥实效化作用（图12-3）。

⌃图 12-3 "穗智维"党建文化宣传区

下一步，广州数字运维保障中心将充分发挥政府需求的牵引作用，加强数字运维产业规划布局，释放行业协会带动作用，吸引数字运维产业链企业集聚，以技术创新驱动运维服务向主动、智能、高效转型，联动政产学研加快形成IT运维行业新质生产力，推动形成广州数字经济发展新动能。

## 二、"穗智维"Logo 设计

"穗智维"的 Logo 设计（图 12-4）保留了政数局 Logo 的核心元素，将塔和丝带作为主视觉焦点，以延续其标志性形象。在此基础上，引入两段象征全时服务的半圆科技线条，从象征科技汇聚与丰富数据资源的资源池中延伸而出，最终交汇形成一个完整的循环圆。这一设计体现了数据流动与实时响应的特性，寓意全天候、无间隙的服务理念，

⌃图 12-4 "穗智维"Logo 设计

即 24 小时不间断的信息支持与服务保障。资源池的设计元素经过创新，改为三个齿轮，象征着"穗智维"内部高效运作和协同工作，确保数据处理的精准性和可靠性。设计的外围采用了一个象征"360 度全面保护"的圆环，将所有元素有机融合，增强了 Logo 的视觉层次，同时传达了"穗智维"旨在构建全方位、多维度安全防护体系，确保数据的完整性和用户隐私的绝对安全。

整体而言，"穗智维"Logo 巧妙地融合了现代科技的美学和强烈的安全防护意识，不仅凸显了政数局对推动科技创新和强化数据管理的高度重视，也传递出对

客户数据保护的坚定承诺。

## 三、"穗智维"发展历程

### （一）第一阶段：试点运行阶段（2023.6.1—2024.5.31）

自 2023 年 6 月起，广州市启动了数字政府信息基础设施统一运维服务试点项目，将广州市民政局、广州市财政局、广州市政数局等 15 家单位纳入试点范围。通过试点实践，成功搭建了统一的运维管理体系、服务标准和工作机制，以提供卓越的运维服务。"穗智维"运维服务团队由 110 名专业人员组成，为 2648 名党政机关干部提供服务，并管理着 1.5 万台数字化运维设备。在试点工作中，服务团队初步构建了一个完整且稳定的统一标准体系，以及统一的运维服务和管理能力。具体措施包括：一是编制了统一的运维项目管理办法及需求管理细则，以确保运维工作的规范性和一致性。二是制定了统一的运维项目交接标准，以保障项目交接过程的顺畅和高效。三是规范了统一运维项目资产清查的口径，以提高资产管理的准确性和透明度。四是建立了统一的运维项目管理体系，以加强监督和控制运维活动。五是明确了统一运维项目及统一安全项目的边界，为项目的顺利实施和安全管理提供了清晰的指导。综上所述，这些措施为信息基础设施统一运维工作的全面推广奠定了坚实的基础，并确保了 15 家试点单位能够平稳过渡到统一运维模式。有效保证了统一运维服务的质量和效率，并从"统一标准规范、统一支撑平台和统一人员管理"三个方面同步推进，初步搭建起了服务管理体系。

### （二）第二阶段：全面覆盖阶段（2024.6.1—2026.5.31）

为贯彻落实《广州市数字政府统一基础运维管理改革方案》（穗数建办〔2022〕13 号）《广州市数字政府信息基础设施统一运维服务管理办法》等相关政策文件要求，基础设施统一运维包括对全市统筹开展的市本级行政单位、参公事业单位、公益一类事业单位 350 余家非涉密桌面及办公设备、政务信息化基础设施（不含安全设备）的运维管理活动。经统计，纳入基础设施统一运维且有桌面及办公设备运维需求的市本级行政单位、参公事业单位、公益一类事业单位，共计在编人员数约为 4.5 万人。截至 2024 年底，通过"广州市政务信息化项目管理系统"收集、统计纳入基础设施统一运维单位通过审核的基础类系统台账的基础环境设施设备数量近 14 万台 / 套，设备原值约 15 亿元。

## 四、"穗智维"服务内容

### （一）桌面及办公设备运维服务

桌面及办公设备运维服务包括对已纳入固定资产且在用的桌面及通用办公设

备及其周边配套设备、单位内部监控和门禁设备，以及单位内部智能会议室系统及配套软硬件设备的日常维护服务，不含维保、零配件更换及耗材服务。桌面办公设备是指台式电脑、笔记本电脑、平板电脑、触控自助终端、显示器、投影仪、打印机、复印机、传真机、扫描仪、多功能一体机、碎纸机、数据采集器等。

## （二）基础环境设施设备服务

基础环境设施设备运维服务包括6种类型。一是服务器、存储设备（磁带库、磁盘阵列、光盘库、磁带机、网络存储设备、磁盘机、存储用光纤交换机、移动存储设备及其他存储设备）。二是网络设备（光端机、路由器、交换机、网关、调制解调设备、集线器、终端接入设备及其他网络设备）。三是机房设备（机柜、精密空调、机房环境监控设备、UPS及电池组、消防设备、门禁及其他机房设备）。四是视频监控：①内部办公区域按桌面运维的标准提供服务，仅提供人力服务；②学校及含有对外服务固定场所（如办事大厅、公园、博物馆等）的单位按基础环境设施标准提供服务；③各单位机房内的视频监控按基础环境设施标准提供服务。五是无线通信AP：①内部办公区域按桌面运维的标准提供服务，仅提供人力服务；②学校及含有对外服务固定场所（如办事大厅、公园、博物馆等）的单位按基础环境设施标准提供服务。六是会议系统，用于全市或全行业指挥调度的按基础环境设施标准提供服务。

## （三）IT运维服务

### 1. 桌面及办公设备运维服务

包括7×24小时热线保障受理、人员驻场、二线支持、设备故障处理、协助设备故障维修、临时零配件、日常检查保养、设备台账管理、数据备份、桌面设备软件（含操作系统）维护、设备安装部署、事件文档整理、巡检等13项服务。

### 2. 政务信息化基础设施运维服务

包括7×24小时热线支持、人员驻场、二线支持、日常检查保养、设备台账管理、事件文档整理、应急预案、培训、网络安全协同等9种服务。

### 3. 机房服务

包括设备故障处理、性能检测及调优、设备部署及调试、主机固件版本升级更新、基础软件运维（云下的操作系统、数据库、中间件等基础软件提供维护服务）、硬件设备维修、低值易耗品、机房消防安全演练、巡检等9种服务。

### 4. 网络服务

包括网络线路优化、网络布线、重保服务（会议及重大保障服务）。

## 五、"穗智维"运维服务团队

"穗智维"运维服务团队包括项目实施人员、项目管理运营人员、报障处置中心、技术支撑组，采用7×24小时热线支持、驻场、二线支持等方式，统筹运用人力和工具等完成设备的监控及故障处理服务，及时快捷地对信息化设备进行维护。

### （一）项目团队规模

根据全市委办局部门实际运维需求情况，配置了883人的运维服务团队，规模全国第一（表12-1）。

表12-1 "穗智维"运维服务团队人员表

| 序号 | 人员岗位 | 人员类别 | | 数量/人 |
|---|---|---|---|---|
| 1 | 项目管理运营人员 | 项目经理 | | 1 |
| 2 | | 管理专员 | | 7 |
| 3 | | 服务质量专员 | | 7 |
| 4 | 项目实施人员 | 项目实施经理 | | 1 |
| 5 | | 桌面及办公设备运维工程师 | 项目组长兼VIP服务工程师 | 166 |
| 6 | | | 现场驻场普通工程师 | 366 |
| 7 | | 政务信息化基础设施运维工程师 | 网络工程师 | 188 |
| 8 | | | 服务器工程师 | 36 |
| 9 | | | 机房工程师 | 38 |
| 10 | | | 音视频工程师 | 59 |
| 11 | 报障处置中心人员 | 服务台热线座席 | | 14 |
| 12 | 合计 | | | 883 |

### （二）项目团队岗位设置

#### 1. 管理类岗位

项目经理作为运维团队总体负责人及项目管理运营人员分管负责人，是驻场运维服务团队的主要负责人，是项目质量第一责任人，对运维质量负责任，具有调动各种运维服务资源的权限和快速调配资源响应采购人应急需求的能力。管理专员根据管理制度建设情况和实际实施过程中发现的问题和风险，完善或细化运维管理相关制度，优化工作机制、流程和配套支撑体系，及时发现管理漏洞，提出管理优化建议，督促完成整改。

## 2. 技术运维类岗位

桌面维护工程师负责使用单位的计算机、打印机等桌面终端的维护服务，网络工程师负责网络设备日常巡检与维护服务，服务器工程师负责服务器和存储相关主要设备或数据库相关的日常巡检与维护，机房工程师负责机房环境和相关设备日常巡检与维护，音视频工程师负责音视频相关设备的巡检与维护等。

## 3. 故障受理服务类岗位

服务台受理人员负责接收电话热线、系统工单、各种渠道的服务请求，并处理基本的运维服务需求，按照服务规范进行受理、分发、跟踪等。

## 4. 远程技术支撑类岗位

工程师主要负责提供专业的技术支撑服务，对项目的巡检、重大故障、重要保障、运维管理建设、问题分析及优化方案的制定等工作提供专业的支撑服务，具备能力包括机房（数据中心）运维管理、数据库运维管理、网络运维管理和硬件维修维护等能力。

# 第二节 "穗智维"建设成效

"穗智维"通过统一规划、部署、采购，遵循统一的管理制度、规范、标准，基于管理、监督、技术等统一的保障能力，为市直部门及其下属单位提供统一的涵盖桌面办公设备和基础环境设施在内的高质量运行维护服务，创新构建"1-N-1-1"的全新架构，并从全局上构建了一套适用市级数字政府信息基础设施统一运维和大规模复杂运维服务场景的标准化管控机制，形成全规模、整体系、高稳定的信息基础设施运维服务和管理能力，是针对数字政府存量信息基础设施运维成本高、运维质量参差不齐等痛点问题提出的"广州答案"，积累形成了可落地、有实效的信息基础设施统一运维"广州经验"，树立广州市在全国数字政府基础设施运维管理领域的标杆地位。

## 一、改革措施

2022 年 7 月 22 日，广州市"数字政府"改革建设工作领导小组提出"整合全市各部门现有基础运维资源，构建广州市数字政府'信息基础设施运维服务平台'，实现市直各部门信息基础设施运维服务的集约管理"的总体思路，明确广州市数字政府信息基础设施统一运维 2023 年进入试点，2024 年覆盖市级全域的实施计划，旨在促进全市信息基础设施运维降本增效，全面提升基础运维管理能力，推动广州市基础运维领域人才、企业培育和产业发展，助推广州市数字经济健康发展。具体举措如下。

## （一）重构信息基础设施运维管理模式，优化管理组织架构

改变原来"1-N-N-N"的分散运维管理格局，即 1 个统筹管理和执行单位，N 个使用单位，N 个服务提供单位，N 个监理单位，创新构建"1-N-1-1"的统一运维管理架构，包含 1 个统筹管理和执行单位，N 个使用单位，1 个服务提供单位，1 个监理单位，构建广州市政务服务和数据管理局统筹总体管理，广州市数字政府运营中心具体执行项目管理，市直各部门负责本部门及下属单位运维管理，监理单位协助监督检查和考核评估的分级负责、协同管理机制，重新划分政务信息化运维项目中的角色和职责，通过优化管理组织架构，实现人力、工具、技术、管理、资金使用等五个方面的集约化管理，确保统一运维高效有序、集约统筹。

## （二）构建统一运维服务标准规范体系，规范统一运维水平

融合提炼 ITSS、ISO 等行业标准，结合各使用单位的运维管理制度和规范，推进建设广州市地方标准《数字政府统一基础运维规范　第 1 部分：总则》《数字政府统一基础运维规范　第 2 部分：信息基础设施运行维护服务水平》《数字政府统一基础运维规范　第 5 部分：信息基础设施运行维护实施要求》，修订《广州市数字政府信息基础设施统一运维服务管理办法》《广州市数字政府信息基础设施统一运维需求管理细则》等统一运维总体管理办法和细则，逐步建立健全涵盖运维服务管理、信息安全与应急响应、人员管理等服务支撑方面的制度规范体系，形成统一运维管理制度规范汇编，为统一运维服务实施提供规范指导。

## （三）搭建统一运维管理平台，加强智能支撑

通过打造"信息基础设施统一运维管理平台"，不断优化机制设计和数据对接，实现使用单位拨打服务台热线或通过粤政易应用端扫码快速便捷报障，服务请求 7×24 小时及时响应；实现日常巡检、工单处理、运维人员和资金使用情况等的线上监测管理，生成不同维度的数据看板，满足多主体、多层次的监督管理需求；通过丰富和完善运维知识库，持续推动基础运维能力的共享和提升；加强运维管理平台数据分析功能，沉淀和挖掘业务数据，形成数据可视化大屏展示界面，为科学的数字政府改革建设决策提供依据。

## （四）摸清信息基础设施设备底数，完善运维配置管理

开展使用单位信息基础设施设备摸查，对各类运维对象如运维文档、软件、硬件等配置项信息进行识别、记录、更新，建立配置数据库。推动统筹管理单位和执行单位通过配置管理对全局运维进行统筹，确保统一运维持续稳定运行；使用单位通过配置管理了解自身的运维对象现状，准确提出运维需求；服务提供单位以配置项为基础，关联故障、问题、巡检、服务质量监督、知识库等相关内容，提升运维

服务的效率及质量。

## 二、建设成效

### （一）实现降本提质增效

通过运维管理上的统筹协同，服务上的标准、规范和质效水平统一，技术支撑上的集约利用，以及运维资源和能力上的共享复用，有效提升运维服务和管理水平，促进广州市数字政府信息基础设施运维降本增效。

### （二）获得多项行业荣誉

统一运维作为广州市数字政府改革建设成果之一，在第二届数字政府建设峰会参展；同期，由中国工程院院士郑纬民指导编写的《政务数字资源一体化管理信息基础设施运行维护白皮书》成功发布。统一运维服务方案在《数字经济》杂志、赛迪网主办的第六届行业信息技术应用创新大会上被评为"2023信息基础设施运维领域卓越解决方案"，并成功入选由"国家信息技术服务标准工作组"组织评选的"信息技术服务标准（ITSS）典型应用案例（2023版）"。

### （三）带动行业整体发展

在统一运维的背景和趋势下，行业内企业自发成立广州市信息化运维服务协会，聚焦提升IT运维行业服务水平和加强行业交流合作，促进广州市基础运维产业发展壮大。同时，统一运维具体采购需求中明确了中小微企业分包额度，有效推动行业骨干企业与中小微企业的协同合作，为中小微企业提供良好的发展空间，带动全行业高质量均衡发展。

## 三、创新点

### （一）全国首创项目

"穗智维"是全国首个城市级大规模信息基础设施统一运维项目，创建了全国首个超大型城市数字政府信息基础设施统一运维中启用的市级技术平台，基于其赋能运维过程智能化、自动化和高效化的实践过程和应用效果，将为行业运维模式转型升级提供经验示范，是解决数字政府信息基础设施运维成本高等痛点问题的"广州答案"，积累形成可落地、有实效的信息基础设施统一运维"广州经验"，为全国其他城市开展相关数字政府改革建设实践提供有益借鉴。

### （二）管理模式创新

以组织管理的优化统筹，推动人力、工具、技术、资金等的集约利用，促进信息基础设施运维降本增效。在人力集约方面，首次提出信息基础设施统一运维服务模式，改变了原来"1-N-N-N"的分散运维管理格局，创新构建"1-N-1-1"的统一运维管理架构，使服务提供单位、监理单位等各自合并为一个单位，项目人员大幅减少，充分发挥了人员集中、工作量饱和、人力成本下降的优势。在工具集约方面，通过建设达到ITSS信息技术服务标准的统一运维工具，如服务台、运维管理平台等，实现运维工具的高水平建设和集约化利用。在技术集约方面、以统一的技术专家体系、知识库、厂家资源池，为各单位提供专业、有厚度的运维技术支持。在资金集约方面，统筹管理单位统一监管资金使用，提高资金使用效能。

## （三）管控体系创新

融合行业ITSS和ISO标准体系要求，建立了一套适用于广州的市级数字政府信息基础设施统一运维和大规模复杂运维场景的标准规范体系，让统筹管理和执行单位能够按照统一的标准要求服务提供单位为使用单位提供统一高质效水平的运维服务；使用单位能够通过统一的标准提高自身的运维管理水平；服务提供单位能够基于统一的标准，构建自身的运维服务能力体系，提升运维服务质效和客户的满意度；监理单位能够基于统一标准，对运维工作进行质量把控，通过统一标准考核服务提供单位，推动整体运维服务提质增效。

# 第十三章

# 数字广州发展水平评估
# 与实践

近年来，中共中央、国务院到各级地方党政部门高度重视数字化转型工作，将数字化转型工作放在更加重要的位置。国务院印发《数字中国建设整体布局规划》，提出建设数字中国"2522"总体框架，即夯实"两大基础"和建设"五位一体"、强化"两个能力"和优化"两个环境"新格局。广东省政府印发《"数字湾区"建设三年行动方案》，提出将"数字湾区"建设与服务粤港澳大湾区经济社会发展紧密结合，加速打造统一大市场和优质生活圈，努力打造全球数字化水平最高的湾区。广州市政府印发《数字广州建设总体规划》，提出数字广州建设"13535"总体架构，以推动数据要素市场化配置改革为"一条主线"，夯实数字基础设施、城市数智中枢、数字安全屏障"三大基础"，推动"五位一体"全域数字化转型，激活适数化制度改革、数字技术创新、数字领域开放合作"三大动能"，加强组织、资金、人才、资源、宣传等"五大保障"。广州市作为中国南部的重要门户，人口众多、经济活跃、文化多元，展现出国际一流营商环境和"千年商都"的独特魅力。城市发展迅速，交通网络密集，城市功能综合，面临着城市治理的多重挑战。广州市必须充分利用数字化手段，探索超大城市治理新模式，以满足市民对高品质生活的追求和期待。面对新发展阶段的新机遇新挑战，要抢抓机遇、乘势而上，牢牢把握城市数字化转型这一重大发展战略，增强紧迫感和重要性，坚持数字赋能，全面推进广州数字化转型，奋力建设更高水平的数字广州。

## 第一节 数字广州发展水平评估的必要性

### 一、广州奠定了数字化转型的坚实基础

当前数字化正以不可逆转的趋势改变人类社会的生产、生活和工作方式。习近平总书记在十九届中央政治局第三十四次集体学习时的讲话中指出："当今时代，数字技术、数字经济是世界科技革命和产业变革的先机，是新一轮国际竞争重点领域，我们一定要抓住先机、抢占未来发展制高点。"数字化越来越成为推动经济社会发展的核心驱动力，深刻变革全球生产组织和贸易结构，重新定义生产力和生产关系，全面重塑城市治理模式和生活方式。全面推进数字化转型是面向未来塑造城市核心竞争力的关键举措和必然要求。广州市数字化转型建设取得了显著成效，全面推进政务服务"一网通办"、城市治理"一网统管"、政府运行"一网协同"以及数据资源"一网共享"，"穗好办"政务服务事项100%网上办理，"穗智管"行业覆盖率达90%，电子证照用证率超过80%，公共数据开放数据集达到了1600个，推动超过3200家规模以上企业开展数字化转型。广州推动信息服务、人工智能、电子商务等产业的跨越式发展，建设粤港澳大湾区数字经济高质量发展示范区，支撑国家新一代人工智能创新发展试验区和国家人工智能创新应用先

导区的建设，致力于将广州打造成为世界一流的数字经济集聚区，加快新型智慧城市建设，建设国际一流的数字基础设施，为城市数字化转型奠定了坚实基础。

## 二、广州数字化转型面临的问题与挑战

虽然广州数字化转型取得了优异成效。但我们要清醒地认识到，在当前内外因素叠加、结构性周期性矛盾错综交织的背景下，数字广州建设面临一系列问题和挑战：一是数字广州建设的顶层设计尚需完善。数字广州建设的制度和标准规范体系存在薄弱环节，亟须补齐制度短板或漏洞。二是数字广州的统筹协调机制仍需加强。目前统筹数字广州建设的体制和机制不够健全和灵活，导致建设合力不足、内耗大、效率低，部分部门存在形式主义和官僚主义，缺乏提质增效降本的有效措施。三是企业自主创新基础相对薄弱。一些数字化企业发展方向和目标不够清晰，自主创新技术力量不足，数字科技创新能力有待提升。四是数据供需矛盾依然突出。数据孤岛和壁垒仍然存在，公共数据运营和交易供需不平衡，数据安全问题和隐患较多。五是数字经济发展动力需进一步加强。数字经济核心产业规模较小，缺乏龙头企业，产城融合程度亟待提升，市域治理数字化水平与国家治理现代化要求还有一定差距。六是数字人才队伍建设仍需强化。数字创新人才引进力度不足，人才政策孵化不到位，缺乏敢为人先、大胆创新的人才机制，数字人才的创新力有待提高。针对这些问题，我们正在持续推进解决，并将进一步加大力度、善作善成，确保取得更加明显的成效。

## 三、数字广州发展水平评估的重要作用

在全面加快推进数字中国建设的背景下，城市数字化转型和智慧城市建设如火如荼。据统计，全国开展城市数字化转型或推进新型智慧城市试点城市数量超 800 个，将要开展或筹备城市数字化转型或智慧城市建设的城市数量超过 200 个[1]。城市数字化转型作为新生事物，评估体系尚无成熟的经验和案例可借鉴参考，某些城市数字化转型逐渐暴露出先建设后规划、重建设轻运营、重硬件轻软件、高投入低产出，贪大求全轻实用、追求表面轻实效、华而不实轻能力等问题[2][3]，城市数字化转型"面子工程""形象工程""花瓶工程"不在少数，数据孤岛仍然难以消除，盲目投资和重复建设现象突出，实际建设效果并未达

[1] 王高华，张新刚，王保平，等.新型智慧城市建设模式与评估指标体系探索[J].数字技术与应用，2020，38（2）：233-236.

[2] 王威，王丹丹，单志广，等.新型智慧城市一体化评估体系研究与实践——以长沙市为例[J].电子政务，2022，（12）：13-22.

[3] 唐斯斯，张延强，单志广，等.我国新型智慧城市发展现状、形势与政策建议[J].电子政务，2020，（4）：70-80.

到预期❶。因此，构建一套符合城市数字化转型评估指标体系具有重要意义，该体系是城市数字化转型对成果进行量化计算、科学评测的方法体系，是城市数字化转型的行动指南，也是检验城市数字化转型建设水平和发展成果成效的具体体现，具有示范引领、监测指导、量化评估等作用❷。

因此，加强数字广州发展水平评估，对奋力建设更高水平的数字广州将发挥更加重要作用。一是有利于推动高质量发展。数字广州发展水平评估能够为广州市数字经济的高质量发展提供科学的决策依据。通过评估，可以反映全市数字经济发展态势及发展水平，从而更好地支撑经济社会高质量发展。二是有利于优化数字广州建设政策制定与落地实施。数字广州发展水平评估可以帮助完善数字经济相关政策，优化数字资源的获取渠道，增强领导干部和公务员的数字思维、数字认知、数字技能，提高公众数字化素养。三是有利于监测与评估数字经济发展情况。构建符合广州市数字经济发展特点的评估指数，开展对广州数字经济发展的监测评估，这对于把握数字经济发展趋势和规律至关重要。四是有利于提升城市治理能力。数字政府建设赋能数字经济，引领智慧城市发展，形成整体高效的政府运行体系、优质便捷的普惠服务体系、公平公正的执法监管体系、全域智慧的协同治理体系，推动超大型城市治理体系和治理能力现代化。五是有利于促进数字基础设施建设。数字广州发展水平评估结果可用于指导数字基础设施的建设，保持全国领先，为数字经济提供坚实的物质技术基础。六是有利于深化数据要素市场化配置改革。数字广州发展水平评估可以推动数据要素市场化配置改革，激活数据要素价值，促进数字技术与经济社会发展深度融合。七是有利于提升全民数字素养。数字广州发展水平评估可以识别并解决数字鸿沟问题，提升全民数字素养与技能，营造全社会共同关注、积极参与的数字素养提升行动的浓厚氛围。八是有利于推动数字产业化和产业数字化。数字广州发展水平评估可以推动数字产业化发展，加快智能物联网产业集群建设，推动人工智能、数字低空、数字贸易等产业发展，促进产业数字化转型。

## 第二节　城市数字化转型和智慧城市评估综述

纵观国内外，目前尚未有专门针对城市数字化转型发展建设的评估体系，但可借鉴我国推进智慧城市或数字化发展水平建设先进城市评估经验，创新发展数字广州发展水平评估体系。众所周知，开展数字广州发展水平评估工作是衡量数字广州建设的重要抓手，将极大推动和规范数字广州建设。国内外许多机构或学

---

❶ 李志清. 广州智慧城市评估指标体系研究[J]. 探求, 2014,（6）:9-13.

❷ 广州市政务服务数据管理局, 中国信息通信研究院. 广州市新型智慧城市建设规划[Z]. 2023.

者从不同角度和视域研究关于城市数字化转型或智慧城市评估指标体系的理论和方法，对促进城市数字化转型和新型智慧城市建设发挥了重要作用。

从国外看，如欧盟 2007 年制定中等规模的城市智慧（数字城市）排名评价指标体系，包括 6 个一级指标、31 个二级指标、74 个三级指标❶；IBM 公司 2008 年首次提出"智慧地球"概念并逐步构建了智慧城市评估标准和要素模型，该模型包括 7 个一级指标、28 个二级指标❷；新加坡提出"智慧国 2025"的"3C"理念，设立智慧城市建设统筹评价机构，创立政府首席信息官（GCIO）制度，派遣 CIO 参与各政府部门信息化建设与评价工作，但具体评价指标体系尚未对外公布❸，美国、英国、日本等国都陆续研究智慧城市或城市数字化转型建设评估指标体系，目的是通过评估考核机制来促进城市数字化建设水平和质量。

从国内看，广州市委党校李志清❹2014 年基于广州的实践，构建智慧广州评价体系，包括智慧技术、产业、公民、治理和生活五大领域一级指标和 20 个二级指标等，初步探索智慧广州评估要求。杜德林、黄洁、王姣娥等❺提出了新型智慧城市一体化评价体系研究与实践，该评价指标体系以国家新型智慧城市评价指标体系为基础，结合长沙市智慧城市建设实际融入了长沙市数字底座、数据、城市大脑、应用服务的总体架构，构建了精准治理、惠民服务、产业经济、生态宜居、智能设施、信息安全、信息资源和创新发展的评价指标体系，同时还结合了定量定性方法，从目标进度和内在机理分别进行评估，提高了指标体系的全面性和可操作性。张鑫洋❻在 2012 年曾撰文建立北京市智慧城市评价指标体系，该体系包括基础设施、人文科学素养、城市智慧政务、城市智慧节能环保 4 大指标评价体系，家庭光纤接入率（%）、无线网络覆盖率（%）、政府网站指数等 17 个指标。陈铭、王乾晨、张晓海等❼基于智慧南京建设实践把南京智慧城市评价指标体系分为基础设施、智慧产业、智慧服务、智慧人文四大领域，包括无线网络覆盖率（%）、智慧产业固定资产投资额（亿元）、政府行政效能指数（分值）、人均 GDP（美元）等 23 个二级指标。2011 年上海浦东智慧城市研究院发布"智慧城市指标体系 1.0"，包括智慧城市基础设施、公共管理和服务、信息服务经济发展、人文科学素养、市民主观感知等五个维度，19 个二级指标和 64 个三级指标。2020 年上海智慧城

---

❶ Paroutis S, Bennett M, Heracleous L. A Strategic View on Smart City Technology：The Case of IBM Smarter Cities during a Recession[J]. Technological Forecasting and Social Change, 2014,（11）：262-272.

❷ 王思雪，郑磊. 国内外智慧城市评价指标体系比较 [J]. 电子政务，2013,（1）:92-100.

❸ 刘学华；赖丹馨；罗婕. 新加坡"智慧 2025"发展规划 [J]. 中国建设信息化 2016,（5）:24-25.

❹ 李志清. 广州智慧城市评价指标体系研究 [J]. 探求,2014,（6）:9-13.

❺ 杜德林，黄洁，王姣娥. 基于多源数据的中国智慧城市发展状态评价 [J]. 地球信息科学学报,2020, 22,（6）:1294-1306.

❻ 张鑫洋. 北京"智慧城市"评价指标体系研究 [J]. 中国外资，2012,（10）:162-163.

❼ 陈铭，王乾晨，张晓海，等. "智慧城市"评价指标体系研究——以"智慧南京"建设为例 [J]. 城市发展研究，2011, 18（5）:84-89.

市发展研究院发布"智慧城市评价指标体系2.0"❶，包括智慧城市基础设施、公共管理和服务、信息服务经济发展、人文科学素养、软环境建设、市民主观感知等6个纬度、19个二级要素和37个三级指标❷。2020年重庆市大数据局发布智慧城市评价指标体系，包括基础设施建设、智能化应用、发展环境三大一级指标，云基础设施、民生服务、数字经济发展等13个二级指标，46个三级指标。2017年至今，国家相关部门制定和发布《新型智慧城市评价指标》2016版和2018版。在此基础上，2022年新发布《新型智慧城市评价指标》（GB/T 33356—2022），已于2023年5月1日正式实施，包括客观、主观两部分，惠民服务、精准治理等9项一级指标，政务综合服务、城市管理等29项二级指标，62项三级指标。当前国家住建部每年一度开展新型智慧城市发展水平评价的宗旨是摸清智慧城市发展现状、成效、存在问题等，为国家数字化战略转型决策提供参考，同时为各个城市明确新型智慧城市建设工作方向、为新型智慧城市建设提供榜样示范和经验推广❸❹❺。

综上所述，设计科学合理的数字广州发展水平评估体系，全面开展数字广州发展水平评估至关重要，这将极大提升数字广州建设质量和水平。到2030年，助力广州建成数字中国标杆城市；到2035年，助力广州数字基础设施达到世界先进水平，力争成为全球数字科技及产业创新高地。

# 第三节　数字广州发展水平评估体系设计

## 一、评估指标体系设计原则

数字广州发展水平评估坚持以系统性、科学性、实用性、动态性和代表性为原则。系统性指数字广州建设是一个有机整体，评估指标体系设计要全面系统反映数字广州建设发展的主要特征和发展规律；评估指标之间既要相互独立，又彼此有联系，共同构成一个整体，能从不同侧面反映数字广州建设水平和质量。科学性指评估指标体系设计要把理论与实践结合起来，提炼数字广州建设最主要、最本质与最有代表性的元素；充分考虑数据可获得性和高质量，避免专家打分等主观方式。实用性指评估指标体系设计要充分考虑数据获取及量化难易程度，充分利用统计部门等公开数据及有代表性的数据；筛选质量高、准确度高、可量化的指标数据，做到全面反映客观实际，实现"评估全面、指标简单"。动态性指推

❶ 武峰，胡治芳.基于创新驱动的智慧城市建设研究[J].电子商务.2016,（5）:17-19.

❷ 上海智慧城市发展研究院网站.智慧城市评价指标体系2.0.2020-3-1.

❸ 郭周祥.新型智慧城市考核评价指标体系研究[J].通信企业管理，2021,（5）：72-76.

❹ 庄广新，方可，王妍.新型智慧城市评价指标体系研究[J].信息技术与标准化,2021,（3）：66-71.

❺ 宫攀，张令新.国内外智慧城市评价指标体系对比分析及启示[J].规划师，2018,（11）：96-100.

进数字广州建设进程中，全市 11 个区数字化转型发展可能出现新变化新情况新趋势，评估指标设计既要有前瞻性，又要能结合广州各区发展实际进行动态调整和更新；评估指标设计要充分尊重客观现实，又要保持战略思维，认清机遇和挑战，做出长远、系统的谋划。代表性是指评估指标体系要充分结合广州市各区的发展特色和亮点，选取具有共同性和代表性的评估指标，使评估结果能更客观、更真实、更准确，充分发挥以评促建、以评促改、以评促管、以评促强。

## 二、评估指标体系设计思路

数字广州发展水平评估指标体系包括宏观、中观、微观设计三个层次。宏观层次主要体现数字广州建设主要内容，中观层次主要体现宏观指标的具体建设内容，微观层次主要是对中观指标的具体细化落实和量化评估。评估指标体系内容分为客观性和主观性指标两个方面，以客观性评估指标为主，主观性评估指标为辅。在评估指标体系设计思路上遵循先整体后部分、先全局后局部，自上而下、逐层往下的设计逻辑，分三步走（图 13-1）：第一步设计数字广州发展水平评估指标总体框架（宏观指标，初筛），第二步初步筛选出数字广州体现一级指标内容的二级指标（中观指标，二筛），第三步形成二级指标各细分内容即具体三级指标（微观指标，三筛）。

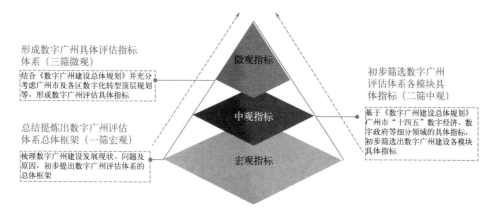

△图 13-1　数字广州发展水平评估指标体系设计思路

## 三、评估指标体系设计方法

数字广州发展水平评估指标体系设计方法分为五个环节（图 13-2）。第一步是对数字广州建设发展现状分析，参考国内外城市数字化转型评估理论与方法等；第二步是紧密结合数字广州建设发展规划，构建能总体反映数字广州建设关键要素的评估指标体系总体框架；第三步是选取符合数字广州建设特征和发展规律的指标；第四步是采取逐级平均赋权方法合理设置数字广州发展水平评估的指标权重；第五步是确定数字广州评估具体指标的标准值。这五个环节是环环相扣、循序渐进、缺一不可的。按照这五个环节设计数字广州发展水平评估指标，一是能保证评估指标的科学性、客观性和可实操性，二是能提升数字广州建设质量和效能，早日实现建设更高水平的数字广州的宏伟目标。

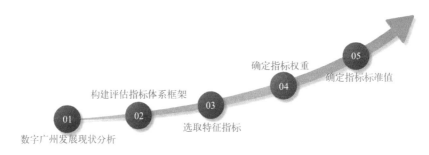

︿图 13-2 数字广州发展水平评估指标设计方法

## 第四节 构建数字广州发展水平评估指标体系

数字广州发展水平评估指标体系总体框架（图 13-3）包括数字基础设施、数据要素、数字治理、数字服务、数字经济和市民体验 6 个一级指标，网络基础设施等 20 个二级指标，5G 基站数等 72 个三级指标，一级指标从相对宏观的角度，全面涵盖数字广州建设内容；二级指标是一级指标的分类，从相对中观的角度展示指标体系内容；三级指标是对二级指标的进一步拆解，从相对微观的角度展示，包含具体指标内容（表 13-1）。

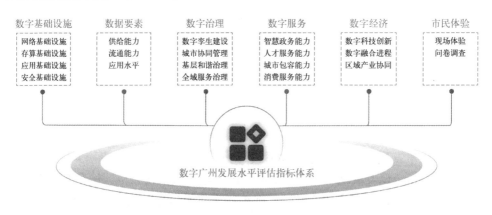

︿图 13-3 数字广州发展水平评估指标体系总体框架

表 13-1　数字广州发展水平评估指标体系

| 一级指标 | 二级指标 | 三级指标 |
|---|---|---|
| 数字基础设施 | 算力基础设施 | 数据中心标准机架数/万个 |
| | | 数据中心算力/(P/每秒百亿亿次浮点运算) |
| | | 人工智能算力/(P/每秒百亿亿次浮点运算) |
| | | 绿色节能数据中心数量/个 |
| | 网络基础设施 | 4G和5G基站数量/万座 |
| | | 10G-PON及以上端口数/万个 |
| | | 宽带用户数/万户 |
| | | IPv6移动网络流量占比/% |
| | 应用基础设施 | 工业互联网标识解析二级节点数/个 |
| | | 物联感知终端数量/万个 |
| | | 智慧灯杆的数量/(个/万人) |
| | | 充换电设施数量/(个/万人) |
| | 安全基础设施 | 数据分级分类完成率/% |
| | | 网络安全等级保护备案完成率/% |
| | | 密码安全设施应用覆盖面/% |
| 数据要素 | 供给能力 | 公共数据汇聚总量/亿条 |
| | | 大数据产业规模/亿元 |
| | | DCMM贯标企业数量/家 |
| | 流通能力 | 共享数据的需求满足率/% |
| | | 公共数据集开放数量/个 |
| | | 数据交易规模/亿元 |
| | | 数据经纪人数量/(个/万人) |
| | 应用水平 | 公共数据资产产品数量/个 |
| | | 数据要素×行业应用场景数量/个 |
| | | 公共数据产品或服务行业覆盖率/% |
| | | CIM平台与智慧城市类平台协同数量/个 |
| | | 国土空间基础信息平台为涉空间应用类平台提供统一空间数据底座服务的覆盖率/% |
| | 数字孪生建设 | 试点智能建造项目/个 |
| 数字治理 | 城市协同管理 | "城市大脑"行业应用覆盖率/% |
| | | 市政管网管线智能化管理率/% |
| | | 智能视频支撑城市治理应用场景数量/个 |
| | 基层和谐治理 | 城市社区网格化事件系统支撑率/% |
| | | 基于CIM智慧社区园区运营示范项目/个 |
| | 全域服务治理 | 公共安全视频摄像终端数量/个 |
| | | 城市事件应急指标系统应用比例/% |
| 数字服务 | 政务服务能力 | 车路协同的"智路"建成公里数/公里 |
| | | 政务服务平台办理事项总数/(万件/年) |
| | | 政务服务事项"一网通办"覆盖率/% |

续表

| 一级指标 | 二级指标 | 三级指标 |
|---|---|---|
| 数字服务 | 政务服务能力 | "零跑动"事项覆盖率/% |
| | | 政务热线事项办理满意率/% |
| | | 高频服务事项"跨城通办"率/% |
| | 人才服务能力 | 智慧教育公共服务平台合用户并发量/个 |
| | | 智慧校园数量/所 |
| | | 申领电子社保障卡人口覆盖率% |
| | 城市包容能力 | 社保异地业务联网办理/项 |
| | | 居民电子健康档案建档率/% |
| | | 电子病历应用水平达标率/% |
| | | 异地人口占常住人口的比重/% |
| | 消费服务能力 | 享受"智慧养老"智慧养老服务人数/人 |
| | | "三大馆""平安豫"覆盖率/% |
| | | 公共文化场馆平台年均访问量/(次/人) |
| | | 移动支付普及率% |
| | | 人均网上支付业务量/(万元/人) |
| 数字经济 | 数字科技创新 | 数字经济核心产业高新技术企业数量/家 |
| | | 数字经济核心产业增加值占地区GPD比重% |
| | | 数字经济产业有效发明专利占比% |
| | | 国家数字经济创新发展试验区(室)数量/个 |
| | | 规上企业上云上平台率% |
| | 数实融合能力 | 规模以上工业企业数字化转型数量/家 |
| | | 人均软件和信息技术服务业业务收入/万元 |
| | | 工业互联网平台和解决方案供应商数量/个 |
| | 区域产业协同 | 省级及国家级数字经济产业园区数量/个 |
| | | 引进国内外数字经济龙头企业落户数量/家 |
| | | 跨境通关平台互联互通覆盖率% |
| | | 跨境电商规模/亿元 |
| 市民体验 | 问卷调查 | 数字基础设施领域满意度% |
| | | 数据要素领域满意度% |
| | | 数字治理领域满意度% |
| | | 数字服务领域满意度% |
| | | 数字经济领域满意度% |
| | 现场体验 | 智慧城市(城市大脑)中心接待量/(万人/年) |
| | | 举办地市级及以上智慧城市类大会/(次/年) |

## 一、数字基础设施

数字基础设施是建设数字广州的重要内容，是支撑数字广州建设的关键基础设施。近年来，广州市数字基础设施建设具备良好发展基础，综合实力一直位居全国前列。广州作为国家三大通信核心枢纽之一、三大国际出入口之一，国家7大骨干网均在广州部署了骨干交换节点，国际网络枢纽核心作用明显。为巩固广州市存算综合枢纽地位，建设国际一流的算力服务高地，全面提升广州数字基础设施建设水平，基于广州实际构建了数字基础设施评估指标，包含网络基础设施等4个二级指标，5G基站数（万座）等15个三级指标，这些指标将助力广州打造信息服务核心枢纽地位奠定基础。

## 二、数据要素

按照国家"数据二十条"及广州数据要素市场化配置改革方案要求，为促进广州市数据要素市场化配置改革及数字化转型升级，探索数据安全合规跨境流通，助力数字经济创新发展，充分释放数据要素价值，促进全体人民共享数字经济发展红利，为推动广州市数字经济和数字化转型的高质量发展奠定基础。结合数据要素获取性、流动性、代表性、价值性和特色性等，形成数字广州数据要素指标体系，包括数据要素供给能力等3个二级指标，公共数据汇聚数据量（亿条）等10个三级指标，这些指标将助力广州构建"统一、开放、法治、安全、高效"的数据要素市场体系。

## 三、数字治理

参照国内外关于数字治理和社会治理的评估指标体系，如美国、日本、北京、上海、浙江等数字治理转型先进经验，从中筛选出既符合广州实际，又能体现广州亮点和特色的数字广州治理评估指标体系，包括数字孪生建设等4个二级指标，CIM平台与智慧城市类平台协同数量（个）等11个三级指标，这些指标将助力广州全面提升城市治理能力和社会治理体系现代化水平。

## 四、数字服务

数字服务评估指标体系结合《数字广州建设总体规划》等文件要求，充分考虑广州市数字化转型建设水平，聚焦广州市在公共安全、政务服务、智慧教育、医疗、保险、养老、旅游、人才服务资源等领域，通过评估指标重组、调整、增改、更替等程序，形成4类二级指标和17个三级指标。同时结合老龄化社会特点，增加智慧养老以及数字文化2个二级指标作为民生服务板块基础共性指标，形成广州市数字服务评估指标体系，包括智慧政务服务能力等4个二级指标，政务服务平台办理事项总数（万件/年）等17个三级指标，这些指标将促进广州智慧政务服务、人才服务能力，全面提升城市包容度和优化人文环境。

## 五、数字经济

遵循国家及广州市"十四五"数字经济发展规划，聚焦数字经济核心产业GDP占比、软件产业、电子商务、工业互联网平台提出了相应指标，结合广州市工业和信息化发展、商务、战略性新兴产业、科技创新、服务业、数字经济等领域指标，筛选出广州市数字经济评估指标体系，包括数字科技创新等3个二级指标，数字经济领域或高新技术企业数量（家）等12个三级指标，助力广州充分发挥数字经济新引擎作用，实现广州数字经济高质量发展。

## 六、市民体验

为使数字广州发展水平评估指标体系更加科学，充分体现以人为本，充分激发广州市民参与数字广州建设的主动性和创新性，市民体验指标设计以问卷调查为主，主要调查广州市民对智慧城市建设成效的体验感和满意度，满意度问卷调查设计了数字基础设施等5个领域，供广州市民主观性评分；在现场体检方面设计了智慧城市（城市大脑）中心接待市民数量等2个客观性指标，充分体现城市数字化转型建设客观性和现实性指标。

# 第五节　数字广州发展水平评估实施路径

## 一、评估实施要求

数字广州发展水平评估采用综合评估指数分析法和市民主观满意度体验（问卷调查和现场体检）评估相结合的评估方案。采用本方法能规避其他学者提出的评估方法的不足或者缺陷，以客观为主、主观为辅：一是确保指标评估数据通俗易懂、显而易见，容易让人理解、直观明了，能真实反映数字广州建设整体水平、广度和深度，综合实力等；二是能够全面反映广州市数字化转型建设在各个领域、各个层次、各区、街镇，各个指标的纵横对比和关联关系，客观反映城市数字化转型建设水平和成效；三是有利于与数字化转型发展先进城市进行对比分析，确保与国际接轨并引领城市数字化转型潮流，让评估结果更科学、更合理，突出广州数字化转型过程中发挥"排头兵、领头羊、火车头"的作用。

## 二、评估指标权重

数字广州发展水平评估指标分为一级、二级、三级三个层次，在权重设置上，主要采用逐级平均赋权方法进行权重分配（表 13-2），与市民体验评估结合起来，客观权重占 90%，主观权重占 10%，确保客观评估为主，市民主观为辅。通过梳理发现，国内外城市数字化转型评估指标体系中，平均赋权方法是评估指标权重设计的最主要方法。如世界主要国际组织对信息化综合统计指数的测算研究中，指标权重设计基本均采用平均赋权方法，如 DAI、DDIX、ICT-OI、IDI-ITU 评估指数等。我国相关的城市数字化转型研究机构会结合国情在平均赋权方法基础上将指标权重设置稍微调整，但仍然属于平均赋权方法范畴，如中国信息化发展指数和国脉互联智慧城市评估指标中，基础设施和公共服务占的权重略高于其他指标。数字广州发展水平评估指标考虑到市民体验指标属于主观性评估指标为主，一级指标权重除"市民体验"指标外，占 10% 比例，其他一级、二级和三级指标权重均使用平均赋权方法，这是数字广州评估创新之处。

**表 13-2　数字广州发展水平评估指标权重**

| 一级指标 | 权重 | 备注 |
|---|---|---|
| 数字基础设施 | 18% | |
| 数据要素 | 18% | |
| 数字治理 | 18% | 除一级指标"市民体验"外，其他一级、二级、三级指标均使用平均赋权方法 |
| 数字服务 | 18% | |
| 数字经济 | 18% | |
| 市民体验 | 10% | |

## 三、评估指数模型

为确保数字广州发展水平评估指数的科学性、准确性和合理性，避免评估指标增速过高、过低或数据失真等问题，采用逐级平均赋权计算方法[1][2][3]，将评估指标的增速（假设选定评估年份为 2024 年）前 2 年（2022、2023 年）平均值作为基准值，同时对指标体系中各指标增速的范围进行控制和微调，以确保数字广州发展水平评估体系全部指标计算出来的评估指数质量和效能处于合理值域范围内。数字广州发展水平评估体系各级指标指数合成步骤及主要计算如下：首先计算各具体领域及内容（三级指标）的加权增速，该指标是衡量数字广州建设具体内容情况，是评估指标体系的基础和关键；其次是在三级指标计算基值基础上计算二

❶ 伊彤,王海峰,张国会,等.北京文化和科技融合发展评价研究[J].中国科技论坛,2021,（8）：82-89.

❷ 银西阳,陈颐萱,李冬梅,等.中国2003—2019年农业供给质量评价与时空演变分析[J].浙江农业学报,2022,34（9）：2043-2054.

❸ 封艳红.金融高质量发展的测度及影响因素研究[D].广州：广州大学博士论文,2022.

级指标发展各领域指数，该指标反映数字广州中观建设内容，起到承上启下的作用；再次是在二级指标发展指数基础上计算数字广州宏观发展指数，该指标作为宏观反映数字广州建设主要特征和重点内容；最后计算数字广州建设发展总指数。计算公式中，$y$ 为年份，且 $y \geq 2022$，$\lambda_i$ 为各领域对总指数的权数。$N_{y+1}$ 为数字广州建设总发展指数。

$$N_{y+1} = \sum_{i=1}^{6} \lambda_i M_{y+1}$$

为动态衡量广州市 11 个行政区城市数字化转型发展水平，我们利用全局熵值法，按照区域、时间、指标三位一体数据表来进行测评。具体评估步骤分为五个环节：一是设计全局评估矩阵，假设对数字广州全部评估指标（$T_1$，$T_2$，$T_3$，…，$T_n$）对 $C$ 个城市（$C_1$，$C_2$，$C_3$，…，$C_n$）$Y$ 年的城市数字化转型建设水平成效进行评估，通过收集往年及基值年的数据表，形成 $cY \times n$ 的全局评估矩阵；二是采用极值法进行指标评估数据标准化处理，对指标正向或负向偏差或误差较大的值进行修正；三是逐级计算第 $n$ 个城市（广州市）第 $Y$ 年（基值年份假设是 2022 年）第 $T$ 个指标在该指标体系中所占的比重，该比重大小反映指标指数值大小；四是计算出第 $T_n$ 个指标的信息熵值（$ET$），熵值大小决定该指标的综合指数的大小，是一个变量；五是计算各个指标的权重（$WT$），权重大小反映该指标的重要程度，权重越大说明越重要，反之则相反；最后计算出该指标的综合评估值（$F_c$），假设若以 100 分为满分，综合评估值越接近 100 分，则说明综合水平则越高，反之结果则相反。综合评估值的计算公式为（$F_c$ 为综合评估值，$WT$ 为第五步求得的指标权重）：

$$F_c = \sum_{T=1}^{n} w_T x_{ct}^{y}$$

## 第六节　数字广州发展水平评估实践案例

按照数字广州发展水平评估指标体系，在参考国家城市数字化转型评估相关标准与实践经验基础上，开展数字广州发展水平评估工作，评估结果准确反映了数字广州建设现状、成效及问题，可为广州深化推进数字广州建设工作提供科学决策参考依据。

### 一、评估过程

数字广州发展水平评估按照"基线评估、数据采集与分析、年度评估、编制与发布评估报告、评估回头看"的流程组织实施。按照数字广州发展水平评估要求，从时间、空间等维度进行比较分析，以此验证数字广州建设成效、总结经验、不足和待提升之处。评估过程（图13-4）如下：一是开展数字广州发展水平基线数据评估。为更好确定评估指标体系的取值范围，为指标体系实施及评估提供基线，在广州市范围内采集数字广州2022—2024年基准值，根据每个指标的计算公式和定义编制形成《"数字广州"评估指标体系数据采集表》，分发给各区、各部门进行2022—2024年数据采集工作，根据基准值对各区进行评估。二是开展数字广州发展水平评估数据采集和统计分析。依托数字广州发展水平评估管理平台，加强数据智能采集和自动化统计，确保数据的共享和应用，分类分级开展评估指标统计、分析、监测和使用，全面客观衡量数字广州发展建设情况。三是开展数字广州建设年度评估。评估工作按照PDCA管理流程，依据数字广州发展水平评估体系组织开展指标评估具体实施工作，总结提炼评估指标在实施过程中的政策、统计监测、标准制定等先进经验或问题，提出整改措施和优化提升建议。四是编制和发布年度评估报告。根据评估结果数据，强化数据洞察能力，编制《数字广州发展水平评估研究报告》，面向全市发布数字广州发展水平评估指标及各项任务完成情况，总结指标实施的具体问题与影响因素，提出下一步优化数字广州建设工作建议。五是做好数字广州发展水平评估"回头看"工作。根据国家及广东省最新发展规划适当调整、完善评估指标和任务的设置，构建数字广州评估指标体系良性互动机制；开展数字广州建设"回头看"工作，针对性制定相关城市数字化转型发展规划、重点方向，补齐城市发展短板。

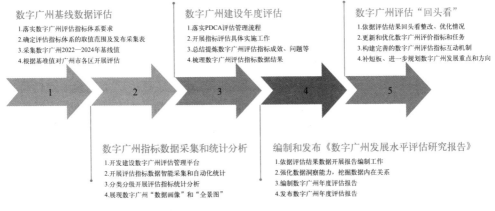

△图13-4 数字广州发展水平评估流程图

## 二、评估机制

数字广州发展水平评估是个复杂的系统工程。建立健全的评估工作组织架构和多方协同联动机制，是确保数字广州发展水平评估结果科学、客观、公平和权威性的根本保证。一是成立由广州市政务服务和数据管理局牵头，市委办局等单位配合的数字广州建设评估工作专班，全面负责数字广州评估工作，明确分工和职责，建立跨部门、跨层级、跨领域协同联动工作保障机制，做好本市评估宣贯和培训工作，明确每一项评估数据来源的负责部门、经办人及采集渠道、工具、平台、频率等，确保评估指标数据采集及时、准确、完整和高质量。二是委托城市数字化转型第三方专业化机构、企业或人才智库做好评估工作的技术支持和运营服务保障，开发建设数字广州评估管理平台，开发评估指标动态管理和裁剪工具等，充分利用网络化自动化智能化便民化渠道填报和加工处理指标数据，简化评估工作流程并提质增效降本，鼓励专家积极参与评估工作成效评审和观摩活动，依托城市数字基础设施运营商参与评估工作，提升市民评估覆盖面和参与度，确保评估工作质量和效率。三是充分发挥市民主观能动性参与评估工作，市民可通过在线"调查问卷"、政府服务热线、微信小程序、抖音等渠道反馈数字广州建设成效和痛点堵点问题，让更多市民亲身参与和体验广州市城市数字化转型建设成果，以获取市民对数字广州建设和成果体验的真实评估。

## 三、评估结果

通过数字广州发展水平评估指标数据采集和分析，我们得到了 2023 年数字广州在数字基础设施、数据要素、数字治理、数字服务、数字经济和市民体验共六个方面的得分（图 13-5）。数字广州建设总体评估得分为 85.98 分，参照国家城市数字化转型或新型智慧城市评估规范可知，数字广州建设总体水平位于国家前列，具备建设国际一流数字城市的基础和实力。数字广州六个一级指标中，数字经济指标得分为 75 分，与数字经济先进城市仍存在一定距离，需要进一步加大数实融合力度，依托数据要素市场化配置改革，促进数据要素价值释放和推动数字经济发展；市民体验指标分数最高（97 分），表明广州市民对数字广州建设成效体验非常满意，市民对数字广州建设发展所带来的幸福感、获得感充满信心；数据要素指标得分为 90 分，原因是广州在全国率先成立数据交易所、数据交易经纪人、首席数据官、出台数据要素市场化配置改革方案，推动数据要素交易市场规模超过 200 亿元，总体水平位居全国前列。

在数字广州发展水平评估 20 个二级指标中（图 13-6），算力基础设施、网络基础设施、安全基础设施、数据要素流通能力、数据要素应用水平、城市包容能力、问卷调查和现场体验共 8 个指标综合得分均在 90 分以上，占全部二级指标值的 40%，即数字广州建设整体水平位居国家"优秀"等级，特别是在城市包容能力方面，广州整体表现为全国领先水平。区域产业协同、数字科技创新、数字孪生建设指标得分分别为 70 分、72 分和 77 分，均处于"中等偏下"层次，表明广

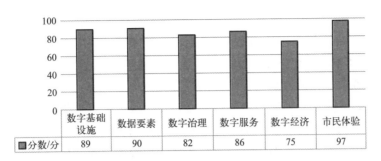

⌃图 13-5　2023 年数字广州得分

州市在跨领域、跨地区产业协同联动能力有待进一步提升，在知识产权保护、数字创新、科技创新、产学研成果转化等方面动力不够强劲、创新力有待加强，属于数字广州建设的短板和弱项。消费服务能力等指标评估得分均为 80 分及以上，表明广州市在数据要素供给、基层治理、人才服务、消费服务和数实融合方面有较好的基础和进一步争先创优发展空间，但在消费服务方面评估为"退步"，与广州市作为千年国际商都、世界一流消费城市的身份明显不符，需要进一步查找原因和落实整改措施，提升广州市作为国际消费大都市的形象和地位。

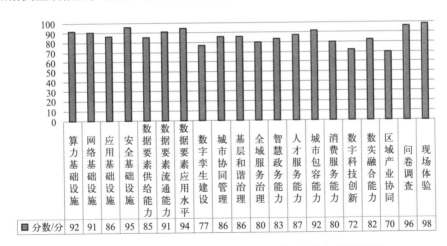

⌃图 13-6　2023 年数字广州发展水平评估二级指标得分情况

　　按照数字广州发展水平评估体系开展 2023 年度广州市 11 个行政区城市数字化转型发展水平评估工作，各区城市数字化转型发展水平总体得分情况见图 13-7，其中黄埔区和天河区综合评估为"优秀"等级水平，黄埔区综合得分为 96 分，城市数字化建设整体实力位居全市第一名，其次是天河区，综合得分为 92 分，位居全市第二，这两个区共同特点是重视城市数字化建设和数字经济发展，政府出台一系列政策扶持和鼓励企业共同参与城市数字化建设，取得显著成效。越秀、海珠、白云、花都、番禺、南沙6个区数字化建设整体水平位居"优良"等级水平，综合得分均在80分以上，90分以下，综合实力位居广州市城市数字化建设"第二梯队"，是广州市数字化建设的基础和创优争先的堡垒。其中海珠区得分为87分，综合实力接近第一梯队，突出表现为海珠在数据要素方面，是全国率先实行数据交易经纪人制度的区，为广州市数据要素市场化改革和促进数字经济发展做出较大贡献。南沙区作为湾区核心地区，近几年数字南沙建设进程明显加快，由于基础相对薄弱和人才不足等原因，城市数字化转型建设成效有待进一步提升，与建设世界一流湾区核心数字新城（区）仍存在较大差距。花都区数字化转型建设总体实力原本属于第三梯队，近两年花都区明显加快数字化转型建设规划顶层设计和整合多方力量资源，打造了广州北数字化城市样板和花都城市大脑，极大提升了花都区数字化水平。番禺区重点打造了"禺智管"，以点带面推进城市数字化转型建设，成效较为显著。荔湾、从化和增城区城市数字化转型建设整体水平处于广州"中等"等级水平，从化区综合得分为72分，处于全市最低水平，其次是增城区，综合得分为76分，荔湾综合得分79分，这三个区总体特点是经济相对落后，数字基础设施投入相对较少，需要加大投入，需做好顶层设计，提升城市数字化转型建设质量和水平。

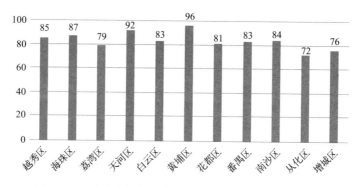

↑图13-7　数字广州发展水平评估区综合排名情况（2023）

## 四、未来展望

综上所述，广州市在各个领域和行政区域均遵循《数字广州建设总体规划》的工作部署要求，通过开展数字广州发展水平评估工作，有效推动和促进了数字广州建设与发展，成效显著。广州数字化建设综合实力和整体水平均位居全国前列，已具备建设"国际一流、国内领先"数字广州的基础和能力。然而，在特定领域和区域，仍存在必要加强和持续优化的情况。根据数字广州发展水平评估结果，可为广州推进数字广州建设提出建议。一是以规划为引领，高位统筹数字广州建设，成立数字广州建设领导小组，加快数字人才引进和智库建设与服务。二是加强供需对接，加快推广人工智能等数字新技术、新产品及新应用，加速推进数字广州建设进程，谋划一批数字广州重点项目和标杆工程，为新技术和新产品提供应用场景和环境。三是构建多元化、一体化数字广州建设新模式，探索数字广州运营管理长效机制。四是加强考核督办，继续深化以评促建，为数字广州建设提质增效。

当前，城市数字化转型发展正处于治理和赋能的交汇点。从实践角度来看，数字广州发展水平评估体系是全面推进数字广州建设发展水平重要组成部分，是落实党中央、国务院关于建设数字工作战略决策和立足于广州市发展实际而做出的重大决策。数字广州发展水平评估体系将有力支撑网络强国、数字中国和智慧社会建设，未来将使广州步入数字城市再定义、高站位、强统筹的新阶段。数字广州发展水平评估体系是紧密结合城市数字化转型建设的新形势、新要求的必然要求，它着重从广州数字化转型建设面临的问题和发展需求出发，体系科学规范、指标客观公正、可操作性强，能有效指导指引数字广州建设有序开展。从理论角度来看，探究数字广州发展水平评估体系可以为国家推进智慧城市和城市数字化转型建设提供理论参考。从数字基础设施、数据要素、社会治理、数字服务和数字经济这五个维度出发，为后续机制分析研究提供思路，有利于进一步探索城市数字化转型建设关键特征和发展规律。

第十四章

# 打造更高水平的"数字广州"转型路径

# 第一节 建设更高水平数字广州建设的挑战

## 一、数字基础设施有待进一步升级

一是 5G 基站覆盖密度有待提升。虽然广州市 5G 基站数量位居广东第一，但其 10.28 个 /（千米）² 的密度远低于深圳的 32.5 个 /（千米）²，部分农村地区和偏远地区的 5G 覆盖率有待进一步加强。二是广州市目前运行的各存算设施存在被美国从技术层面"卡脖子"的风险。例如，广州超算中心因系统老化导致故障率不断上升，但自被美国列入"实体清单"后，无法对其关键核心部件进行维护和升级，亟须开展国产化替代和升级。三是广州市人工智能算力容量有待提升。据《2022—2023 中国人工智能计算力发展评估报告》显示，广州市人工智能算力基础设施发展水平位居全国第 5，与北京、上海、深圳、杭州等城市相比仍有一定差距，而随着以 ChatGPT、盘古大模型为代表的一系列大语言模型的蓬勃发展，广州市的算力水平有待进一步提升，以更好支撑未来的应用场景。

## 二、数据要素潜能有待充分释放

一是数据分级分类，标准规则还需细化。由于数据标准体系、数据分级分类规则、数据资源共享机制等尚不完善，导致数据质量参差不齐，数据可开发性受限。二是各领域数据深度应用有待加强。例如交通领域，因缺乏大数据、云计算等先进分析手段，导致对交管动态信息分析能力不足，数据分析挖掘的实际业务应用贫乏，造成数据服务能力未能充分彰显。三是法律法规对接、适用还需进一步探索。数据要素高效配置涉及数据跨境流动，而由于目的国家、地区不同，存在不同的适用法律法规、数据安全保护观念、技术差距等情况，需进一步研究对应的法律法规和实际情况，以免产生风险。

## 三、数字政务一体化水平仍需提升

一是部门间协调机制有待进一步完善。数字政府建设激励和监督考核机制还不够健全，数字政府业务协调难度比较大，出现"小马拉大车"现象。二是市外网协同办公平台效能尚未充分发挥。市外网协同办公平台使用单位多，功能较复杂，维护工作量大，需做好相关新功能宣传与引导。部分单位因自身资金、技术保障等原因，自建办公系统未能按规范与市外网协同办公平台对接，无法真正发挥政务信息系统协同、高效的优点。三是多渠道服务无缝衔接仍需大力推动。市、区政务服务标准不统一、线上线下服务不协同等问题仍然存在，例如全城通办事项普遍只能通过线下办理，让企业和群众办事不能方便地在线上和线下"无缝切换"。

## 四、数字化治理能力有待深化

一是物联感知体系集约化程度有待加强。广州市在生态环境、公共安全、交通治理、水务等城市管理各个领域的基础感知、监控设备的精度及密度等均达不到城市智能化、数字化、精准化的高标准要求，且各部门物联感知设备多用于服务各自职能，全市物联感知设备底数不清、数据共享复用率不够，生态环境、公共安全、水务等部门存在物联感知设备重复建设现象。二是超大型城市治理纷繁复杂。广州市外来人口管理与服务压力大，根据第七次全国人口普查结果显示，跨市流入人口即非广州市户籍人口 937.88 万，占全市常住人口比重为 50.22%，且有大量外籍流动人口涌入广州市，给城市管理和社会治安带来不少新问题、新挑战。例如，城中村的有效治理，据统计数据，广州市有接近 300 座城中村，零零散散分布在天河、海珠、荔湾、白云等城区，"握手楼""房中房"林立，卫生、消防、公共安全等方面的隐患大。

## 五、民生服务应用场景不够深入

一是移动互联网、大数据、人工智能、元宇宙等新一代信息技术在民生服务领域应用不足，存在教育信息化发展不均衡、基层医疗机构信息化水平较低、养老智能化产品体验感较差、数字文旅创新能力不足等问题，与社会公众数字化需求仍有一定差距。二是数字包容体系尚需健全完善。城乡间、区域间、领域间、人群间的数字化发展应用差距依然较为明显，生成式人工智能等新技术迎来应用爆发，对人的数字素养与技能提出更高要求，数字鸿沟问题也将进一步加剧，数字弱势群体的需求有待各政府部门予以更多的关注与重视。

## 六、传统产业数字化转型深度不够

根据专精特新企业统计调查数据，全市企业数字化转型意识强，约 92.2% 的企业表示进行数字化转型是企业内在需求，但从企业数字化智能化转型的阶段看，全市 54.3% 的企业仍处于数字化智能化转型的初期阶段，34.9% 的企业处于数字化智能化转型的中期阶段，仅有 8.7% 的企业处于数字化智能化转型的深化融合阶段。此外，中小企业普遍存在数字化水平低、网络化、智能化基础薄弱等问题，尽管有强烈的数字化转型意愿，但受限于人力、资金等约束，数字化转型工作推动相对缓慢。

## 七、数字领域开放合作面临双重挑战

一是国际数字领域合作正面临着前所未有的"恶性竞争"和"逆全球化"，部分技术先进国家把不同国家数字技术竞争视作零和博弈，对我国数字技术创新发展进行打压，广州市作为我国开放合作前沿阵地，在科技创新合作、数字化产业协作等方面受到了一定的影响。二是开放合作必须在安全的前提下才能实现、才可持续，而数字领域开放合作各种可以预见和难以预见的风险因素明显增多，如何兼顾开放发展和安全发展，是推动高水平开放创新的关键。

## 第二节　加快数字广州战略转型路径

### 一、稳步推动数字基础设施升级迭代

一是推进区域间 5G 基站建设的平衡性，提升村庄及偏远地区的 5G 基站覆盖水平，实现 5G 新基建从"做大"到"做优"的转变；二是持续推进广州市各支撑平台、业务系统、超算中心等的核心软硬件国产化替代升级，提升广州市数字化建设在逆全球化趋势下的抗风险能力；三是对标国内及世界一流城市，推动数据中心、超级计算机等算力基础设施高质量升级，为各种数字化应用打下坚实的算力基础。

### 二、持续推进数据要素市场化配置改革

一是逐步完善形成常态化数据治理体系，压实各部门首席数据官责任，建立数据质量通报机制，明确数据更新频次和数据共享要求，多措并举推进数据整改落实到具体部门，有效提升数据质量，减少"脏数据"的治理成本，提升数据价值。二是持续优化数据标准规范体系，根据省、市政务大数据中心一体化的建设标准要求，结合数据治理现状及应用需求，规范数据的编目接入、共享应用流程，做到"一方采集，多方使用"，让数据活起来。三是围绕制造业、商贸、金融、交通、零售等重要领域，通过推进公共数据授权运营试点、持续举办数据创新应用大赛、与相关科研院所、机构建立合作机制等，激发多元主体深度参与，探索多元主体协同共创机制，加快释放数据要素价值，加大数据应用深度。四是继续做好数据要素高效配置和流通中的合规性指导，加强与上级网信部门的沟通，全力协助有数据跨境流动需求的主体开展数据出境安全评估，推动数据跨境安全有序流动。

### 三、全面提升数字政务一体化水平

一是进一步加强市"数字政府"改革建设工作领导小组的整体统筹，促进各区各部门间的信息共享、沟通与协作。二是按照"积极稳妥、协同有序"原则，

建立完善外网协同办公平台使用单位协同联动、广泛参与的沟通协调、共建共享机制，进一步发挥平台的建设成效。三是通过政务中心的窗口规范统一受理标准，梳理完善事项办理模式和受理要点清单，推动自助机、穗好办、线下窗口等多个端口统一集约到政务服务大厅窗口，全广州市所有线下事项实现就近办理、跨区办理，实现"线上多端无缝、线下层级互通"。

## 四、深度探索数字化治理手段

一是推动多元共建共治，基于物联感知设施精度密度不够、部门间数据壁垒的客观现实，通过特许经营、投资补助、政府购买服务等多种方式，引导企业和金融机构等社会资金积极参与数字化治理体系的打造及运维。二是建立便于超大型城市风险隐患排查的公共安全隐患数据库。对征地拆迁、劳动争议、物业管理、消防安全、矛盾纠纷等常见公共安全隐患进行分类整理，建立统一完整的"安全隐患数据库"，定期对安全隐患开展有针对性的排查，录入统一数据库，并建立健全隐患数据"一次收集""多方共享"机制，将数据及时推送各级各部门。

## 五、深化民生服务应用创新

一是支持医疗、教育、人社、养老、文旅等民生服务重点领域多元尝试、多样创新，同时，强化应用场景统筹管理，加强应用场景的互联互通，优化市民体验感，增强市民获得感。二是推动信息无障碍与公众数字素养同步发展，变"数字鸿沟"为"数字红利"。充分考虑老年人和残障人士等弱势群体使用习惯和办事需求，持续推进高频民生服务事项的无障碍改造，为弱势群体使用智能化产品和应用提供便利。同时，扎实推进全民数字素养与技能提升行动，重点培养弱势群体的数字素养和技能，提高数字化适应力，弥合数字鸿沟，促进全民畅享美好数字生活。

## 六、以数实融合推动产业数字化升级

坚持大产业、大平台、大项目、大企业、大环境并举，推动传统产业、新兴产业、未来产业并进，充分发挥广州市工业制造、商贸流通、产业链基础优势，借助数据对产业链的赋能作用，以全市数字化园区、链主类企业、灯塔类工厂、智能化车间为带动，加快传统产业尤其是制造业的数字化转型发展，打造数字经济创新源和增长极，形成数字经济和城市数字化转型双向赋能、相互促进的良性循环。

## 七、深化数字开放合作的重点

强化国际信息枢纽作用，推动形成信息基础设施、资源要素、产业生态优势，在数字贸易、跨境数据流动等领域主动作为、先行先试，加快构建开放创新发展新格局。加强国际科技创新合作，以开放、团结、包容的姿态，探索共建联合研究中心、联合实验室、国际合作实验室等，构建人才、技术、项目、平台等方面全方位、深层次的国际合作格局。深化数字经济开放合作，创建公平有序、包容审慎的开放发展环境，鼓励数字经济企业组团"出海"。积极参与全球数字治理，推动网络安全、数据、平台、人工智能等领域关键规则构建。

# 参考文献

[1] 广州市人民政府.数字广州建设总体规划 [R].广州:广州市人民政府,2024.

[2] 习近平向 2021 年世界互联网大会乌镇峰会致贺信 [N].人民日报,2021-09-27(001).

[3] 中共中央党史和文献研究院.习近平关于网络强国论述摘编 [M].北京:中央文献出版社,2021: 46.

[4] 中国共产党第十九届中央委员会第四次全体会议文件汇编 [M].北京:人民出版社,2019: 39.

[5] 中共中央,国务院.数字中国建设整体布局规划 [EB/OL].(2023-02-27)[2024-01-07].

[6] 许子明,田杨锋.云计算的发展历史及其应用 [J].信息记录材料,2018, 19(8): 66-67.

[7] 郑子彬,陈伟利,郑沛霖.区块链原理与技术 [M].北京:清华大学出版社,2021.

[8] 刘鹏,程显毅,李纪聪.人工智能概论 [M].北京:清华大学出版社,2021.7.

[9] 黄孝斌.物联网应用实践 [J].信息化建设,2009(11): 21-22.

[10] 李联宁,张尧学.大数据 [M].北京:清华大学出版社,2020.

[11] 郭雯.5G[M].北京:知识产权出版社,2020.

[12] 陈劲,杨文池,于飞.数字化转型中的生态协同创新战略——基于华为企业业务集团 (EBG) 中国区的战略研讨 [J].清华管理评论,2019(06): 22-26.

[13] 穗好办、最好办.广州市人民政府门户网站 [EB/OL].(2020-07-27)[2024-01-07].

[14] 刘国栋."穗智管"城市运管服平台:内涵、架构与路径 [J].中国建设信息化,2023(20): 20-24.

[15] 广州 12345 政务服务便民热线.广州市人民政府门户网站.

[16] 广州市人民政府.广州市人民政府门户网站 [EB/OL].(2024-01-07)[2024-01-07].

[17] 张雅婷.广州数据交易所南沙揭牌成立:全国首创数据流通交易全周期服务 [N].21 世纪经济报道,2022-10-03.

[18] 南方网.全国首个!广州数字安全运营中心正式启用 [N/OL].南方网,2023-05-20[2023-05-20].

[19] 黄津.创新实施"五统一"改革建设 大力夯实数字政府发展根基 [J].中国网信,2024(8): 52-57.

[20] 中央网络安全和信息化委员会办公室.习近平总书记关于网络强国的重要思想概论 [M].北京:人民出版社,2023.

[21] 习近平. 习近平论数字中国 [M]. 北京：中央文献出版社, 2023.

[22] 庄荣文. 深入贯彻落实党的二十大精神，以数字中国建设助力中国式现代化 [N/OL]. 中国政府网, 2023-03-03[2023-03-03].

[23] 刘国栋，黄劲，朱铁汉，等. 广州地方道路智慧交通数智化转型升级研究 [J]. 广东公路交通, 2024(6): 20-25.

[24] 刘国栋，朱铁汉，黄劲，等. 智慧湾区评价体系设计与实践——以广州市为例 [J]. 中国建设信息化, 2024(7): 30-35.

[25] 刘国栋，朱铁汉，黄劲，等. 数字政府安全一体化运营转型探索与广州实践 [C]//2024 世界智能产业博览会人工智能安全治理主题论坛论文集. 2024: 10-15.